·主编寄语·

20世纪初，当茅以升先生在美国加州理工学院读到泰罗的《科学管理原理》（F.W.Taylor，1911）时，“管理”还只是象牙塔尖里的学问。今天，时隔不到百年，它已经成为人们使用最多的一个词汇了。而且，人们还把管理同技术一起并称为推动经济增长的“两个车轮”。更重要的是，在跨国界、跨文化的研究中，人们发现，国家间在经济发展上的差距并非只是由于技术的原因，而更可能是管理或其他因素出了问题。为此，第二次世界大战结束后，在欧洲大陆还曾展开过一场激烈的论战：欧洲的科学技术并不比美国落后，可经济发展为什么落在美国后面？于是，人们试图从比较研究的视角去“揭示工业增长过程与管理间的密切联系”，并形成了比较管理分析的最初范式，其代表作就是《工业世界的管理：国际分析》（F.Harbison和A.Meyers，1959），由此正式拉开了比较管理分析的序幕。美国纽约大学在1970年举办的比较管理学学术研讨会，被认为是比较管理学形成的重要标志。比较管理研究初期的特点是注重建立概念体系、分析框架，探讨管理是否具有可移植性，而20世纪80年代出现的“管理新潮流的四重奏”则采用案例研究方法比较日美企业管理的异同，更具有实证性特点。90年代以后，“硅谷模式”举世瞩目，比较研究的论著层出不穷，从最初的文化比较（AnnaLeeSaxenian，1994）到后来的比较制度分析（Masahiko Aoki，1999），研究不断深入，越来越深刻、精细。这期间，福山先生的专著《信任——社会美德与创造经济繁荣》（Francis Fukuyama，1995）研究了信任结构与企业模式的关系，令人耳目一新，堪称比较文化管理研究的典范。

尽管比较管理研究的历史还相当短暂，但学者们的研究话题几乎涉及这一领域的各个方面：一国的管理特别是企业管理的方式和特点是什么？各国的企业管理有无异同优劣之分？影响各国企业管理的因素究竟有哪些？各国企业管理方式根植于何种不同的背景和环境？经历了怎样的演化过程？管理方式与经济发展究竟是什么关系？各国的企业管理方式之间是否具有可选择性、可移植性和互补性？是否存在特定的比较管理分析框架、范式和方法？无论从哪个角度观察和评价，这些问题的研究都还远远没有完成，更何况实践仍在发展着。因此，从比较研究的视角，用比较分析的方法去解读管理特别是企业管理问题，就成为我们创办《比较管理》的初衷，也是这本杂志所追求的特色。不知是机缘还是天意，它竟然是目前国内第一本专门立足于比较管理研究的学术刊物！因此，究竟如何迈步、走向何方，不仅要靠我们自己的努力，更有赖于作者和读者们的智慧。我们会竭尽全力，力图形成自己特定的分析范式、专业话语、品位和风格，同时又符合国际通行的学术规范，成为管理学界的一流刊物。因此，我们不仅突出其学术性、前瞻性，更注重其现实性，使其成为管理学领域解读“真实世界”的一个窗口。

《比较管理》的创办得到了国家自然科学基金委员会管理学部的悉心指导，以及清华大学、北京大学、中国人民大学、浙江大学、南京大学、中山大学、武汉大学、南开大学、大连理工大学、成都电子科技大学、山东大学、东北大学、汕头大学、北京交通大学、东北财经大学、西南财经大学、西北大学、南京工业大学、南京理工大学、重庆工商大学、江西财经大学、首都经济贸易大学以及辽宁大学等院校（还有许多院校，恕不一一列举）的同行专家及管理学院院长们的大力支持，中国企业管理研究会和经济管理出版社更是鼎力相助，我们非常欣慰，倍受鼓舞，在此一并表示谢意。

正值谷雨时节，绵绵春雨，处处新绿，启窗送目，气爽神怡，于不经意间发现，一粒种子已然植入土中……

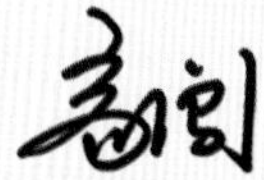

比较管理

Comparative Management

2012 年
第 2 期

目录

公司治理

知识管理

战略管理

研究范式与方法

Main Contents

【公司治理】

试论“无国界管理”

范 徵
（上海外国语大学，上海 200083）

［摘 要］政治有国界，但信息、经济全球化与区域经济一体化，突破了国界，出现了无国界企业与无国界管理。本文首先考察无国界企业的存在背景，然后正名无国界管理的概念，最后提出无国界管理的战略路径与实现框架。文后还剖析了摩托罗拉无国界管理价值观发展案例。

［关键词］无国界管理；无国界世界；无国界战略

一、命题的提出：文献探讨

一般地，国际公认首次明确提出“无国界世界”和“无国界管理”概念的是管理大师大前研一（Ohmae，1991）。其在经典著作《无国界的世界》中指出：“在一幅政治地图上，国与国之间的界限相当清楚。然而在一张竞争图上所显示的，金融与企业活动川流不息的情况，使这些疆界已大多消失不见了……在无国界的世界中，关联经济体已站在经济舞台上的绝对中心……我首先是一个世界公民，需要用语言、智慧和思维方式上的即站立在无国界的世界里创造全球财富……那些习惯于对国与国进行比较，用传统的宏观经济理论来指导做事的国度感到困惑。”大前研一虽然首次提出了“无国界世界”和“无国界管理”的概念，但却没有给出无国界管理的构架体系。

首次涉及无国界战略理念的是珀尔马特（Perlmutter，1969）和巴特莱特（Bartlett，1989）。珀尔马特在其发表在《哥伦比亚世界商务》（The Columbia Journal of World Business）杂志上著名的《多国公司的演进历程》（The Tortuous Evolution of the Multinational Corporation）一文中首创了所谓的EPRG战略体系：本国中心主义（Ethnocentrism）、多国中心主义（Polycentricism）、地区中心主义（Regiocentrism）和全球中心主义（Geocentrism）。其中“全球中心主义”接近无国界战略。另外，著名的巴特莱特的《Managing Across Borders：The Transnational Solution》一书中也提出了四种战略：国际战略（International）、多国战略（Multinational）、全球战略（Global）和跨国战略（Transnational）。从战略内涵上看，这里的“跨国战略”，实际上是一种“无国界战略”。因此，中国台湾学者李宛蓉干脆将此书名直接译为《无国界管理：全球化背景下的跨国管理处方》（巴特莱特，1990）。遗憾的是，珀尔马特和巴特莱特关于跨国公司的战略思想虽然涉及了无国界战略领域，但分别命名为“全球中心主义”和“跨国战略”，太普通了。名不正则言不顺，尤其是“跨国

［基金项目］国家社科基金项目（批准号：07BTQ021）及社会市重点课程（跨国公司管理）阶段成果。
［作者简介］范徵（1965—），上海外国语大学国际工商管理学院院长兼MBA中心主任、教授、博士，研究方向：跨文化管理、国际战略管理。

战略”（或许受了联合国跨国公司中心对跨国公司定义的影响），单从字面上看其战略深广度还不及“多国战略”，更何况“无国界战略”。

中国大陆学者首次系统论述“无国界经营”的是复旦大学薛求知（1997）的《无国界经营》一书。他认为，如果把国家和超国家的国际机构和一体化组织（如欧盟、WTO等）看成是两种国际行为主体的话，那么，跨国公司则成为世界舞台上的新的国际行为主体。在这个意义上将其看成是“第三种力量”。而这一主体正在对传统的国家主权、国界构成新的挑战：首先，跨国公司凭借强大的经济实力、先进的技术水平、灵活多变的经营战略、四通八达的视听神经，可以摆脱东道国和母国控制；其次，跨国公司通过多种手段，直接参与东道国和母国国内政治过程，要么直接施加压力，要么培植代理人；最后，大的跨国公司，无不拥有“公司公民”的管理战略与“公司外交”的国际战略，它们力主对公司忠诚先于对国家的忠诚，企图使全球员工忘记国籍与种族，成为真正的“世界公民”，开展无国界经营。薛求知虽然构建了“无国界经营”的学术体系，但由于基于20世纪90年代的现实背景，难免其无国界经营体系还不够“无国界”。

影响最大的还数著名《纽约时报》记者弗里德曼（Friedman，2005）的畅销书《世界是平的》（The World Is Flat）。他在书中写道：500年前，哥伦布周游世界一圈后，回来向国王报告说：“地球是圆的。”自己游世界一周，发现与美国软件业同步的印度软件业，还有在呼叫中心、医疗读片等领域，印度几乎外包了美国的所有业务。于是，回来后悄悄向妻子汇报说：“世界是平的。”全球化了的“平坦的世界”，即“无国界世界”。只不过弗里德曼所强调的作为“3.0版全球化”的平坦世界主要特征是个人的全球化参与，而“无国界战略”则主要还是针对公司层面而言的。

在这些思想影响下，2009年上海外国语大学MBA项目明确提出“培养源于东方的新一代无国界管理MBA人才”（范徵，2010）。认为上海外国语大学国际工商管理学院的学生对今后社会产生的积极影响应该首先体现在对平坦世界下“无国界管理”的推动。提出上海外国语大学国际工商管理学院的愿景（Vision）是“无国界的世界，无国界的管理”（Borderless World，Borderless Management）；其肩负的使命（Mission）是“培养复合型的国际工商管理创新人才，并为国际企业、政府等组织的国际化经营、管理和治理提供智力支持”。源自东方的新一代“无国界管理”MBA人才，是其愿景、使命的标志性产品。

一时间，关于无国界世界、无国界管理议论纷纷。世界是否有国界，管理是否有国界，如果存在，其战略如何称呼，如何实现？巴特莱特等人的“跨国战略”的提法太普通了，不足以表达无国界的理念；弗里德曼的“平坦战略”又太时髦了，无国界的理念又会被曲解；似乎大前研一的“无国界战略”正合适，但又缺乏逻辑框架；基于20世纪90年代的现实构建的薛求知的“无国界经营”体系还略显不够“无国界”。为了构筑无国界管理MBA人才培养体系，必先构筑无国界管理的理论体系。于是，本文基于21世纪初信息、经济全球化与区域经济一体化现实，首先考察无国界企业存在的背景，然后正名无国界管理的概念，最后提出无国界管理的战略路径与实现框架。

二、无国界企业的存在背景考察

英国学者斯特兰（1988）说：“关于20世纪最后10年的重要性，我们的看法是一致的。我们都认为人类正处在一个交叉路口上。”对此，美国《实话》杂志1990年1月号《我们都住在地球村》文称，越来越多的迹象表明，信息、经济全球化与区域经济一体化，在20世纪90年代已形成一种单一的全球村经济（Global Village Economy）：首先柏林墙的推倒，Windows视窗的开启，内容的数字化和网络浏览器的推广极大地促进了人和人的交往，而工作流软件则将应用软件联系在了一起，这样人们就可以处理所有数字化的内容，并且以前所未有的方式使用计算机网络。于是人们利用这个开放的平台放源代码、开展外包、离岸经营、提供供应链、开展内容和提供信息服务(Friedman，2005)。在《世界是平的》一书中，弗里德曼还援引马克思（1848）在《共产党宣言》中的话："由于开拓了世界市场，使一切国家的生产和消费都成为世界性的了。"科技和资本排除了全球商业发展道路上所有的障碍、边界、摩擦和限制。

在此背景趋势影响下，马萨诸塞理工学院著名经济学家金德尔伯格（1969）早就在《美国在国外的企业》中预测"国际性公司不需要更忠诚于国家，它在任何国家都随遇而安……国家作为一个经济单位就要消亡……这个世界太小了"（埃莫特，1994），巴尼特（1974）在《向全球扩张：跨国公司的力量》中也说"生产过程越来越置国界于不顾"（埃莫特，1994）。以至于权威的德鲁克（1989）在《新现实》中也写道："跨国界的经济现在已经居统治地位，它在很大程度上主宰着民族国家的国内经济。"哪里成本低，就在哪里生产。原先意义上的"国界问题"，在组织国际生产方面已显得无关紧要了。

"虽然政治不能跨越国界，可是今天，经济、经营、资本已突破了国界的概念，以全球眼光，开展'世界最佳战略'已有可能了。"（上野明，1989）日本的松下、索尼，美国的摩托罗拉、IBM，欧洲的西门子等一大批跨国公司业已成为在全球大展宏图的无国界企业。

三、无国界管理的概念正名

一般地，无国界管理的思维与认知模式涉及母国、东道国及其整合。存在三种关系：互相排斥、渗透和强加。这样，跨文化管理有包含/覆盖式的"全球一体化战略"、平行/并存式的"多国地方化战略"以及交叉/融合式的"全球地方化战略"三种解决方案（范徵，2004）。图1显示：在"母国维度"、"东道国维度"两维逻辑矩阵中，国际企业起始于"国际化起始战略"，然后可以分别选择"全球一体化战略"、"多国地方化战略"或"全球地方化战略"，最后进入"无国界管理战略"。"无国界管理战略"是"全球地方化战略"的高级形式，作为跨国公司战略的最高境界，未必所有的跨国公司均能达到。

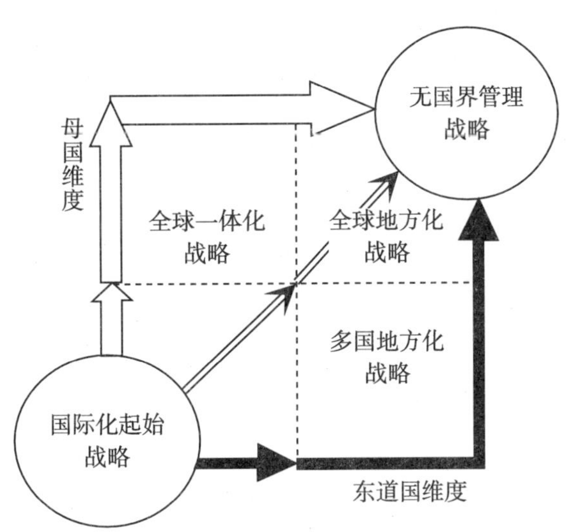

图1　无国界管理战略路径

所谓无国界管理指的是，公司摆脱与国家之间的纽带，超越民族国家和独立区位的利益，以全球为目标，为全球市场服务，通过全球性系统决策的方法，把不同的子公司统一起来，通过全球经营网络来实现公司的战略目标和世界公民的发展愿景。"无国界管理"突出地拥有以下八个方面的显著特征：

（1）企业使命是为着获利并被全球接受，同时发挥效率、灵活性和全球范围的学习能力。

（2）世界范围开发和分享知识，全球企业各级互相协商制定公司目标。

（3）公司总部的区位概念淡化，公司相关总部移居海外，全球配置资源。

（4）贯穿全球网络、联盟的组织结构。

（5）全球布点，实施灵活制造。

（6）利润不再返回母国，而在全球重新分配。

（7）全球培养人才以供世界各地公司子公司之需，绩效考核不再适用母公司标准。

（8）呈现全球性文化特征，体现世界公民价值观，关注资源、生态和环境保护。

四、无国界的战略路径与分析框架

需要指出的是，大前研一的“全球运营论”五阶段论（Ohmae，1999），罗宾逊（Robinson，1984）的“国际企业论”六阶段论（国内企业阶段、出口企业阶段、国际企业阶段、多国企业阶段、跨国企业阶段、超国家企业阶段）等，其国际企业战略拓展方式都是基于时间逐步替代的。然而，在图1“无国界管理战略路径”中，“全球一体化战略”、“多国地方化战略”或“全球地方化战略”三战略是可选择的，企业未必必须经由“全球一体化战略”或“多国地方化战略”进入“全球地方化战略”、“无国界管理战略”。以上各种战略的实现方式及其适用条件如表1所示。

图2　无国界管理战略路径与分析框架

类别	国际化起始战略 International	全球一体化战略 Global	多国地方化战略 Local	全球地方化战略 Glocal	无国界管理战略 Borderless
战略图示	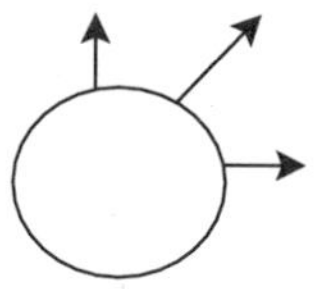	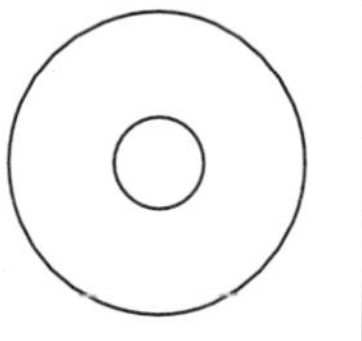	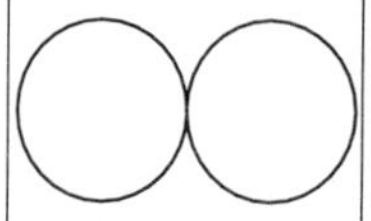	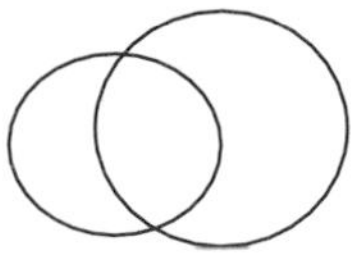	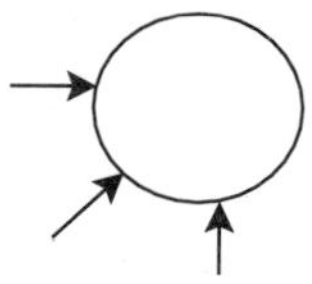
战略特点	开始与异文化通过各种方式接触	文化包含/覆盖	文化平行/并存	文化交叉/融合	历经各种方式冲撞后的文化重塑
适用情况	企业国际化的起始阶段	跨国并购企业 全球化压力大	跨国控股公司 地方化压力大	跨国合资联盟 全球地方双压力	企业国际化的 最高阶段
企业使命	获利	获利	被当地接受	获利并被当地接受	获利并被全球接受
战略导向	利用母公司的知识和能力	通过全球规模运营建立成本优势	建立灵活性以应对国别差异	兼顾效率、灵活性和学习能力	兼顾效率、灵活性和学习能力
知识发展	总部开发并将其转移到海外	总部开发并拥有	海外子公司自己开发并保有	互相开发和分享	世界范围开发和分享
目标制定	自上而下	自上而下	由下而上	共同协商	全球企业各级互相协商
资源配置	母公司主导	母公司主导	子公司主导	可能区域配置	全球配置
总部位置	母国	母国	母国	可能设地区总部	相关总部移居海外
组织结构	代表处、分公司结构	等级制的全球产品型结构	有自主权的子公司结构	联合管理机构或矩阵制结构	全球网络结构、联盟结构
行业规模	大量生产	功能性产品行业大量生产	消费品行业 批量生产	通信产品行业 灵活制造	全球免税店商品 大量生产

续表

类别	国际化起始战略 International	全球一体化战略 Global	多国地方化战略 Local	全球地方化战略 Glocal	无国界管理战略 Borderless
利润处理	无利润阶段	利润返回母国	保留于东道国	可能在地区内重新分配	全球重新分配
人事特征	母国派遣管理人员	母国派遣管理人员	子公司自己培养	协商培养	全球培养
绩效考核	适用母国标准	适用母国标准	在东道国决定	协商决定	全球决定
价值标准	贯彻母公司价值观	贯彻母公司价值观	子公司价值观	母子公司价值观融合	世界公民
文化特征	母国文化	母国文化	东道国文化	母国、东道国文化融合	全球性文化

资料来源：根据 Bartlett，Christopher A.（1995）；Beamish，Paul W.（1997）；Perlumutter，Howard V.（1969）；范徵（2004）等整理。

（一）国际化起始阶段战略（International）

企业的国际化经营活动起始于国际化起始战略。企业通过国内公司半生不熟的外销或特许、投资活动，借着当地的代理商和经销商或自己的渠道进军新市场，试图通过把有价值的技术和产品转移到当地竞争者缺乏这些技术和产品的国外市场来创造价值，产品的研发工作一般在母国进行。随着企业国际化的推进，根据自身、行业、东道国的情况，分别可以选择“全球一体化战略”、“多国地方化战略”或“全球地方化战略”，逐步发展国际化。企业国际化起始阶段的战略最简单的方式，就是复制“全球一体化战略”。不过，此时，该企业的海外经营可能尚未盈利。

（二）“全球一体化”战略（Global）

企业的全球一体化意味着跨国公司将全球视为一个同质性的市场，在全球范围内生产和销售标准化的产品与服务，追求规模经济的竞争优势。它把重点集中在通过获得来自经验曲线作用和区位经济的成本以提高盈利能力，实际上是一种低成本战略，企业的生产、销售和研发活动集中在几个有利的地方进行。采取全球一体化经营方式的公司特质最好是战略性文化差异小的公司间的100%购并，强势文化压倒弱势文化；或独资兴建式；如果合资经营，一般采取一方为主型而非双方共管型。适应全球一体化的“行业—企业”因素组合状况一般是“功能性的产品”，企业价值链优势来源于上游活动；母公司文化占统治地位，而又能进行文化整合。适用全球一体化战略的职能管理或经营依次是：品牌、研发、产品设计、质量体系、分销网络、公司文化、资源采购、生产制造、市场营销、产品销售、人力资源管理等。

（三）“地方本土化”战略（Local）

企业的地方本土化指跨国公司将全球视为异质性市场，根据各细分市场的特征和消费者需求，设计和生产不同的产品或提供不同的服务。企业以获得最大的当地需求响应为方向，它们常常在每一东道国建立一套完整的含生产、销售、开发方面的价值创造活动。采取地方本土化经营方式的公司特质大致是一种“控股公司”的结构，或其海外业务部门一般在跨国公司中都占有重要地位，且母子公司的企业文化差异太大，母公司文化不占统治地位，而又能进行文化整合。适应多国地方化战略的“行业—企业”因素组合状况一般是接近东道国消费者的活动，即跨国公司跨国经营的价值链活动中的下游活动，如最终消费者为个人的品牌包装品行业，大都属于个人情感型产品。

（四）全球地方化战略（Glocal）

企业的全球地方化通常指跨国企业在海外进行投资，与当地社会文化融合创新，运用双方都能接受的文化进行管理。适合此战略的公司特质一般是“股权式的联盟企业”（如合资，尤其是双方共管型的合资）。适应全球地方化的“行业—企业”因素组合状况是，当跨国公司价值链中的竞争优势主要来源于企业的下游活动并面临着较高的全球化压力，或者其竞争优势来源于企业的上游活动并且面临着较高的地方化压力，在公司跨国发展和经营的过程中，母公司与下属分公司文化处在一个“平衡”的位置，达成了文化的最佳整合，各部门间的相互学习、取长补短将跨文化的多样性发挥与发展，使企业内部形成一个有机的整体。

（五）无国界管理战略（Borderless）

“无国界管理战略”是“全球地方化战略”的高级形式、跨国公司战略的最高境界，未必所有的跨国公司均能达到。这时，企业完全迈入一个新时代，企业试图同时获得成本优势和差异性优势，同时建立全球效率、经营灵活性和世界范围的学习能力。公司在运营模式中去除本土色彩，创造一套由公司全球经理人员共有的价值系统，取代以本国为基础的导向。下文所剖析的摩托罗拉无国界管理价值观发展案例就很好地说明了这个问题。

五、案例：摩托罗拉无国界管理价值观发展

摩托罗拉公司（Motorola Inc.），原名 Galvin Manufacturing Corporation，成立于 1928 年。1947 年，改名为 Motorola，从 20 世纪 30 年代开始作为商标使用。总部设在美国伊利诺伊州绍姆堡，位于芝加哥市郊。世界财富百强企业之一，是全球芯片制造、电子通信的领导者，也是一个无国界的全球性跨国公司。在跨文化管理上，摩托罗拉经历了四种模式，按复杂程度递增排列，基本反映了从国际化起始战略、全球一体化战略到多国地方化战略，再到全球地方化战略、无国界管理战略的发展历程（Moorthy，1998）。

（一）阐明摩托罗拉自身价值观

最简单的模式。摩托罗拉针对当地文化，并不作任何特别的调整，只是阐明一个既定的决策，并且实施这个决策，而不管它是否与当地价值观或文化标准一致。举个例子来说，摩托罗拉始终坚持正直、高尚的价值观，为此绝不行贿受贿。在芝加哥、莫斯科、汉城、圣保罗的摩托罗拉的宗旨基本是一致的。顾客满意卡和管理法规也明确表明，摩托罗拉人绝不允许参与贿赂，甚至有这种迹象也不允许。在一些情况下，摩托罗拉文化与东道国文化差异较大，公司也别无选择，只得遵守自身的准则，同时尽量保持在东道国的可实行性。

（二）按当地标准阐明价值观

在跨文化管理的第二种模式中，摩托罗拉保持了它的核心价值观，同时也站在东道国价值观的角度上阐明其准则。这些调整或许是象征性的，或许还与有限的资金和金钱观有关。

以日本摩托罗拉有限公司（NML）为例。自现代工业在日本出现以来，礼尚往来就已渗透于日本文化之中。传统上大多数大型日本公司热衷于赠礼给那些它们认为有利可图的公司或个人，如政府官员、公司决策者、购物中心等。一些礼品是每年都要赠送的，其他一些则作特殊之用，如贺礼等。

很明显，这种传统与摩托罗拉的主旨——“坚持高尚的操守”相悖。然而，NML 公司确实针

对这种传统认真做了一番调整，并详细说明。以下摩托罗拉管理法规中的特别豁免权是NML公司按日本习俗制定的：①两个赠礼时节。在适当的赠礼时节（通常每年选择两个主要的礼物馈赠时节），NML公司将选取恰当的礼品赠给慈善机构（而不是自己的主顾公司或代理处）。②卖主的馈赠。除非拒收或退回礼品会破坏买卖关系，而且保证礼品是用于公司而非个人利益，否则公司是不允许接受卖主或商业伙伴的礼品的。原则上，所有礼品应加附一张由收到礼品者签名的信件A（委婉地告诉赠者礼物已被退回）退还给卖主；如果礼物非收不可，那收到礼物的人也该回敬信件B（委婉地提醒赠者以后不必再赠）。③最小价值的礼物。作为一项支出，"馈赠的礼物价值最小"已成为摩托罗拉可取的一个改进条例。

（三）大幅调整摩托罗拉价值观

第三种模式更是照顾到摩托罗拉的当地雇员，而不是当地的非摩托罗拉人。举个例子，在摩托罗拉文化中一直保持着一个传统，就是每年颁发奖金给有着杰出业绩的员工。这也反映了英美文化对于个人业绩所做的价值上的肯定。然而，马来西亚的一个摩托罗拉机构建议，高绩效的奖金应该奖励给整个团队。这反映了重视团队的马来西亚价值观。马来西亚摩托罗拉机构的经理是当地人，他强烈反对奖励个人的机制，认为马来西亚雇员更注重每年的加薪，至少应跟得上通货膨胀，还注重终身工作的稳定性。在这个案例中，显然摩托罗拉与马来西亚文化有相同的地方，双方都认为有功的员工应受到奖励。不同的是价值分配的标准不一样：①英美式的个人主义思想认为，如果奖励整个团体，一些出力不多的成员也会得到很高的奖金，而这是不公平的。②马来西亚式的思想认为，如果奖励个人，则会出现差别等级。两种方法都赞同的人认为，如果不因地制宜，那么员工的业绩将会受损。也许双方都是对的，每一方都处于一种特定的文化之中，如果在一个美国机构中实行团队奖励法，那么美国摩托罗拉人的业绩也许会下降；同样，在马来西亚机构中实施个人奖励法，马来西亚摩托罗拉人的业绩也许会受损。

然而，这里的关键点也是显而易见的，马来西亚的经理建议在马来西亚人中实行团队奖励制，而不是在美国人中。最终公司决定在马来西亚机构中实施团队奖励制。在做这项决定的过程中，摩托罗拉的管理人员在一定程度上是出于为公司利益考虑，这个决定只是关系到马来西亚人的薪水问题，而不是全球摩托罗拉人。这个案例也说明，在摩托罗拉两个基本核心"坚持高尚的操守，对人永远的尊重"之间适当做些权衡利益的调整有时是很必要的。

（四）全球一致

第四种模式是最复杂的，因为它对整个摩托罗拉文化的道德行为准则会有真正意义上的或潜在的改变。为了说明这个问题，让我们深入讨论上面马来西亚的例子。假设马来西亚文化影响的不仅是摩托罗拉/马来西亚，并且影响了全球摩托罗拉文化。摩托罗拉后来的设想如下：①摩托罗拉管理人员着手认真考虑奖励的价值。②管理层由来自不同文化背景的摩托罗拉人组成。③管理层决定在实行团队奖励制下委派组长计划。④如果在既定机构中的经理和雇员对这项计划表示赞同，管理层应使世界各地被选定的机构知道，这项计划是切实可行的。⑤几个机构对这项计划表示赞同。⑥这项计划先试行一段时间，并认真测定它对鼓舞士气和提高效益所起的作用。

在这里，随着时间变化，在特定环境中，摩托罗拉文化很有可能逐步承认团体奖励制。如果这样，在如今摩托罗拉文化所崇尚的个人价值和马来西亚人的团队价值以及其他一些文化之间将达成共识。应当坚信的是，乐于接受当地摩托罗拉经理与员工的建议对于公司未来发展为成功的无国界大企业是一个关键因素。

〔参考文献〕

[1] Bartlett, Christopher A. Managing Across Borders: The Transnational Solution, Harvard Business School Press, 1989.

[2] Bartlett, Christopher A.. Transnational Management, The McGraw-Hill Companies, Inc., 1995.

[3] Beamish, Paul W.. International Management, Richard D. Irwin, 1997.

[4] Friedman, Thomas L.. The World Is Flat, International Creative Management, Inc., 2005.

[5] Hill, Charles W.L.. Global Business Today, The McGraw-Hill Companies, Inc., 2004.

[6] Ohmae, Kenichi. The Borderless World, McKinsey & Company, Inc., PXiii, 1991.

[7] Perlumutter, Howard V.. The Tortuous Evolution of the Multinational Corporation, The Columbia Journal of World Business, 1969.

[8] Robinson, Richard D.. Internationalization of Business, The Dryden Press, 1984.

[9] RS Moorthy. Uncompromising Integrity: Motrola's Global Challenge, Motorola University Press, 1998.

[10] 巴特莱特. 无国界管理：全球化背景下的跨国管理处方. 李宛蓉，译. 台北：远流出版社，1990.

[11] 比尔·埃莫特. 日本的全球冲击. 北京：新华出版社，1994.

[12] 上野明. 决胜千里：无国境时代的企业经营战略. 北京：中国经济出版社，1991.

[13] 德鲁克. 新现实. 北京：机械工业出版社，1989.

[14] 斯特兰. 国际实务时报. 1988（秋季号）.

[15] 范徵. 跨文化管理. 上海：上海外语教育出版社，2004.

[16] 范徵. 范徵院长接受《东方早报》关于上外打造无国界 MBA 访谈. 东方早报，2010-05-27.

[17] 联合国贸发会. 1993 世界投资报告，1994.

[18] 马克思. 共产党宣言. 北京：人民出版社，1848.

[19] 薛求知. 无国界经营. 上海：上海译文出版社，1997.

[20] 薛求知. 当代跨国公司新理论. 上海：复旦大学出版社，2007.

On the "Borderless Management"

Fan Zheng

(Shanghai International Studies University, Shanghai 200083)

Abstract: Politics have borders, while information, economic globalization and integration of regional economy can break through the borders. In this case, borderless enterprises and borderless management have come into being. This paper first examines the background against which borderless enterprises exist. Then it defines the concept of borderless management. Finally it proposes the implementation framework of borderless management strategy. The paper also analyses the case of Motorola borderless management.

Key Words: Borderless Management; Borderless World; Borderless Strategy

【公司治理】

“自在人”假设及 S 管理理论

——论企业文化时代的人性假设及管理理论

张胜荣　吴声怡

（福建农林大学经济与管理学院，福州　350002）

［摘　要］本文回顾了西方管理学中经典的人性假设及对应的管理理论；认为企业文化管理是管理理论发展的第四个阶段；提出全新的人性假设——自在人假设。与“自在人”假设对应的管理理论是 S 管理理论；构建了 S 管理理论的模型，分析了 S 管理理论模型各核心要素作用机理及理论的运用条件，讨论了自在与不自在两种状态下模型的演变，以及不自在状态下，通过搭建金三角让模型回归自在状态；最后指出 S 管理理论的历史意义与需要进一步研究的问题。

［关键词］自在人；S 管理理论；人性假设；金三角模型

一、管理思想的新发展：企业文化时代的到来

（一）企业文化管理是管理理论发展的第四阶段

理论界普遍认为，西方的管理理论，除早期管理思想以外，从其产生的时期看，可以分为三个阶段：第一阶段产生和形成于 19 世纪末 20 世纪初，以“经济人”假设为基础，在此基础上形成了科学管理理论。以美国的泰勒、法国的法约尔、德国的韦伯为代表。第二阶段产生和形成于 20 世纪 30 年代，以“社会人假设”为基础，在此基础上形成了行为科学理论，梅奥、马斯洛、赫茨伯格等是这个阶段的代表人物。第三阶段产生和形成于 20 世纪 60 年代末至 70 年代初，当时研究发现人是复杂的，提出了“复杂人”的人性假设。因此，形成了各种管理理论，也就是管理理论丛林阶段。20 世纪 80 年代，随着人在管理中作用的凸显，学者们在马斯洛“自我实现人”假设的基础上逐渐形成了人是“全面发展的人”的认识，认为人是有价值、有感情、有文化、有自觉意识的主体，并在此基础形成了人本管理理论。

21 世纪，人类将全面进入知识经济时代。知识经济是建立在以知识的生产、分配和交换基础之上的经济，知识成为社会最主要的生产要素，学习、创造和应用知识成为企业竞争力的根本源泉。在知识经济背景下，企业的内外环境将产生巨大的改变，给企业管理带来新的挑战和机遇，

［作者简介］张胜荣（1980—），男，江西龙南人，福建农林大学经济与管理学院在读博士，江西农大经贸学院讲师，研究方向：文化与战略管理；吴声怡（1961—），男，福建沙县人，福建农林大学经济与管理学院企业管理系主任、教授、博士生导师，研究方向：企业文化、文化产业管理、涉农企业管理。

管理理论也必将进入一个新的时代。因此，有必要对管理理论的发展阶段进行重新划分。我们认为，目前管理理论已经进入到第四个阶段——企业文化管理阶段。企业文化管理阶段是随着企业文化运动的兴起而形成的，主要以四部著作为标志，即威廉·大内的《Z 理论——美国企业界怎样迎接日本的挑战》、理查德·帕斯卡和安东尼·阿索斯合著的《日本企业管理艺术》、泰伦斯·迪尔和艾伦·肯尼迪合著的《企业文化——企业生存的习俗和礼仪》及托马斯· 彼得斯和小罗伯特·沃特曼合著的《寻求优势》。

企业文化管理是一种以文化为中心的管理理念，是管理思想发展的新阶段。企业文化管理形成了自己独特的对人的认识，认为管理的主体是人，这种人既包括了管理者，又包括了被管理者，是管理者与被管理者的统一。企业文化管理理念的提出是对科学管理思想观念的发展和创新。

我们为企业文化管理时代的到来感到欣喜。同时认为，企业文化理论不是凭空出现的，它是由西方企业管理理论发展演变过来，或者说它脱胎于现代西方的企业管理学说。但更重要的是，企业文化是对企业管理乃至整个管理科学的超越。

（二）当代企业文化是对企业管理的超越

现代工业文明的发展不仅给人类带来了物质财富的丰裕，同时也带来了许多社会问题。其中重要的问题之一是工厂生活给工人带来一种普遍的失落感，许多人存在一种精神的“病态”。这是因为工业文明打破了人们习惯的农业文明社会规范。由于社会的分工、组织的增长、日益增加的社会和物质流动性，人同整个世界的联系局限于职业的狭小范围，整个世界在每个人的感觉中越来越成为一些片断。在这种情况下，人们不仅对整个世界难以把握，而且深深感到一种被世界抛弃的孤独和个人面对世界的无力。这使人们长期处于一种精神压抑状态，产生出精神的“病态”。这无疑是一种威胁工业文明的“社会病”。

企业文化理论的出现，为此提供了疗救的出路。其根本点就在于企业文化是一种灵魂的慰藉，可以创造出一种亚文化气氛。强文化的工厂代替了过去家庭的空缺而成为一个大家庭。在一个相对社会而小得多的企业中，共同的传统、共同的事业、共同的信任结成了新的文化纽带，个体借此排除了孤独感和无力感。与此同时，企业文化作为一种文化传统，因其对工作和生活的必然渗透，使得人们在生活和工作中找到了使之相连的同一性。企业的成功与企业同社会的联系又使得其中生活的人发展了一种自己同社会的联系，于是通过人—企业—社会这个关联键发现了自己工作和生活的意义，摆脱精神的“病态”，健康地去从事创造。

因此，企业文化是对企业管理乃至整个管理科学的超越。我们认为，人们通常所说的企业管理，指的就是企业管理科学。它与当代企业文化之间有着渊源关系、因果关系。当代企业文化脱离管理科学而提前出现，但事实上，管理科学已不能包容、代替和决定当代企业文化。二者是两个概念、两类事物，分别属于文化发展的不同层次，不宜混淆。管理科学是一门科学，企业文化是一种文化，二者在性质上的差异颇大。关于管理科学与企业文化之间的不同点，笔者认为，当从以下三个方面加以把握，即二者遵循的原则不同、面对的主体不同和追求的目标不同。

1. 遵循的原则不同

科学以理性为工具或基础，以“知”为目标，强调客观性，推崇硬性的方法，常常拒斥或忽视价值原则。而文化的基础是人的存在，历来以“行”为目标，重视人的动因。因此，文化遵循价值原则，而科学弃置价值原则。

2. 面对的主体不同

管理科学着眼于企业管理运作这一局部，着重各类管理技术（管理方式、方法、手段等）的运用。其主体是企业主管和各级管理人员，在企业内占绝大多数的不同层次的员工处于被动地位，作为被管理的对象或客体而存在。而企业文化着眼于整个企业运作的大局，注重文化优势的发挥。

其主体是全体员工，企业中每个员工都明白自己是主人，都有极强的主体意识，都能够主动地而不是被动地对待工作和事业。这是一种至关重要的转折与升华，只有自觉投身于文化建设、文明创造之中的企业才能在这一转折与升华中受益。

3. 追求的目标不同

我们不能否认一些注重利润目标的企业，同样具有企业文化的内涵，在这样的企业内，也一样具备了共同的价值观。但站在企业文化的终极立场上看问题，当代企业文化最突出的一点就是把传统企业管理所重视的利润目标提升到重视人文目标的高度。文化包含了管理的内容，但其主体部分并不在于管理。文化带给人们的财富，远远不止管理，把企业文化理解为企业管理新阶段、新文明 、新模式之类的观点，便是把文化或文明降低到一种范围具体的科学的层次。依照这种逻辑，企业文化的研究和推行是不必要的，只需在原有的管理学中增添管理新阶段一章就解决问题。显然，依此办理是荒谬的。

当下，管理科学依然存在着、发展着，作为管理学的现代新发展，它仍然是人们研究的对象。但是除了管理科学之外，我们更应注意到独立出现并以蓬勃生命力存在着的当代企业文化，这是超越管理科学的一种社会亚文化，是当代企业文化理论指导下的一种文化创造、文明演进。过去仅仅以管理视角视之，看到的只是管理或文化的“一斑”，如今具备了文化视角，才真正窥见了企业文化之“全豹”。

二、自在人：企业文化时代的人性假设

人性是随社会环境的发展变化而不断地改变的。每一种人性假设理论都是和当时的管理环境和被管理的人素质相一致。因此，在企业文化时代，我们需要提出新的人性假设。吴声怡经过多年的探索，提出了企业文化时代的人性假设——“自在人”。

（一）“自在人”假设的文化渊源

“自在人”假设是在充分吸收中国传统文化精髓和特质的基础上提出来的，与中国的传统文化一脉相承。中国传统文化是指居住在中国地域内的中华民族及其祖先所创造的、为中华民族世世代代所继承发展的、具有鲜明民族特色的、历史悠久、内涵博大精深、传统优良的文化。它是中华文明演化而汇集成的一种反映民族特质和风貌的民族文化，是民族历史上各种思想文化、观念形态的总体表征，是中华民族几千年文明的结晶。中国传统文化博大精深、包罗万象。因此，笔者只能做简化处理，力图提炼出传统文化的几个特质，以此作为“自在人”假设的文化渊源。

“自由、平等、博爱”是西方文化的特质和精髓所在。那么，中国文化的特质和精髓是什么呢？我们将之归纳、概括为“自在、和平、大爱”。这种归纳极富时代感和创新性，具有极强的概括性和包容性，既涵盖了中国文化的核心精神，又汲取了东方文化的最高境界。

1. 自在是东方文化的最高境界

相比西方的自由而论，自在是主意而不主行、重内而不重外的。自在是对自由的扬弃和超越。主意、重内是指自在侧重于人的修炼、觉悟，讲求“运用之妙，存乎一心”。通过对自我的不断修炼，达到对内在、外在的洞察与觉悟，进而达到圆满之境界。自在在中国文化中有着不同的存在形式。孔子“七十而从心所欲不逾矩”是一种自在。孟子的“万物皆备于我”也是一种自在。庄子提出的“天人合一”则更是一种大自在。总之，自在就是通过不断地自我修炼，实现对自我内在的深切观照，对外在规律的深刻领悟，进而达到对自我和外在的超越和觉悟，如此之后，则能“运用之妙，存乎一心”。

2. 和平是中国文化的核心特质和内容

“和”乃和谐、中和之意；“平”乃齐一、平等之意。这比西方的平等要丰富得多。中国文化中的和谐就是天人合一的境界。所谓天，就是牛、马也；所谓人，就是穿牛鼻、络马首也。所谓和谐，就是反对人、自然的异化与隔离，强调人、自然的整体性与合一性。“和”还有中和之意。中和就是儒家学说中经常提到的中庸。“中庸”是儒家的最高的道德标准，也是其解决一切问题的最高智慧。可见，“和”把中国道家和儒家的思想精髓精准地提炼了出来。“平”包括齐一和平等两层含义。齐一是庄子的重要思想。在《庄子·内篇·齐物论第二》中，庄子认为，一切道理对于人来说都是“齐”的，不会因主观变化而变化。所谓“齐物”就是齐生死等万物，世间万物之间是相互平等的。在佛家看来，众生皆平等。这种平等是无差别之意，指一切现象在共性或空性、唯识性、心真如性等上没有差别。《金刚经·净心行善分》中有语曰：“是法平等，无有高下，故名无上正等菩提。”此外，“和平”一词与武力相对。中华民族是一个爱好和平的民族，历来崇尚文治反对武功。这一点早已凝固到我国文化的固有血液中。几千年来，中华民族都强调用文化同化异族，很少用武力征服。

3. 大爱是中国文化的独特特质

相对于博爱而言，大爱的表述更具创新性和东方韵味，体现了墨家兼爱的思想特质，更是道家境界的生动写照。大爱比博爱和爱情更加无我。有没有出发点，是大爱与小爱的根本区别。道家有句话，“上德不德，是以有德；下德不失德，是以无德”，大爱就是上德的境界。

（二）“自在人”假设的提出

2003年前后，吴声怡提出“自在人”假设及其相关理论。数年来，在吴声怡及其追随者的共同努力下，“自在人”假设及对应的S管理理论已经逐步建立起了自己的体系，并取得了一些能够为学术界所认同的理论成果。

1. “自在人”假设的提出是管理学自身发展的必然结果

管理学的发展史，其实质是对人性假设认识的发展史。追忆管理学曾经走过的足迹，我们不难发现：管理学的每一次质变，都以对人性的重新审视为肇始。“社会人”取代“经济人”，“自我实现人”取代“社会人”等，无不开启了一个全新的管理时代。“自在人”是对人性的重新再审视，是管理学内在规律的直接体现，是管理学自身发展的必然结果。

2. “自在人”假设的提出已经具备实践和理论上的可能性

进入21世纪，区域一体化和经济全球化往纵深发展，企业竞争更加激烈，跨国经营已成为企业持续成长的必由之路。随之而来，管理的难度不断增大，产生了新的管理难题，这迫切需要新的管理理论的指导。此外，伴随着经济社会的快速发展，人性也发生了许多变化。对此，旧有的人性假设已不能准确囊括。综上，“自在人”假设的提出已具备了实践上和理论上的可能性。

3. “自在人”假设是与中国的具体管理实际相适应的

西方管理学是建立在西方人和社会基础上的，烙印着深厚的民族性和时代性。若僵硬地将之移植到新的土壤中，必然会出现水土不服的现象。因此，如何在中国这方“水土”上，构建适合中国企业管理实际的管理理论就成为中国管理的当务之急和题中应有之义。可以说，中国文化和中国实践是孕育“自在人”的最好温床。一方面，尽管西方在企业发展和企业实践方面一直走在世界的前列，但由于其自身文化的局限性，使得管理理论的发展和创新遭遇了瓶颈。企业文化自20世纪80年代创立至今，仍然没有取得突破性发展，就是最好的例证。另一方面，中国改革开放30多年，经济社会取得了巨大成就，许多领域已经接近或正在接近世界先进水平。这就为新的管理理论在中国孕育成长提供了实践土壤。而这种土壤一旦和中国的文化相结合，诞生新的管理理论就是水到渠成的事情了。

（三）“自在人”假设的内涵

“自在人”可称为“全我”（the Self of All）。“全我”就是“自在人”，意味着“没有自我”。当一个人失去了自己渺小的中心，到达整个存在的中心时，就变成了无限，不再受到任何束缚，周围的牢笼就会逐渐消失，无穷的力量就会流露出来。

需要强调的是，“自在人”不同于“自由人”。所谓自由，是一种免予恐惧、免予奴役、免予伤害和满足自身欲望、实现自我价值的一种舒适和谐的心理状态。自由既有为所欲为的权利，又有不损害他人的责任义务。自由既是一种权利也是一种义务，强调的是外在的东西对自我的阻碍。只要外在的阻碍足够少，自我能够为所欲为地做自己想做的事情，此时自我就是自由的，它很少涉及自我内在的阻碍。自在主要是指人的内心感受。当一个人克服了外在和内在的一系列阻碍时，他就是自在的。自在不但寻求外在阻碍的克服，还寻求内在阻碍的克服。

“自在人”假设认为，自在是相对不自在而言的，是人的欢喜自在、怡然自在、悠然自得等情绪和感情的抽象化。当今社会，人并不只是追求经济利益的“经济人”，也不只是满足需要的“社会人”，而是为摆脱困扰、焦虑、烦恼等不自在因素而追求自在的“自在人”。人因觉悟而自觉，化他律为自律，便能超越外界的不利因素，爆发出巨大的创造能量，“随心所欲而不逾矩”，此为“自在人”。

（四）“自在人”假设的特征

“自在人”具有以下基本特征：

1. 更大的自主性

自在人不仅有最基本的人身自由，而且与以往的“人”相比更加独立自主，更加能够自主流动、自主择业、自主创业。“自在人”假设下的员工由于对企业价值观的高度认同，从传统的“恐惧式”管理中解放出来，成为了自己的管理者。解放了的员工重新发现了工作的完整意义以及生命的价值。这样的员工无疑会释放出压抑已久的主动性和创造力。随着经济的不断发展和社会的不断进步，自在人有着越来越大的自主性。

2. 更高的自由度

实践证明，人只有在自由的环境中才能最大限度地发挥才能和潜能。只有提高个人工作的自由度，在企业管理中给个人留有余地，才能使自在人更好地发挥自己的潜力和创造水平，这也符合东方文化中“无为而治”的思想。“自在人”假设下的企业能够产生共享、认同的价值观，企业的价值观是全体员工共有的最高思维方式和行为准则，员工因为自觉于这种价值观而解放了自我。解放后的员工不再需要畏惧以前的威权管理，也不再需要处处畏首畏尾，只需要按照企业的价值观这把“心中的尺子”进行自我管理，此时他拥有着高度的自由度。

3. 更强的自觉性

自在人素质较高，自身行为是自觉的，学习动机、成就事业的愿望强烈。处在日益宽松的社会环境和管理更加灵活的企业中，员工的主动性和创造性更能被充分激发起来。当全体员工普遍自觉于企业的价值观时，管理即被消泯。此时，管理由他律变为自律，人人都是自己的管理者。每个人都要对自己负责，对企业负责，对社会负责。责任越大，责任感越强，员工的自觉性也就越大。

4. 更具平等独立意识

当下，不少企业中存在着严重的等级观念，管理者与被管理者之间呈现一种隶属与被隶属的关系。管理级别高就意味着高人一等，级别低就代表着处处受制于人。在这管理状态中，员工是没有平等可言的，更没有独立的可能，甚至包括人格的独立都无法保障。“自在人”则相反。在企业价值观面前，只有职位的差别，没有人格的不同，每一个人都是平等独立的。“自在人”假设认为，每一个“自在人”都有民主自由的权利，这也是公民社会的题中应有之义。

三、S 管理理论及模型：“自在人”假设基础上的管理理论

（一）“自在人”假设与 S 管理理论

“自在人”假设认为，人是为摆脱困扰、焦虑、烦恼等不自在因素而追求自在的“自在人”，人性以“自在”为终极目标，人们心底最深层次的需求是对“自在”的渴望。S 管理理论是建立在“自在人”人性假设基础上的，通过文化的引导和心灵沟通，实现合二为一、和谐共处的精神管理（Spirit Management）思想。之所以取名“S”，源于太极图的灵感。在太极图中处于“阴”“阳”之间的“S”曲线显示：根据事物对立统一的发展规律，假设发展的二要素为“阴”与“阳”二元因子，处于“阴”“阳”之间的“S”曲线为“最佳值”，即万物在发展过程中都有一个不断隐显的“度”，这个度是统领事物发展的“道”，把握好事物发展的“S”形的度，是一切事物和谐发展的有效之道。“S”曲线意味着把握管理的“度”，能够和谐、统一地解决管理中的矛盾和冲突。

S 管理理论认为，管理的最高境界不是完美，而是最大公约的和谐。因此，S 管理理论所要解决的主要矛盾是人的自在发展与组织发展之间的矛盾。人的自在发展是人类不懈追求的理想和目标，与组织发展是对立统一的关系，人的自在发展与组织发展的和谐就是 S 管理理论的目的。

S 管理理论强调，管理的目的是分别确定员工不同的个性需求和工作的特有属性，掌握好制度硬性管理与软性精神管理之间的尺度，通过塑造和谐、快乐的文化氛围，来实现充分调动人的积极性、创造性和主动性，以实现人的自在发展。可见，“自在人”假设契合了 S 管理理论的核心思想。

（二）S 管理理论模型核心要素及作用机理

组织是由两个或两个以上的个人为了实现共同的目标组合而成的有机整体，存在的目的是为了实现目标与使命，以及实现人的自由全面发展，任何组织的生存与发展都依赖于特定的客观物质基础和社会条件，组织依靠社会环境获得赖以生存的资源和发展机遇，组织的产出与服务为社会所接受的程度是限制组织活动的边界条件。所以在构建 S 理论的理论模型时，就有必要先理清这三个核心要素相互之间的作用机理（见图 1）。

图 1 中，把三者的作用机理分解成两两之间的作用关系；由“人—组织”、“组织—社会”、“人—社会”中对应因子的匹配程度，形成每对核心要素相适应程度的前因变量，每组前因变量都决定了一组核心要素的适应程度。三对核心要素的相适应程度分别表现为三组结果变量，这三组结果变量就综合说明了人、组织与社会发展的和谐程度。

在随后部分，我们将构建人、组织、社会在 S 管理法则下共存共发展的理论模型，并用理论模型的几种不同形态来进行阐述。

（三）S 管理理论的运用条件

1. 组织要尊重人的主体地位

尊重人的主体地位是实行 S 管理模式的首要条件。在资本主义发展初期，员工与企业之间只是单纯的雇佣关系，工人没有主体地位，实行 S 管理模式毫无可能。只有在现代社会，员工在组织中的主体地位明确，S 管理模式的实施才有了可能性。“以人为本”是 S 管理理论的第一原则，在 S 管理模式中，组织必须坚持以人为中心，切实尊重人的主体地位，从人性的基本层面来认识

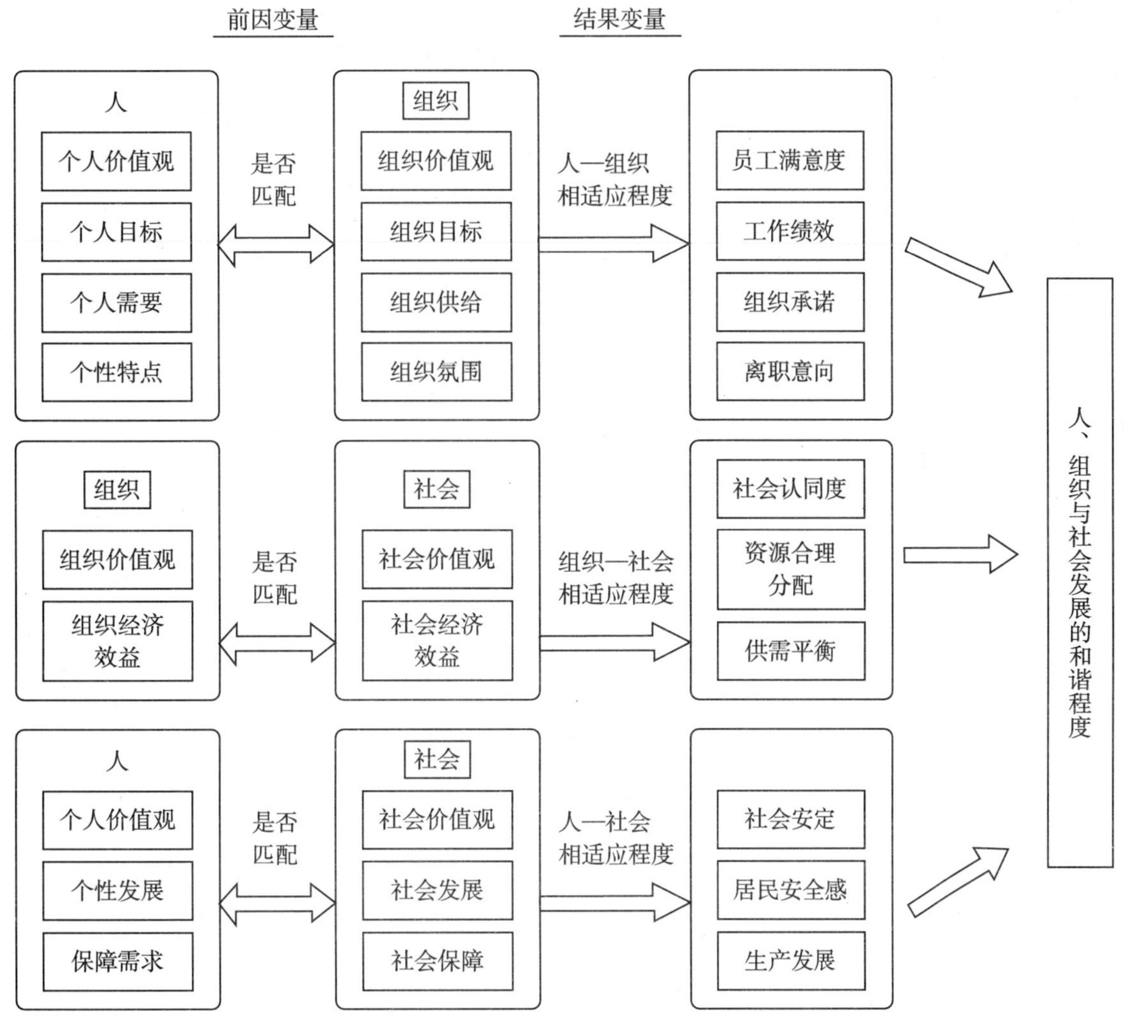

图 1　人、组织与社会之间的作用机理

问题，使管理实践更加科学、更加准确。

2. 组织成员以脑力劳动为主

随着知识经济的兴起，脑力劳动在劳动构成中的含量日益提高。对以脑力劳动为主的组织成员，强制性的管理方式显然行不通，外部控制与物质激励基本上起不了作用，劳动效率的高低、劳动成果优秀与否，取决于其工作的自觉性。所以，对脑力劳动者的管理重点应转移到无为控制与内在激励上，无为控制与内在激励也正是 S 管理理论的职能所在。

3. 组织员工的高层次精神需要凸显

生产力水平是人的需求层次的决定性因素，不同的生产力将导致人类不同的需求，对应着不同的管理方式。待生产力发展到一定阶段，人们的基本生活需要得到满足，低层次的精神需要（如社交需要、尊重需要）也随着生产力的继续发展慢慢退出需求的主导地位，于是高层次的精神需要就成为激励组织员工的关键。因此，组织员工的高层次需要凸显，是组织可以实施 S 管理理论的重要条件。

4. 组织管理实现规范化

管理规范化不是简单地对企业组织运行的活动和过程制定具体的行为标准，而是强调在管理的过程中，通过确立一套价值观念体系来引导员工的意志行为的选择。组织管理的规范化可以夯实管理基础，保证劳动生产率，为 S 管理模式的实行提供物质基础。

（四）S 管理理论的模型研究

1. 自在形态下的 S 管理理论模型

S 管理理论模型的自在形态可以由图 2 直观地表示：

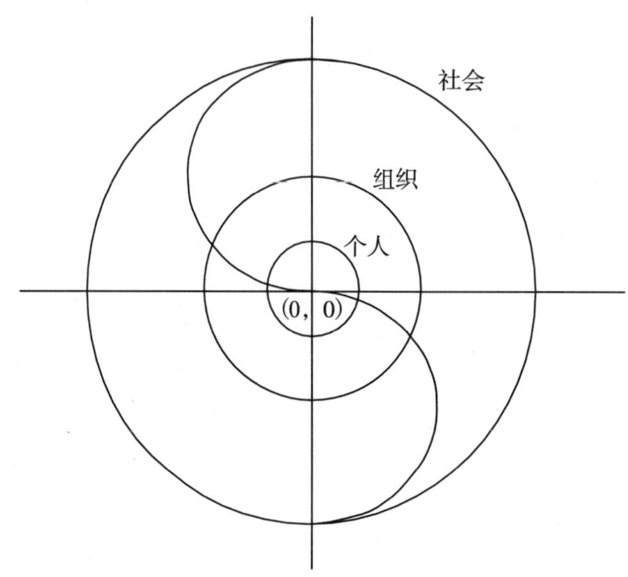

图 2　S 管理理论模型的自在形态

三个相互包含的圆形从小到大分别代表人、组织和社会，体现一定的包含、从属关系。三个圆形的圆心以及“S”曲线的拐点相重合在点（0，0），我们称这个点为人、组织、社会三者和谐发展的最佳点，此时三个圆形都在“S”曲线下和谐发展，人、组织、社会三者的发展趋势完全一致，实现自在形态，此模型为管理的理想状态。而后，三个圆形随着时间的推移作顺时针旋转。

图中的“S”曲线代表 S 管理思维，在图中表现为“S”曲线的拐点（0，0）。（0，0）就是 S 管理观下的管理拐点，管理中的拐点是事关战略决策，表现为重大政策走向的调整。在以往管理举措的执行博弈形成一种定式时，拐点可能就是开创新局面的起点。所谓文武之道一张一弛，其实就是要建立拐点寻求破局。

社会的发展取决于自身的内在规律，其总体趋势是实现个人与组织的自在、和谐发展，当然，个人与组织无力左右社会发展的方向，只能通过调整组织内部的因素来适应社会发展，只有与社会发展相适应，才能实现组织的可持续发展与个人的自在发展。

2. 不自在形态下的 S 管理理论模型

人、组织和社会都是不停运动的，随着时间的推移，有可能出现人脱离组织、组织脱离人或者组织和人偏离社会等多种不自在形态，即不和谐形态。表现为三个圆形中有一个或多个偏离“S”曲线，圆心与圆心或者圆心与拐点不重合，说明了人、组织、社会的发展趋势不一致，不能实现自在形态。

（1）个人的发展偏离了组织的发展。从图 3 可以看出，个人的发展偏离了组织的发展，此时应分析偏离的原因，采取开导、教育、激励等手段，把个人发展的方向调整到与组织发展的方向一致，若偏离的方向太远，将出现极端情况，组织有可能促使人离开。

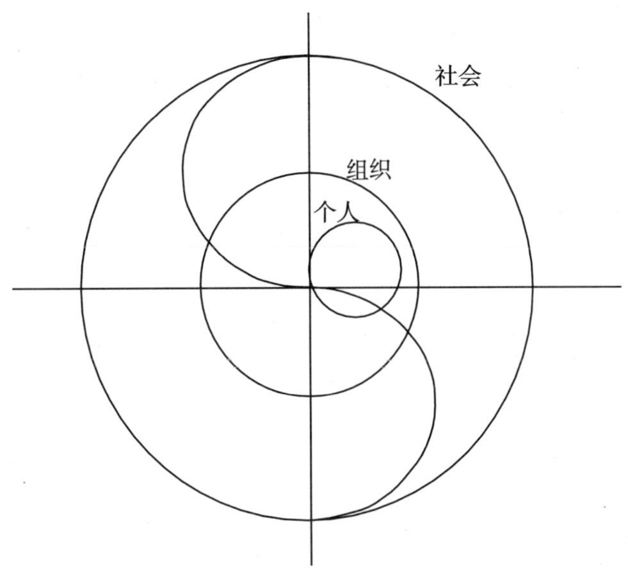

图 3　S 管理理论模型的不自在形态（1）

（2）组织偏离了个人的发展。从图 4 可以看出，组织在制度、文化或者环境中的某些方面存在不合理因素，此时组织应校正这些不合理因素，回归到 S 曲线。若组织的发展方向大大偏离了个人自在发展方向时，同样会出现另一种极端现象，人有可能主动离开该组织，寻求更适合自身发展的新的组织。如图 4 所示：

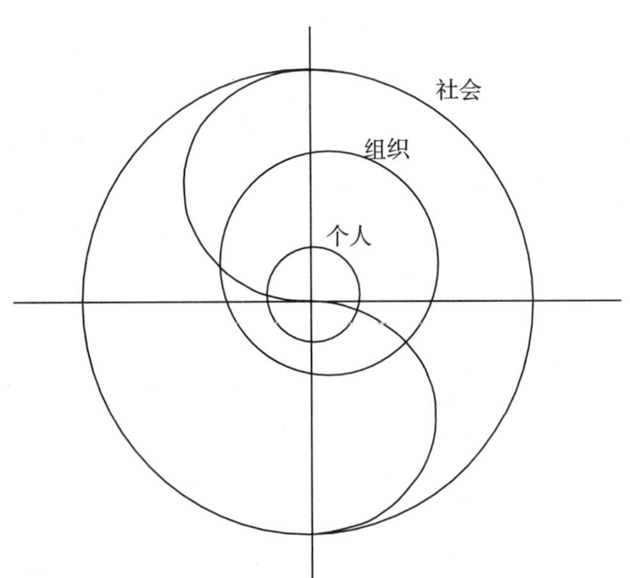

图 4　S 管理理论模型的不自在形态（2）

（3）个人与组织偏离了社会的发展。从图 5 可以看出，个人与组织同时偏离了社会的发展，这样个人与组织虽然实现了短暂的共同发展，但这种发展违背了社会发展的规律，不可能实现长期、可持续的发展。此时，组织需要作战略调整，否则，个人与组织继续偏离社会的发展，有可能导致组织消失的极端现象。

当然，不自在状态的情况还有很多种，无非就是人、组织、社会相互偏离的各种组合，在此不一一列举，当务之急是找出一种管理规律，使人、组织、社会尽可能地保持和谐发展，尽可能地接近 S 管理的理想状态，为此，我们提出了 S 管理理论的金三角模型。

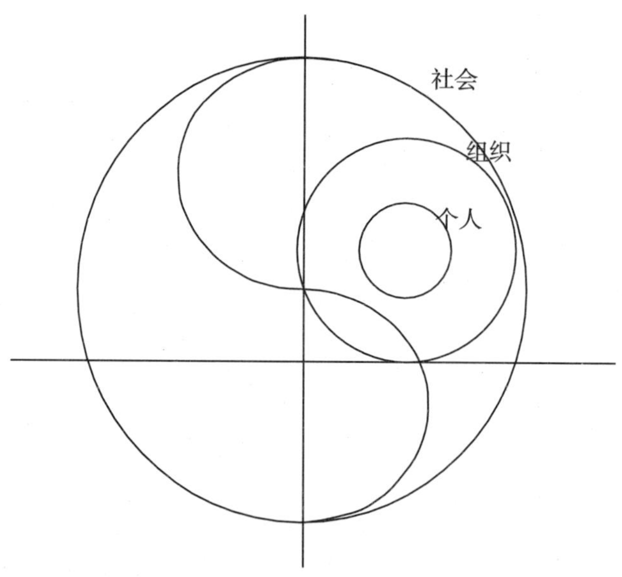

图 5 S 管理理论模型的不自在形态（3）

3. S 管理理论的“金三角”模型

当人、组织、社会处于不自在形态（不和谐形态）下，要通过加强管理、加强文化建设、加快创新等措施，推动三个圆形回归 S 曲线，回归原点，这就是“金三角”模型（见图 6）。

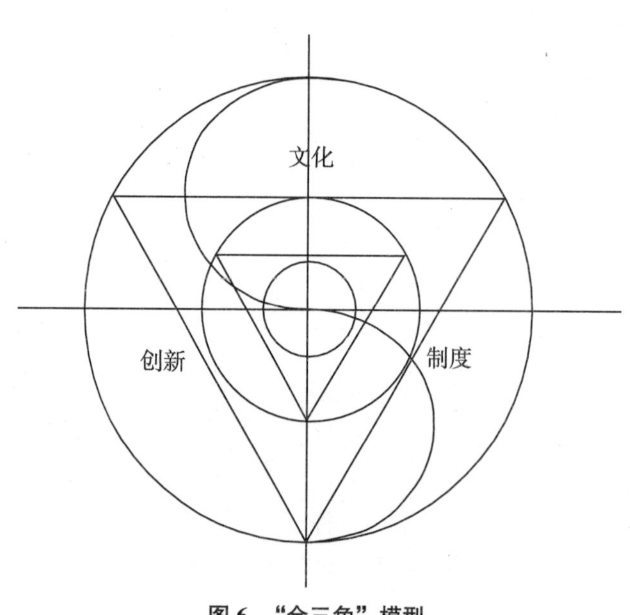

图 6 “金三角”模型

“金三角”模型的构思源于三角形具有稳定性的几何原理。S 管理理论认为，文化、制度和创新能够形成金三角，促进人、组织、社会三者相互协调，不仅增加了上下沟通的渠道和方式，也使企业管理更加到位。如图 6 所示，在金三角模型的作用下，人和组织始终不脱离 S 曲线自由地旋转，实现自在状态。

“金三角”模型也可用公式表达为：

SMS = C + S + I = f（C，S，I）

即：S 管理模式 = 文化（Culture）+ 制度（System）+ 创新（Innovation）

其中，文化是指文化力的作用，这是人、组织、社会三者相互作用的主要方式。文化力的作用可以分解成“文化一致”和“文化差异”：文化一致所产生的是相互一致的合力，推动着人、组织和社会沿着某一方向发展；而文化差异则是相互排斥的力量，影响着人、组织或社会偏离既有的发展方向。制度是企业运行的一系列规则，是特定的管理体系。制度化管理是保证一个组织健康、高效运转的必要管理机制。不同企业在不同阶段根据自身条件要有适合自己发展的制度。创新就是用新办法解决新问题。企业创新的动力是企业家的创新思维，创新是企业家精神的再现，是经济发展中的一支重要力量。

四、结论：S管理理论的历史意义及有待拓展的研究

（一）S管理理论的历史意义

前人提出的各种人性假设及对应的管理模式的产生都具有其合理性，但管理实践中所处的具体情况各不相同，不存在一种放之四海而皆准的通用模式。S管理理论作为一种更先进、更高级的管理学说，有其最适合的某种特定的生产力水平和生产关系状况。在企业文化时代，“自在人”的提出及S管理理论在一定程度上可以弥补当前管理理论的一些不足。

当前，很多学者认为，知识经济已经到来，非常重视对知识管理的研究。根据国内外学者的观点和主张，可以把现有的研究成果分为三个学派：技术学派、行为学派和综合学派。而基于“自在人”假设产生的S管理理论其主要意义就在于，能够较好吸收各种学派的合理因素，解释和消除当前管理上存在的认识分歧和误区。

1. 有利于解决技术学派见物不见人的缺点

技术学派的研究者和专家一般都有着计算机科学和信息科学的教育背景，在企业管理理论和实践中，他们常常被卷入到对信息管理系统、人工智能、重组和构件等的设计、构建过程当中。对他们来讲，管理只是管理软件的开发和使用罢了，往往见物不见人，忽视人的重要作用。事实上，企业管理实践需要实现人、流程及技术实施的有机统一，人的因素更重要。S管理强调对人的重视和研究，各项主张都围绕“自在人”的人性特点来展开。它既吸收了技术学派重视技术运用的观点，但又不唯技术，强调人在管理中的主体作用。

2. 有利于克服行为学派忽视人的自觉性的缺点

行为学派的研究者和专家一般都有着哲学、心理学、社会学或商业管理的教育背景，他们虽然强调“对人的管理”，但往往卷入到对人类个体的技能或行为的评估、改变或是改进过程当中。这些人在传统上，要么像一个心理学家那样热衷于对个体能力的学习和管理方面进行研究，要么像一个哲学家、社会学家或组织理论家那样在组织的水平上开展研究。对人的本质属性和特点认识比较模糊，往往强调个人外在的技能表现，却忽视了潜在的创造力，或过分强调企业对人的控制，而忽视了人的自觉性。而S管理模式是以“自在人”假设为基础的，强调企业文化时代的人更具自主性，有更高的自由度，有更自觉的行为以及更具平等独立意识。

3. 有利于弥补综合学派重点不突出的不足

综合学派的专家既对技术有很好的理解和把握，又有着丰富的经济学和管理学知识。他们推动着技术学派和行为学派互相交流、互相学习从而融合为自己所属的综合学派。虽然综合学派能用系统、全面的观点实施知识管理，容易被企业界接受。但在实际操作中，企业难以找准重点，分不清轻重缓急，眉毛胡子一起抓，影响企业知识管理的推进。而S管理理论强调管理的重点是在完成企业目标和使命与实现人的自由全面发展的前提下，使组织的核心要素人、组织、社会三者之间和谐、自在相处，并通过“金三角”模型促使管理自在状态的形成。

（二）有待进一步拓展的研究

经过吴声怡等人近十年的努力，“自在人”假设及S管理理论的体系逐步完善，在学术界的影响也越来越大。但受限于学识及客观条件，诸多问题还没有研究透彻，需要进一步的拓展，这也是我们今后继续前进的方向和动力所在。

第一，对“自在人”假设的内涵和特征需要进一步丰富，特别是通过实证进行验证。

第二，基于“自在人”假设所提出的S管理理论和模型，需要进一步完善，特别是需要在实践中运用、检验和完善。

第三，S管理理论下企业的激励机制有待进一步挖掘。

〔参考文献〕

[1] 吴声怡. 文化经营与S理论. 北京：中国文史出版社，2005.

[2] 吴声怡. 企业的文化灵空. 北京：中央编译出版社，2004.

[3] 吴声怡，谢向英. 企业文化学教程. 上海：上海财经大学出版社，2008.

[4] 吴声怡，周义邦，赵金杰. 自在人：管理学的人性揭竿与价值革命. 上海：上海财经大学出版社，2011.

[5] 吴声怡. 论当代企业文化是对企业管理的超越. 农业技术经济，1999（6）.

[6] 吴声怡，张晓燕，郑森茜，谢向英，李先. S管理：企业的文化教育战略. 技术经济，2006（8）.

[7] 张胜荣. 中外管理思想和管理理论的演进及其差异. 商业研究，2005（15）.

[8] 高小玲，刘巨钦. 从人性假设的视角探究管理思想回归的内在历史逻辑. 管理科学，1999（6）.

[9] 王志军，段陆生. 管理中人性假设析论. 重庆社会科学，2007（7）.

[10] 吴剑平，张德. 试论文化管理的两个理论假说.中国软科学，2002（10）.

[11] 傅勇斌. 自在人：企业知识管理的人性假设及其思想创新：S管理模式的理论与方法研究. 福州：福建农林大学，2005.

“Self Man” Hypothesis and the S Management Theory

——Discuss Human Nature Hypothesis and the Management Theory in Enterprise Culture Era

Zhang Shengrong　　Wu Shengyi

（College of Economics and Management，Fujian Agriculture and Forestry University，Fuzhou　350002）

Abstract：Reviews of western management classic humanity hypothesis and corresponding management theory；This paper think that culture management is the management theory of development stage 4；In the era of enterprise culture，put forward a new humanity hypothesis：“Self man” Hypothesis. The “Self man” Hypothesis of the corresponding management theory is the S theory. The paper constructs the model in S theory，analyzed each core elements and mechanism between them in the S theory model，points out the using conditions of S theory，discussed the comfortable and uncomfortable two kinds of condition of the evolution of the model，and when in uncomfortable condition，we need to build triangle model to put the model back to comfortable condition. At last，it points out that the historical significance in the S management theory and problems which need to be studied further.

Key Words：Self Man；S Theory；Human Nature Hypothesis；Golden Triangle Model

【公司治理】

传媒上市公司治理绩效

——基于比较视角的研究

谢永珍

（山东大学管理学院，济南 250100）

［摘 要］本文区分了治理结构、治理行为与治理绩效的关系，设计了三者的关系模型，并提出治理行为与治理绩效的概念，构建了传媒上市公司治理绩效的测评指标。采用方差分析方法，利用1998~2010年的面板数据，对传媒与相关行业治理绩效的比较发现：传媒上市公司以国有控股为主，体现了传媒政治属性；传媒上市公司具有较高的盈利水平和良好的发展势头，投资回报率高，但投资风险大；外部治理环境、内部治理结构、行业竞争以及公司业绩对治理绩效具有显著影响；行业属性与控股股东治理行为对治理绩效具有显著的影响；民营控股盈利能力好于国有控股；具有垄断背景的国有控股上市公司股东回报率高，民营控股员工薪酬率高；传媒业的行政型治理行为加大了代理成本；严格的制度约束使上市公司信息披露合规性较高，但业绩差的行业信息披露质量差。

［关键词］治理行为；治理绩效；传媒上市公司

一、问题提出

已有关于传媒上市公司的研究较少，尤其是传媒治理绩效的比较研究几乎是凤毛麟角。常永新（2003）以及周劲（2005）等人对传媒集团的治理模式进行了探索与研究。[①] 赵曙光（2002）、金哲夫（2004）等采用案例分析方法研究了传媒上市公司的股权结构。[②] 邓正华和徐小立（2007）、骆嘉（2009）等采用描述统计或者实证研究方法，对传媒上市公司的股权结构及其与托宾Q值之间的关系进行了研究。[③] 采用面板数据对传媒上市公司治理进行大样本的实证研究尚不系统，且大多采用财务绩效作为被解释变量，而对其他维度的治理绩效关注不足。事实上，这是公司治理实证

［基金项目］山东省科技厅软科学项目。

［作者简介］谢永珍，山东大学管理学院、公司治理研究中心教授、博士生导师。

① 常永新（2003）提出了中国传媒集团"三级治理"模型；周劲（2005）设计了传媒双重逻辑下主体加辅助的治理模式，即3+2模式等。

② 赵曙光对"电广传媒"以及金哲夫对"东方明珠"、"中视传媒"、"电广传媒"和"歌华有线"股权结构都有详细分析。

③ 邓正华和徐小立通过统计性描述研究认为，随着国有股持股比例增长，公司经营绩效下降；未流通比例对公司经营绩效影响很大；董事会、监事会、独立董事以及股权激励已在传媒上市公司中建立并得到重视。骆嘉选取8家传媒上市公司2001~2008年数据作为研究样本，采用回归方法实证研究发现我国传媒类上市公司第一大股东持股比例与托宾Q值呈显著的倒"U"形关系，无限售条件股权比例与托宾Q值正相关。

研究中普遍存在的问题。[①] 用财务绩效代替治理绩效缩小了治理绩效的外延，不能全面揭示公司治理的效果。Richardson 和 Tuna 曾明确指出，使用传统的财务绩效衡量或评估公司治理的效果存在一定的局限性。

关于治理绩效的研究主要聚焦于董事会治理绩效的评价。Conger 等（1998）试图采用董事拥有的知识、信息、权力、动机和时间等治理能力与行为指标对董事会进行业绩评价。自 2000 年至今国内有关董事会业绩评价的 10 余篇相关文献中大多数指标属于董事会治理行为或者指标，较少涉及治理绩效指标，如王斌和汪丽霞（2005）从过程与结果两个方面，采用平衡计分卡技术从财务、顾客、内部流程、学习与成长评价四个维度提出了评价董事会业绩的内容，涉及部分治理绩效指标。吴佩旆（2005）指出，董事会的业绩可以通过公司的使命和哲学、公司的目标、战略和结构、董事会与管理层的关系、董事会边界的扩展以及董事会的结构等方面考核，具体考核指标多为治理行为与结构指标。王宗军、严磊等（2006）从外部评价、内部评价以及信息披露三个方面评价董事会业绩，其中外部评价涉及董事会独立性、董事持股以及董事个人素质等指标；内部评价主要涉及董事会整体业绩和董事会领袖的业绩。但并未进一步明确董事会整体业绩以及董事会领袖业绩的具体指标，并且上述评价中多属于治理结构指标而非治理绩效。2007 年他们再次从董事会独立性、企业业绩、行为、激励以及战略管理五个维度采用模糊综合评价法构建了董事会业绩评价模型。郭燕雄等（2008）设计了董事会整体业绩评价、董事长业绩评价、董事会成员业绩评价以及独立董事业绩评价的指标体系，主要采用治理行为与治理结构指标。白万刚（2008）指出，董事会的绩效可以通过董事会运作规范性以及董事会运作有效性两个方面予以衡量。仲继银（2008）指出，董事会绩效评估包括董事会自身的绩效评估以及对 CEO 的绩效评估，其中董事会自身的绩效评估包括董事的引导和发展、董事会的规模和构成、董事持股、信息的提供、团队工作、领导能力、董事个人的贡献以及公司的业绩表现等，这些指标多属董事会治理行为与结构而非治理绩效指标。赵娜（2008）利用 BP 神经网络模型以董事会能力为目标构建了包括董事会结构特征、运作特征、激励特征及人口学特征在内的董事会治理绩效计量指标体系等，评价指标中涉及治理绩效的指标较少。

作为国家政治口舌的传媒业的发展受政府管制较多，即使在目前我国各行业市场化程度较高的情况下，传媒业仍然有更多的政府管制，外部治理环境尤其是政策、法规等对传媒上市公司治理结构的选择起着重要影响。在国家控股的传媒上市公司中，政治力量与资本力量结合并借助资本力量进行资本化后的政治控制，一方面资本力量借助政治力量获得更丰厚的资本回报，另一方面政治力量的干预，制约了传媒企业的治理与管理。由于行政型治理与经济型治理并存而出现的严格政府管制、高比例国家持股以及兼顾政治效益、社会效益以及经济效益为一体，成为我国传媒公司治理的突出特点。研究我国传媒上市公司治理行为与治理绩效并与有关行业进行比较，对于充分把握传媒上市公司治理绩效及与其他行业的异同，完善传媒上市公司治理结构，改善其竞争力具有一定借鉴意义。本文以下部分的内容为：治理结构、治理行为与传媒上市公司治理绩效；传媒与上市公司治理绩效比较；研究结论、贡献与研究不足。

---

① 如至今已被引用 3399 次的 Gompers 等的“Corporate Governance and Equity Price”一文以及已被引用 1114 次的 Bebchuk 等的“What Matters in Corporate Governance”一文等，均以财务绩效作为被解释变量。

二、治理结构、治理行为与传媒上市公司治理绩效

（一）治理结构、治理行为与治理职能

治理行为不同于治理结构。静态的治理结构泛指股权结构、三会设置以及基本的结构安排等，如股权结构、董事会规模与结构、监事会规模与结构等属于静态治理结构；动态治理结构除包含静态要素之外，还包括三会的运作以及高管选聘与激励等，如股东大会运作、董事会决策过程、监事会监督过程等。治理行为不同于治理结构，是指治理主体履行治理职能，实现治理目标的过程和方式。它涵盖治理行为主体、动作以及内容等基本要素，是公司治理运作的综合反映。治理行为与治理职能密切相关，是治理主体履行治理职能的行为表现。由于治理职能的不同，服从于治理职能的治理行为也有所不同。部分学者认为公司治理的主要职能在于监督，如 Shleifer 和 Vishny（1997）与郑红亮（1998）等,[①] 从这一角度看，公司治理就是通过一系列监督行为以达到其控制管理者的目的。还有部分学者认为公司治理是一系列制度安排达到保护利益相关者的目的，如美国公司董事协会（1981）、布莱尔（1995）以及钱颖一（1995）[②] 等。从这一角度看，公司治理的职能不仅体现为对管理者的监督还应该具有决策与服务等职能。决策学派哈特以及李维安等认为公司治理是一套决策机制,[③] 通过科学决策确保公司利益相关方的利益。公司治理的四大理论虽然对治理的职能给予了不同的界定，但始终没有脱离监督与决策两项基本职能。[④] 本文认为由于治理环境以及治理目标的变化，公司治理的职能经历了动态演化的过程，由最初的监督管理者实现股东价值最大化，演化为当今的兼具控制与决策职能并以决策为核心实现利益相关者的价值最大化。决策与监督是公司治理的基本职能，治理职能的履行需要治理行为[⑤] 的保障，基于公司治理职能的不同，治理行为有战略行为与控制行为之分。战略行为服务于决策职能的履行，控制行为服务于监督职能的履行。

---

① 如 Shleifer 和 Vishny（1997）与郑红亮（1998）等，他们认为公司治理是公司资金提供者确保获得投资回报的手段，如怎样确定管理者没有侵吞其所提供的资本或将其投资在不好的项目上，怎样控制管理者等。

② 美国公司董事协会（1981）认为，公司治理结构是确保公司长期战略目标和计划得以确立，确保整个管理结构能够按部就班地实现这些目标和计划的一种组织制度安排；公司治理结构还要确保整个管理机构能履行下列职能：维护公司的向心力和完整；保持和提高公司的声誉；对与公司发生各种社会经济联系的单位和个人承担相应的义务和责任。布莱尔（1995）认为，公司治理是指有关公司控制权或剩余索取权分配的一整套法律、文化和制度性安排，这些安排决定公司的目标，谁拥有公司，如何控制公司，风险和收益如何在公司的一系列组成人员，包括股东、债权人、职工、用户、供应商以及公司所有的社区之间分配等一系列问题。钱颖一（1995）认为，公司治理结构是一套制度安排，用以支配若干在企业中有重大利害关系的团体投资者、经理人员、职工之间的关系，并从这种联盟中实现经济利益。公司治理结构包括：如何配置和行使控制权；如何监督和评价董事会、经理人员和职工；如何设计和实施激励机制。

③ 哈特（1996）认为，公司治理是一个决策机制，而这些决策在初始合约中没有明确规定。更准确地说，公司治理分配公司非人力资本的剩余控制权，即资产使用权如果在初始合约中没有详尽设定的话，公司治理决定如何使用。李维安（2001）认为，公司治理是通过一套包括正式或非正式的、内部或外部的制度或机制来协调公司与所有利益相关者之间的利益关系，以保证公司决策的科学化，从而最终维护公司各方面的利益的一种制度安排，公司治理的核心和目的是保证公司决策科学化，而利益相关者的相互制衡只是保证公司科学决策的方式和途径。

④ 四大理论对董事会的职能给予了不同的界定。委托—代理理论将董事会的职能界定为监督，并且认为内部董事与外部董事的结合将使董事会具有更强的监督管理层的能力（Weisbach，1988；Fama 和 Jensen，1983）；管理层霸权理论则认为董事会是橡皮图章，企业的实际权力掌握在管理者手中，董事会只能是消极的监督者，公司的决策应该由管理层制定（Mace，1986；Kosnik，1987；Yermack，1998）；管家理论认为，所有者与经营者是利益一致的信托关系，董事会应赋予管理层更高的权力并为其决策提供便利（Donaldson，1990）；资源依赖理论认为，董事会是公司与外部环境的重要沟通平台，董事会应积极参与战略决策（Zahra，1990；Hillman 和 Dalziel，2003）。

⑤ Anand（2005）引进自主性治理与强制性治理的概念，将符合法律条款的治理视为强制性的治理行为，而将超越这一水平的治理视为自主性的治理行为，但作者没有明确不同治理主体的治理行为。

（二）传媒上市公司治理行为与治理绩效

传媒上市公司治理行为是指广播电影电视局、广播影视集团、电视台、文化发展集团、报业集团、政府、宣传部、个人等传媒上市公司的股东、董事和监事等内部治理主体通过其战略性参与或对大股东、高管的监督等履行公司治理职能的行为方式。传媒上市公司既是舆论把关人又是经济创收者，基于前者，政府以及由政府控制的媒体作为上市公司的大股东，必须关注社会公共物品的提供，关注政治效益与社会效益；基于后者，传媒业在改制的过程中，成为营利性组织，应关注经济效益。在国有控股的传媒上市公司中，国家拥有传媒国有资产的所有权、传媒宣传控制权以及国有资产经营权三权为一体，以政府为主的传媒大股东通过"政治"与"资本"的双重手段实施对上市公司的控制，行政型治理与经济型治理并存，治理行为行政化是传媒上市公司治理行为的显著特征。

1. 传媒上市公司治理战略行为

传媒上市公司治理战略行为指传媒上市公司股东[①]以及董事[②]等治理主体履行公司治理的战略决策职能而达成的效果。传媒上市公司股东战略行为指股东通过参与股东大会在对公司的经营方针和投资计划、董监事选举、公司合并、分立与解散、发行债券、利润分配方案、公司章程修改、增加或者减少注册资本等重大事项进行决策的活动方式。由于投资比例、投资的不同，股东参与治理的态度和行为有很大差异（宁向东，2006）；大股东通过控制董事会和委派高管的方式进行战略参与，包括参与战略制定、实施、评价等全过程，涉及投融资、创新、国际化等（王维钢和谭晓雨，2010）。

传媒上市公司董事会战略行为是指董事会运用所拥有的知识、信息和社会资源，参与公司所处环境的分析与公司愿景的制定；[③]参与制定公司的战略目标和方向；[④]参与制定重大战略预算和计划；[⑤]对公司重大战略建议和提案进行研究；[⑥]参与重大战略计划的履行；[⑦]与战略投资者进行实质性的沟通和合作、提供资源等。[⑧]它不仅包括批准经理层的战略计划，而且参与战略制定、战略执行的全过程（McNulty 和 Pettigrew，1999；Nadler 等，2006；龚红、宁向东和崔涛，2007）。董

---

① 股东通过参与股东大会方式行使其治理职能。公司法规定的股东（大）会的职权：决定公司的经营方针和投资计划、选举和更换非由职工代表担任的董事、监事，决定有关董事、监事的报酬事项，审议批准董事会的报告，审议批准监事会或者监事的报告，审议批准公司的年度财务预算方案、决算方案，审议批准公司的利润分配方案和弥补亏损方案，对公司增加或者减少注册资本做出决议，对发行公司债券做出决议，对公司合并、分立、解散、清算或者变更公司形式做出决议，修改公司章程以及公司章程规定的其他职权。除审议相关报告与预决算方案之外，其他大部分属于决策范畴。

② 董事通过参与董事会治理实施其治理行为。公司法规定的董事会职权：召集股东会会议，并向股东会报告工作，执行股东会的决议，决定公司的经营计划和投资方案，制订公司的年度财务预算方案、决算方案，制订公司的利润分配方案和弥补亏损方案，制订公司增加或者减少注册资本以及发行公司债券的方案，制订公司合并、分立、解散或者变更公司形式的方案，决定公司内部管理机构的设置，决定聘任或者解聘公司经理及其报酬事项，并根据经理的提名决定聘任或者解聘公司副经理、财务负责人及其报酬事项，制定公司的基本管理制度以及公司章程规定的其他职权。上述职权中，除了高管人员的解聘之外多属决策范畴。

③ Mcnulty 和 Pettigrew（1999）认为，董事会通过设定企业使命、愿景和价值观，建立战略行为边界以及审视环境等机制影响企业战略。

④ Ravasi 和 Zattoni（2006）认为，董事会应通过定义共同目标和制定组织方向来构建、保持并重建共识，协调各方战略观点。

⑤ 我国《公司法》第 46 条规定董事会的职权：（1）决定公司的投资方案；（2）制订公司的年度财务预算方案、决算方案；（3）制订公司的利润分配方案和弥补亏损方案；（4）制订公司增加或者减少注册资本以及发行公司债券的方案；（5）制订公司合并、分立、解散或者变更公司形式的方案。经济合作与发展组织（OECD）的《公司治理原则》第Ⅵ部分董事会责任第 D 条款第 1 条规定，董事会应审议和指导公司战略、主要行动计划、风险政策、年度预算和经营计划。

⑥ OECD 的《公司治理准则》第 53 条规定，战略委员会的主要职责是对公司长期发展战略和重大投资决策进行研究并提出建议。

⑦ 我国《公司法》规定，有关公司经营发展的重大事项，必须通过股东大会审议通过，董事会执行股东会的决议。

⑧ 引入战略投资者是董事会提供资源的重要表现，资源依赖视角把董事会看做是"边界扳手"，可以帮助公司与一般性和竞争性环境相连接（李维安等，2009）。

事会是对战略做出贡献的最佳职位（Goodstein、Gautam 和 Boeker，1994；Carpenter 和 Westphal，2001），[①] 战略参与观将董事会视为在战略制定和执行中支持经理层的组织结构（Bezemer、Maassen、Van den Bosch 和 Volberda，2007；Huse，2007），一些董事正在越来越多地参与公司战略管理的全部过程（Kim 和 Pugliese 等，2009）。事实上，战略决策是复杂、非线性和分段式的过程，董事会通过反复迭代的过程影响公司的战略思维和决策过程（McNulty 和 Pettigrew，1999）。

2. 传媒上市公司治理控制行为

传媒上市公司治理控制行为指传媒上市公司股东以及董事会、监事会等治理主体通过监督大股东、管理层，抑制其利益侵占等机会主义行为，保护股东以及利益相关者利益的行为过程和方式。代理理论认为公司治理的主要职能是控制，通过监督机制观察经理层的行为（Jensen 和 Meckling，1976），减少信息不对称与经理层的道德风险。根据控制主体的不同，公司治理控制行为包括股东控制行为、董事会控制行为以及监事会控制行为。传媒上市公司的股东控制行为是指广播电影电视局、电视台、文化发展集团、政府等传媒上市公司股东，通过选任董（监）事并对董事（监事）会的控制，实施控制的行为过程和方式。股东对公司的控制是抵制管理层代理问题的有效方法（Bebchuk，2005；Harris 和 Raviv's，2010）。不同类型股东实现控制的方式与控制程度各异，大股东通过委派或提名高层管理者、[②] 提交股东议案、向管理层施加压力乃至替换管理者等方法实施对管理层的监督（李维安等，2009）；中小股东主要通过参加股东大会[③] 与股东诉讼[④] 等方式实现对大股东以及管理层的控制；机构投资者通过代理权争夺，实现对公司的接管以及高管更换，达到对大股东以及管理层控制的目的。

传媒上市公司董事会的控制行为是对战略执行的监督和评价以及参与改进、[⑤] 提名委员会雇用或解雇高管；[⑥] 薪酬和考核委员会评价与激励高管；[⑦] 审计委员会监督信息披露过程、[⑧] 监督公司担保、关联交易、公司重组活动等。[⑨] 传媒上市公司监事会控制行为是指监事会履行对公司财务、董

① Pugliese 等（2009）在"Boards of Directors' Contribution to Strategy：A Literature Review and Research Agenda"一文中对相关文献做了具体综述。

② Claessens 等（2000）和 Faccio（2002）证实大股东向公司派出高层管理者是亚洲和欧洲公司的共同特点。

③ 中小股东通过提议召开临时股东大会并采用累积投票制，行使其对管理层的监督，更换不称职的公司高管，或者通过参加股东大会对公司高管进行质疑。

④ 我国《上市公司治理准则》第 4 条规定，股东大会、董事会的决议违反法律、行政法规的规定，侵犯股东合法权益，股东有权依法提起要求停止上述违法行为或侵害行为的诉讼。董事、监事、经理执行职务时违反法律、行政法规或者公司章程的规定，给公司造成损害的，应承担赔偿责任。股东有权要求公司依法提起要求赔偿的诉讼。OECD《公司治理原则》第Ⅲ部分指出在股东权利受侵害时允许寻求赔偿。其他提高少数股东权利的手段包括派生诉讼和集体诉讼。

⑤ OECD《公司治理原则》第Ⅵ部分董事会责任第 D 条款第 1 条规定，董事会应设立绩效目标；监控计划实施和公司绩效；监督重要的资本支出、并购和剥离。牛建波和李胜楠（2008）认为，对战略执行的监管主要是创建战略计分卡框架，其中包括两项内容：一是在传统财务指标的基础上，补充顾客指标、程序指标和人力资源指标；二是为执行小组确定责任和时间表。程新生等（2009）研究认为，战略审计是董事会战略控制的一种重要机制，战略审计应涵盖战略管理过程的所有层次和过程，开展战略审计的主体应为董事会涉及的专门战略审计委员会或聘请独立的第三方。

⑥ 我国《公司法》第 47 条规定，决定聘任或者解聘公司经理及其报酬事项，并根据经理的提名决定聘任或者解聘公司副经理、财务负责人及其报酬事项。《上市公司治理准则》第 55 条规定，提名委员会的主要职责是研究董事、经理人员的选择标准和程序并提出建议；广泛搜寻合格的董事和经理人员的人选；对董事候选人和经理人选进行审查并提出建议。OECD《公司治理原则》第Ⅵ部分董事会责任中规定，董事会应选择主要执行人员，确定其薪酬，监督其业绩，并在必要时予以撤换；对继任计划进行监督；保证董事会提名和选举的程序正式、透明。

⑦ 我国《上市公司治理准则》第 56 条规定，薪酬与考核委员会的主要职责是：研究董事与经理人员考核的标准，进行考核并提出建议；研究和审查董事、高级管理人员的薪酬政策与方案。多个国家已要求董事监控公司治理实践的有效性，并在必要时加以调整。

⑧ 我国《上市公司治理准则》第 54 条规定，审计委员会的主要职责是提议聘请或更换外部审计机构；监督公司的内部审计制度及其实施；负责内部审计与外部审计之间的沟通；审核公司的财务信息及其披露；审查公司的内控制度。OECD《公司治理原则》第Ⅵ部分规定，确保包括独立审计在内的公司会计和财务报告系统诚实可靠；确保适当的控制体系到位，特别是风险管理体系、财务和运营控制体系以及对法律和有关标准的遵守体系；监督信息披露和对外交流的过程。

⑨ OECD《公司治理原则》第Ⅵ部分董事会责任中规定，对管理层、董事会成员和股东之间的潜在利益冲突进行监控和管理，包括滥用公司资产和不当关联方交易。我国《关于规范上市公司与关联方资金往来及上市公司对外担保若干问题的通知》（2003）中规定，对外担保应当取得董事会全体成员 2/3 以上签署同意，或者经股东大会批准；上市公司独立董事应在年度报告中，对上市公司累计和当期对外担保情况、执行上述规定情况进行专项说明，并发表独立意见。

事以及高管监督的行为过程与方式。具体包括监督公司财务①以及董事、经理和其他高管的行为，并对违规行为采取相应行动。②

治理绩效不仅受内部治理结构的影响，外部治理环境通过治理行为也会影响到治理绩效。政府对传媒管制的放松加大了传媒上市公司市场竞争的激烈程度，这将对内部治理结构以及治理行为产生传递效应，并因此而影响治理绩效。市场竞争对传媒上市公司高管的约束来自产品市场、③资本控制权市场④以及经理人市场⑤的相互作用。产品市场竞争的破产风险、控制权市场的接管威胁以及经理市场声誉激励的共同作用，形成对高管层的外部约束。治理主体、治理结构、治理行为与治理绩效之间的逻辑关系如图1所示。

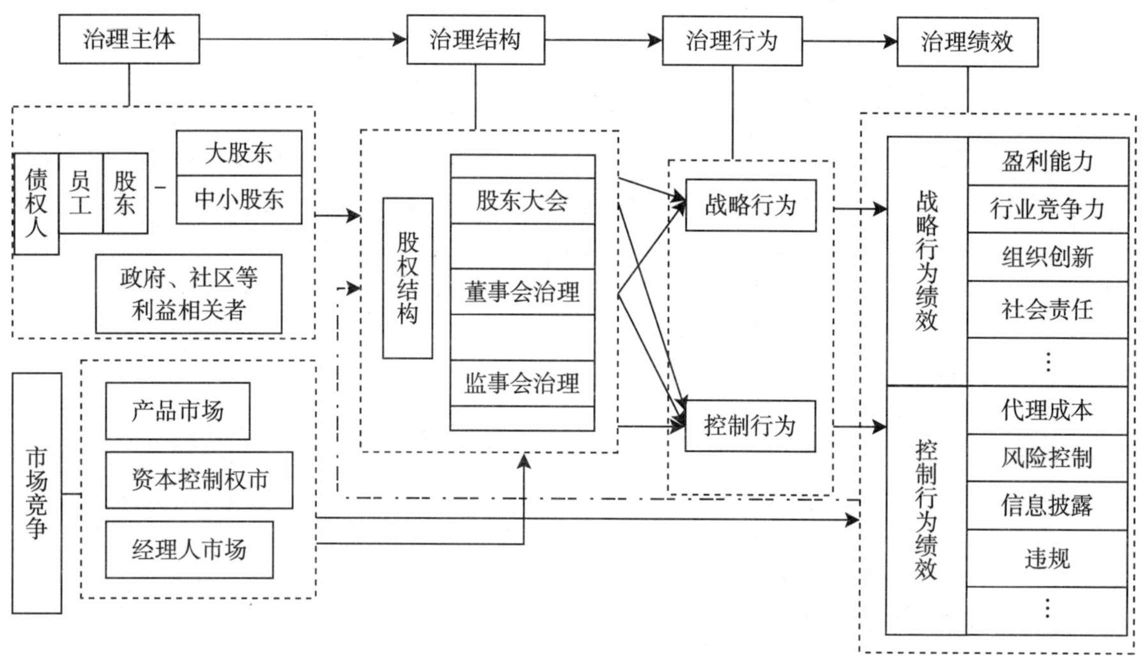

图1 治理主体、治理结构、治理行为与治理绩效关系模型

---

① 我国《公司法》和《上市公司治理准则》规定，监事会需要履行监督公司财务的职责。监事会的财务监督包括督促财务活动符合国家有关政策、法规和企业经营规章制度的规定，揭露财务活动中的弊端和违法行为，威慑和制约不法行为等。

② 我国《公司法》第54条和《上市公司治理准则》第59条规定，上市公司监事会应对公司董事、经理和其他高级管理人员履行职责的合法合规性进行监督；监事会应该对违反法律、行政法规、公司章程或者股东会决议的董事、高级管理人员提出罢免的建议，给公司造成损失的，对董事、高级管理人员提起诉讼；监事会、不设监事会的公司的监事发现公司经营情况异常，可以进行调查；必要时，可以聘请会计师事务所等协助其工作。《公司法》第55条规定，监事会可以列席董事会会议，并对董事会决议事项提出质询或者建议。

③ 产品市场竞争使得经理层的能力和努力程度的信息更加公开，减少了信息不对称，使委托人有利于识别经理人的能力和努力程度，从而更好地使用相对业绩评价对经理层进行有效的监督。同时，也使经理人激励对努力程度更加敏感（Holmstrom，1982；Hart，1983；Nalebuff和Stiglitz，1983），并且产品市场竞争机制更容易迫使经营不善的企业被清算或者被兼并，为了避免在公司破产时受到惩罚经理人有更强的动机去努力减少破产风险（Grossman和Hart，1982；Schmidt，1997；Aghion、Dewatripont和Rey，1999）。

④ 一旦经理业绩不佳，在资本控制权市场上股东便可能采用脚投票方式，置换懈怠的经理。由于接管的潜在威胁，迫使公司经营者为股东的利益而努力工作，减少懈怠，改善公司经营管理，以避免恶意收购的发生（Grossman和Hart，1980；Martin和McConnell，1991）。

⑤ 经理人市场竞争通常主要通过业绩评价与声誉约束发生作用。在经理人市场上，经理的报酬由过去的业绩而定（Fama，1980），因此业绩评价使能力强和业绩佳的经理获得更高的报酬，而不称职的经理则在竞争中淘汰；经理层对未来职业的关注是他们努力工作的激励因素（Holmstrom，1999），在有效的经理人市场上，具有良好声誉的经理人能够获得更好的报酬和工作机会，而声誉不佳的经理人不可能在市场竞争中立足。

3. 传媒上市公司治理绩效

传媒上市公司治理绩效是股东、董事、监事等治理主体通过战略行为与控制行为对公司治理职能的履行而达成的结果。治理绩效不同于治理结构与治理行为，是行为的结果；治理绩效也不同于管理绩效，其外延高于传统公司绩效。传媒上市公司既具有一般上市公司治理绩效的共性特征，也具有传媒行业自身的特殊性。从一般上市公司的属性看，传媒上市公司治理绩效分为战略行为绩效与控制行为绩效。其中战略行为绩效体现为股东战略治理行为绩效与董事会战略行为绩效，股东战略行为绩效是传媒上市公司股东履行其战略参与职能而达成的治理效果，具体体现在：公司业绩（Elyasiani 和 Jia，2010；Ruiz-Mallorquí 和 Santana-Martín，2011）、[①] 股东利益（Claessens，2002；Naohiko Baba，2009；Jeon 等，2011）、[②] 公司创新（Hoskisson 和 Hitt，2002）、[③] 现金管理决策（Ameer，2010）[④] 等方面。传媒上市公司董事会战略行为绩效是传媒上市公司董事会参与公司战略制定与战略执行以及为公司提供资源等过程而达成的治理效果，体现为公司绩效（Pearce，Zahra，Judge 和 Zeithaml，1992；Mohamed Belkhir，2008；Eralp Bektas 和 Turhan Kaymak，2009；Brick 和 Chidambaran，2010）、[⑤] 股东利益（Ronald、Anderson 和 David Reeb，2002）、[⑥] 社会责任（Lois Schafer Mahoney 和 Linda Thorn，2006）[⑦] 以及组织创新（Miller 和 Triana，2009；Beatriz Garcia Osma，2009；Zona 和 Roentgen，2010）[⑧] 等。

传媒上市公司控制行为绩效是指传媒上市公司的股东、董事会以及监事会对公司高管、大股东等治理客体的控制而达到的结果，体现为股东控制行为绩效、董事会控制行为绩效以及监事会控制行为绩效。股东控制行为绩效表现为盈余管理（Hadani 等，2011）、[⑨] 代理成本（Shleifer 和 Vishny，1986；李维安和李滨，2008；罗进辉和万迪昉，2009；Harris 和 Raviv's，2010；Renneboog 和 Szilagyi，2011）；[⑩] 信息披露（Shleifer 和 Vishny，1997；Fan 和 T.J. Wong，2002；钟安石和宋理升，2011）；[⑪] 风险控制（Giacomo Nocera，2007；Luc Laeven 和 Ross Levine，2007）

---

① Elyasiani 和 Jia（2010）发现美国上市公司业绩与机构持股稳定性呈正相关关系，压力敏感型和压力不敏感型两类股权的稳定性均对公司业绩起到积极作用，第一类机构投资者的影响更大；Ruiz-Mallorquí 和 Santana-Martín（2011）研究发现，当股权高度集中、中小投资者缺少法律保护时，第一大股东为银行机构时，西班牙银行的投票权与公司价值负相关；当控股股东是投资机构时，其投票权与公司价值正相关。

② Claessens（2002）发现控股股东通过金字塔结构、交叉持股和对所有权与控制权进行分离，实现对小股东的掠夺，公司市场价值与控制权和现金流量权的分离程度负相关；Naohiko Baba（2009）发现，日本上市公司外资所有权与公司支付股利的概率显著正相关；Jeon 等（2011）研究发现，韩国外资所有权大多是机构投资者，当他们持有股份大于 5%时，公司会支付更高股利。

③ Hoskisson 和 Hitt（2002）对美国公司治理和创新战略关系的研究发现，机构投资者愿意选择创新战略。

④ Ameer（2010）对亚洲国家上市公司的研究发现，机构投资者对管理层的监督能够改善公司存货和现金管理水平。

⑤ Pearce、Zahra、Judge 和 Zeithaml（1992）指出，董事会战略决策参与程度与公司绩效正相关；Mohamed Belkhir（2008）发现银行业董事会规模与托宾 Q 值正相关；Eralp Bektas 和 Turhan Kaymak（2009）证实银行外部董事比例在 42%~82%时，银行绩效随外部董事比例增加而提高；Brick 和 Chidambaran（2010）证实董事会会议次数增加能够改善公司价值。

⑥ Ronald、Anderson 和 David Reeb（2002）证实独立董事在限制剥夺小股东利益中扮演重要角色。

⑦ Lois Schafer Mahoney 和 Linda Thorn（2006）发现高管工资和企业社会责任劣势、奖金和社会责任优势、股票期权和总体社会责任以及社会责任优势具有显著正相关关系。

⑧ Miller 和 Triana（2009）证实董事会种族差异化和性别多样性与公司创新（R&D 费用）正相关；Beatriz Garcia Osma（2009）发现，香港上市公司中独立董事有充分的技术知识发现 R&D 机会的减少以及有效控制 R&D 开支；Zona 和 Roentgen（2010）证实董事会多样性（行业背景、教育背景、年龄等）与创新强度（R&D 费用/销售收入）正相关。

⑨ Hadani 等（2011）研究发现，第一机构投资者的监督与盈余管理显著负相关。

⑩ Shleifer 和 Vishny（1986）认为，大股东既有能力又有动力监督公司管理者，从而降低代理成本；李维安和李滨（2008）发现机构投资者能够提高上市公司治理水平，降低上市公司的代理成本；罗进辉和万迪昉（2009）证实大股东持股比例与管理者的在职消费水平呈一种非线性的"U"形关系，大股东处于控股地位的上市公司的管理者在职消费水平比较低；Harris 和 Raviv's（2010）指出，股东对公司决策进行控制是解决代理问题的最优方案；Renneboog 和 Szilagyi（2011）证实股东提案是一项有效的外部控制工具，有助于减少代理问题。

⑪ Shleifer 和 Vishny（1997）指出，股权集中有可能提高财务报告的质量；Fan 和 T.J.Wong（2002）认为，股权集中度与信息披露质量存在着负相关；钟安石和宋理升（2011）研究发现，我国民营上市公司控股股东的控制权对信息披露质量具有倒"U"形影响，当控股股东的控制权小于 47.21 %时，信息披露质量随着控股股东控制权的增加而上升；当控股股东的控制权大于 47.21%时，信息披露质量随着控股股东控制权的增加而下降。

等。[①]董事会控制行为绩效表现为高管监督（Fama，1980；谢永珍，2006；S. Pathanetal，2007；缪柏其和杨勇，2008）、[②]信息披露（Beasly，1995；Joon Yang 和 Jagan Krishnan，2005；Cheng 和 Courtenay，2006；Dalia Marciukaityte 和 Samuel H. Szewczyk 等，2009；Dan，2010）、[③]风险规避（T. Eisenberg、S. Sundrgen 和 M. Wells，1998；Dunn，2004；Eliezer Fich 和 Steve Slezak，2007）[④]等。监事会控制治理绩效表现为规避高管违规以及信息披露质量的改善等方面（薛祖云和黄彤，2004；韩葱慧和沈琳，2010）。[⑤]

综合传媒上市公司的战略性为绩效与控制行为绩效，传媒上市公司作为经济主体其治理绩效应包括公司财务绩效的改善、社会责任的履行、代理成本的控制、组织创新能力与上市公司竞争力的提升、信息披露质量的改善以及风险的规避等经济效益方面。我国传媒上市公司不仅是经济实体，而且担负着舆论把关者的责任，是党和政府的口舌，提供社会公共物品。因此传媒上市公司治理绩效还应体现为对政治与社会绩效的贡献，即通过精神文化产品的提供而带来人类精神文明程度的改善，国家形象与声誉的改善等。本文基于比较的需要并考虑到数据的可获取性，对于治理绩效的比较采用适合一般上市公司的指标（见表 1）。

表 1　传媒上市公司治理绩效指标

指　标	一　级	二　级	计算公式
战略行为绩效	盈利能力	每股收益	净利润/总股本
		净资产收益率	净利润/平均净资产
		无形资产收益率	净利润/无形资产
	社会责任	对股东责任	每股股利（应付股利/总股本）
		对员工责任	职工薪酬率（应付员工薪酬/营业收入）
控制行为绩效	代理成本	经营费用率	（销售费用＋管理费用＋财务费用）/营业收入
	信息披露	信息披露质量	信息披露指数

三、传媒与上市公司治理绩效比较

（一）样本选择与业务类型构成

参考我国《上市公司行业分类指引》对传媒业的规定[⑥]以及崔保国的《中国传媒产业发展报告，

① Giacomo Nocera（2007）指出，较高的股权集中度对于减少银行破产具有积极的作用；Luc Laeven 和 Ross Levine（2007）认为，有大量现金流权的大股东增加了银行风险，但这种关系取决于保护投资者的法律以及银行法规；多样化的监管压力，有助于降低银行的系统风险。

② Fama（1980）指出，引入非执行董事可以降低董事会和经营者合谋的可能性；谢永珍（2006）发现，两职完全分离的上市公司对降低代理成本具有显著的滞后效应；S. Pathanetal（2007）证实小规模的董事会有助于对高管的监督；缪柏其和杨勇（2008）指出，亏损公司两职合一有助于问责机制的形成。

③ Beasly（1995）发现，独立董事比率越高，虚假财务报告发生率越低；Joon Yang 和 Jagan Krishnan（2005）指出，具有专业知识审计委员会的上市公司盈余管理程度较低，审计委员会成员持股比率与盈余管理程度正相关，成员任期与盈余管理负相关；Cheng 和 Courtenay（2006）认为，上市公司独立董事比例与自愿性信息披露具有显著正相关；Dalia Marciukaityte 和 Samuel Szewczyk 等（2009）发现，与被迫重述相比，自愿披露的可能性与独立的董事会和审计委员会呈现正相关关系；Dan（2010）指出，审计委员会中会计专家的独立性越高、任期越短，公司盈余质量越高。

④ T.Eisenberg、S. Sundrgen 和 M. Wells（1998）发现，董事会规模大可以使董事会成员的知识达到良好的互补，并且有利于各方利益协调，降低公司风险；Dunn（2004）认为，两职合一公司更有可能发布虚假的财务信息，具有高破产率；Eliezer Fich 和 Steve Slezak（2007）指出，较小规模董事会、较高董事会独立性、较高内部董事持股能够有效抑制公司破产。

⑤ 薛祖云和黄彤（2004）指出，规模较小以及灰色监事和名义监事独立性差可能是导致会计信息质量不高的主要原因；韩葱慧和沈琳（2010）发现，监事会规模对会计信息质量的影响力稍强于独立董事。

⑥ 传媒业是涵盖出版业（书、报、杂志、资料和软件出版业）、声像业（声乐和影像制品业）、广播电影电视业（广播、电影和电视业）、信息传播服务业和互联网等众多领域的行业。

2007~2008》关于传媒业的分类,[①]本文根据传媒的产业特性，去掉中国证监会行业分类关于传媒业中属于技术类的部分，最终确定1998年上市截至2010年共31家A股传媒上市公司为研究样本，样本的所有数据来源于色诺芬经济金融研究数据库（见表2和表3）。

基于比较的需要，本文选取同属垄断行业的电力煤气与水的生产与供应业以及同属轻资产类行业的通信服务业、计算机应用服务业、专业科研服务业作为对比行业。

表2　比较与对照样本年度构成

单位：家

年份	广播电影电视	广告营销	平面媒体	网络媒体	网游动漫	计算机应用服务业	通信服务业	专业科技服务业	电力煤气与水的生产与供应业
1998	2	0	0	0	0	8	2	0	29
1999	3	0	0	0	0	9	3	0	32
2000	3	0	1	0	0	12	3	0	39
2001	5	0	2	0	0	18	3	0	43
2002	5	0	2	0	0	22	4	0	48
2003	5	0	2	0	0	30	4	0	53
2004	5	0	2	0	0	32	5	0	59
2005	5	0	2	0	0	31	5	0	61
2006	5	0	4	0	0	36	7	1	62
2007	5	0	6	0	0	38	9	3	63
2008	6	1	7	0	0	44	9	3	64
2009	7	1	8	0	1	59	10	5	65
2010	9	4	10	6	2	74	15	8	72
合计	65	6	46	6	3	413	79	20	690

注：表中传媒上市公司数量表示截至本年度的上市传媒企业数量。

表3　传媒上市公司的业务类型构成

上市公司类型	公司数量（家）	上市公司名称
广播电影电视	9	中视传媒、东方明珠、数码视讯、歌华有线、广电网络、电广传媒、天威视讯、华谊兄弟、华策影视
平面媒体	10	新华传媒、博瑞传播、*ST传媒、华闻传媒、粤传媒、时代出版、皖新传媒、出版传媒、天舟文化、中南传媒
广告营销	4	北巴传媒、省广股份、蓝色光标、华谊嘉信
网游动漫	2	奥飞动漫、中青宝
网络媒体	6	二六三、拓维信息、乐视网、顺网科技、东方财富、焦点科技

广播电影电视、广告营销以及平面媒体等传统业务类上市公司规模较大，营业收入较高，营业收入利润率较低；而网游动漫、网络媒体等新媒体上市公司规模较小，盈利水平较高（见图2和图3）。

（二）传媒与全部上市公司规模与盈利水平比较

1998年传媒企业逐步进入资本市场，继2000年制播分离后，2001年传媒产业政策的放宽掀起了传媒业资本运营的浪潮，当年3家传媒企业上市，至2005年传媒上市数量维持在7家，2006

① 传媒业分为报业、期刊、图书出版、电视、广播、电影、音像、网络、移动媒体、广告十大行业。

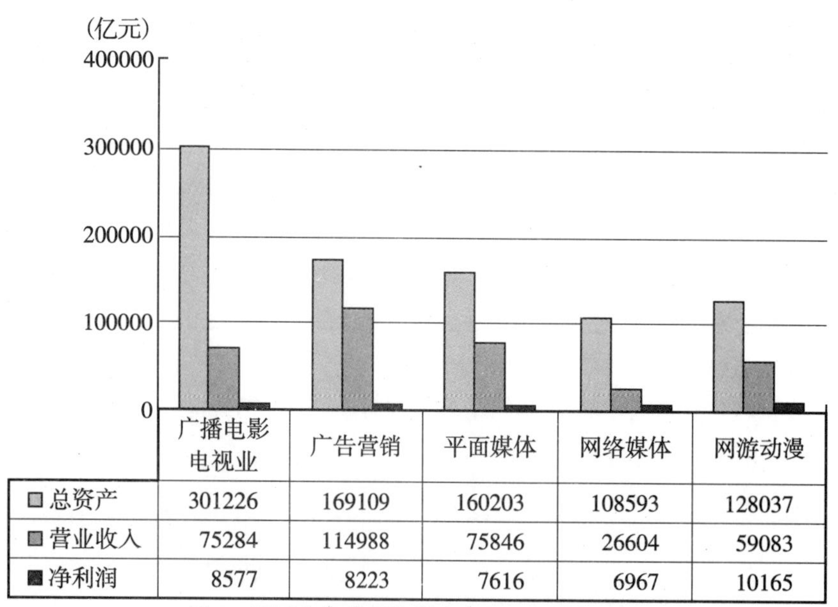

	广播电影电视业	广告营销	平面媒体	网络媒体	网游动漫
总资产	301226	169109	160203	108593	128037
营业收入	75284	114988	75846	26604	59083
净利润	8577	8223	7616	6967	10165

图 2　不同业务类型传媒上市公司规模与收益

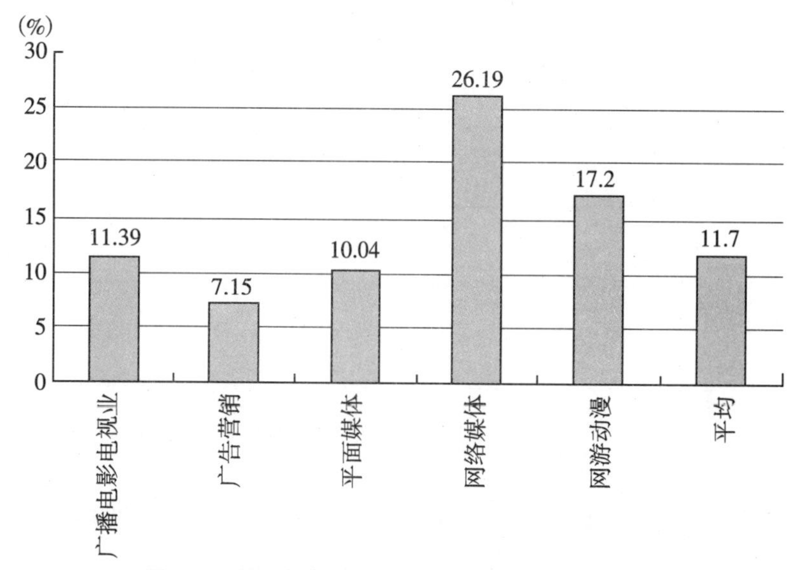

图 3　不同业务类型传媒上市公司营业收入利润率

年中央关于《关于深化文化体制改革的若干意见》以及 2007 年中共十七大报告关于文化体制的创新，2009 年新闻出版署《关于进一步推进新闻出版体制改革的指导意见》等，给传媒业的资本化运营带来更多的产业政策支持。2006~2010 年传媒上市公司数量增加了 24 家，仅 2010 年上市传媒企业就达 14 家。1998~2010 年传媒上市公司营业收入与资产规模呈现大致相同的“U”形曲线波动趋势（见图 4），净利润与总资产的波动趋势大致相同（见图 5），营业收入利润率的变化虽然呈现二次曲线趋势，但其趋势与净利润大致相似，却不同于净利润的变化，更明显不同于资产规模、营业收入以及净利润的变化（见图 6、图 7）。

传媒上市公司中，以国有控股为主（见表 4），体现了传媒业的政治口舌属性，国有控股传媒上市公司的资产规模以及营业收入也远远高于民营控股，但盈利状况却低于民营控股，不仅盈利规模低，盈利水平更低，国有控股上市公司营业收入利润率比民营控股上市公司低 1 半多。

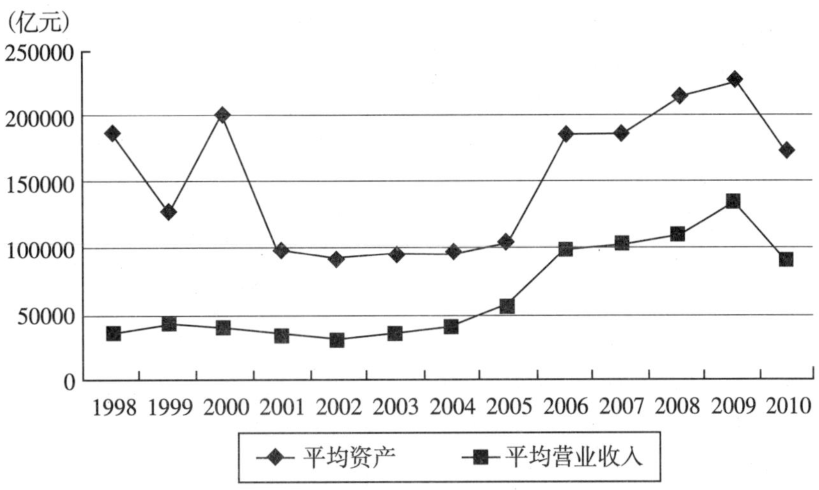

图 4　1998~2010 年传媒上市公司资产、营业收入变化

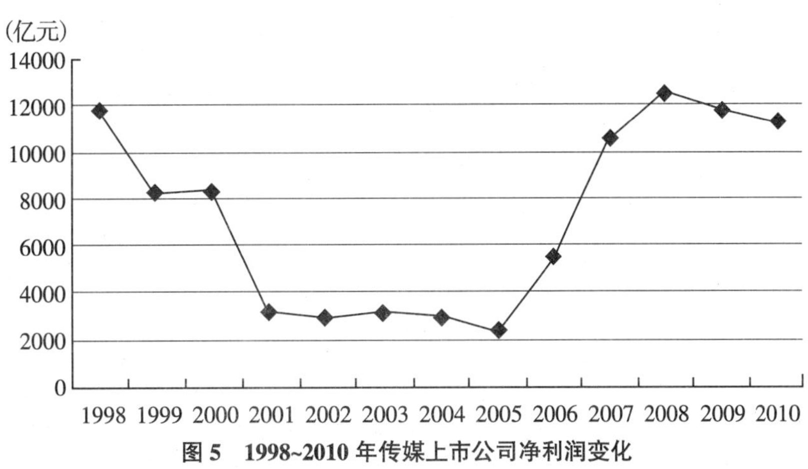

图 5　1998~2010 年传媒上市公司净利润变化

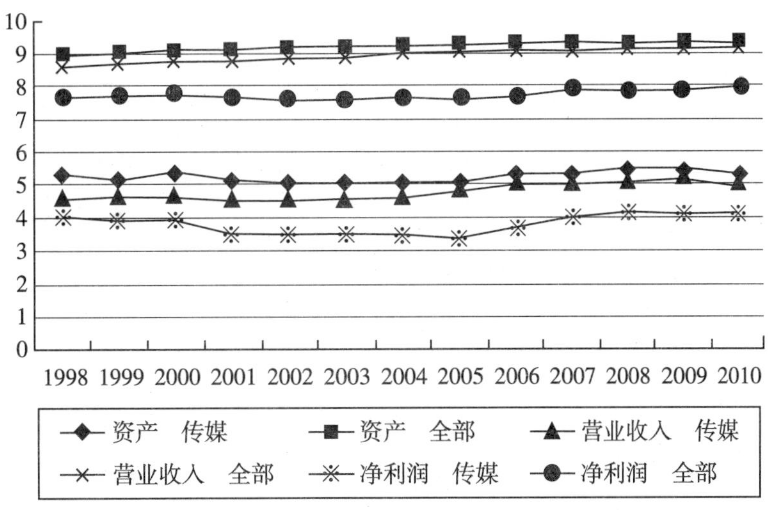

图 6　1998~2010 年传媒与全部上市公司资产等变动与比较

注：为便于比较，图中资产、营业收入以及利润均取对数。

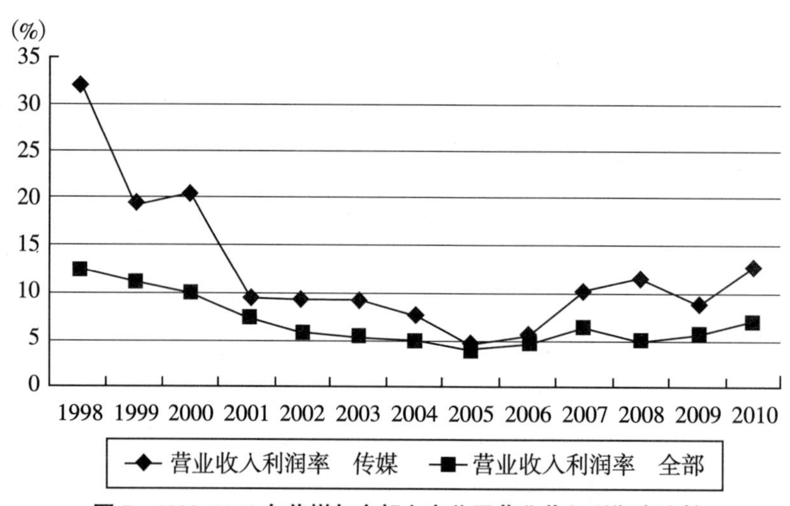

图 7 1998~2010 年传媒与全部上市公司营业收入利润率比较

表 4 1998~2010 年传媒以及全部上市公司规模与盈利水平比较

年份	传媒上市公司数量（家）	平均资产（亿元）		平均营业收入（亿元）		平均净利润（亿元）		营业收入利润率（%）	
		传媒	全部	传媒	全部	传媒	全部	传媒	全部
1998	2	185455	912062082	36829	382505305	11713	47723556	31.80	12.48
1999	3	127026	1020625286	42806	439634515	8240	48584017	19.25	11.05
2000	4	200847	1178247860	40175	498031762	8224	50359858	20.47	10.11
2001	7	96907	1286848156	32864	553858983	3057	41662476	9.30	7.52
2002	7	91015	1393722060	31238	634153357	2904	37126253	9.30	5.85
2003	7	94561	1544508117	34686	741939506	3178	39701944	9.16	5.35
2004	7	96034	1612835954	39803	870122251	2970	40727461	7.46	4.68
2005	7	102313	1704817067	54774	969185980	2401	36839015	4.38	3.80
2006	9	184273	1784002081	97771	1.075E+09	5425	47794833	5.55	4.45
2007	11	186621	2018160921	102265	1.211E+09	10463	77712997	10.23	6.42
2008	14	215523	2113728113	108463	1.346E+09	12447	65272374	11.48	4.85
2009	17	224305	2226463940	135274	1.283E+09	11778	72966107	8.71	5.69
2010	31	173775	2326059045	90307	1.388E+09	11311	96457190	12.53	6.95
国有	109	201120	1972923522	80025	1.087E+09	8240	57760632	10.30	5.31
民营	17	121101	1201671360	35013	637722856	8455	47274441	24.15	7.41

注：为了消除极端值的影响，表中各项指标采用了似然比稳健估计量指标；营业收入利润率采用各年各控股股东净利润与营业收入之比求得。

与全部上市公司相比，传媒上市公司的资产、营业收入等规模性指标均比较低，净利润也比较低，但营业收入利润率则各年均高于全部上市公司（见表 4 与图 6、图 7）。民营控股表现了较国有控股更高的盈利水平，传媒上市公司无论是国有控股还是民营控股的营业收入利润率均高于全部上市公司，国有控股高约 5 个百分点，民营控股高约 17 个百分点，传媒上市公司的行业优势显著。

（三）传媒与全部上市公司增长趋势比较

与全部上市公司相比，传媒上市公司在规模扩张的同时，实现了营业收入和税后利润的同步增长，而全部上市公司则在规模增加、收入扩大的同时，税后利润增长率出现下降；传媒上市公司营业收入增长率高于总资产增长率，2005~2008 年税后利润增长率高于总资产以及营业收入增长率。样本年度内上市公司数量增加的同时，总资产呈现增长趋势，增幅最快的是2000年，其次是2007年，2010年实现了12.23%的总资产增幅。与全部上市公司相比，传媒上市公司呈现了较大幅度的增幅波动，并且2010年的总资产增幅较大，主要是国家传媒产业政策的支持所致。总资产增长主要依赖于净资产的增长，并且传媒上市公司净资产的增长幅度高于全部上市公司，这与传媒上市公司的轻资产性质有关。[①] 相对总资产的波动而言，传媒上市公司净资产的增幅波动较大。传媒上市公司营业收入增长率呈现了与总资产增长率趋势一致的波动，但波幅较大，并且增幅高于全部上市公司；税后利润的增长幅度并未呈现出与规模扩大以及营业收入增加的同步变动趋势，无论是传媒上市公司还是全部上市公司都出现税后利润增长率的较大波动，传媒上市公司税后利润增幅高于全部上市公司，验证了产业政策、治理结构以及行业属性对上市公司发展及其盈利水平的影响（见表5和图8）。

表5 1998~2010年传媒与全部上市公司资产与收益增长比较

单位：%

年份	个数	总资产增长率		净资产增长率		营业收入增长率		税后利润增长率	
		传媒	全部	传媒	全部	传媒	全部	传媒	全部
1999	3	1.00	7.62	6.70	8.09	0.79	7.66	-0.38	-5.63
2000	4	18.72	9.97	8.13	9.79	34.22	11.24	18.91	1.11
2001	7	1.60	6.56	9.03	6.25	19.83	7.54	-6.69	-15.66
2002	7	3.16	6.56	13.21	7.63	26.41	12.46	18.27	-15.53
2003	7	9.69	10.03	10.17	11.92	16.95	16.45	25.16	-1.90
2004	7	8.62	7.96	10.89	10.38	13.96	19.23	8.18	-3.08
2005	7	6.72	5.35	18.06	9.54	22.65	11.79	16.89	-12.20
2006	9	10.04	5.97	14.97	11.28	11.25	12.01	26.99	4.41
2007	11	14.82	12.44	9.22	20.49	20.54	18.02	76.44	26.88
2008	14	6.24	6.29	6.03	4.38	19.48	9.71	4.48	-21.70
2009	17	2.38	9.25	6.55	6.77	6.72	3.18	4.02	-3.32
2010	31	12.23	10.65	7.54	7.04	7.53	18.59	8.39	11.35

注：为了消除极端值的影响，表中各项指标采用了似然比稳健估计量指标，M-estimators。

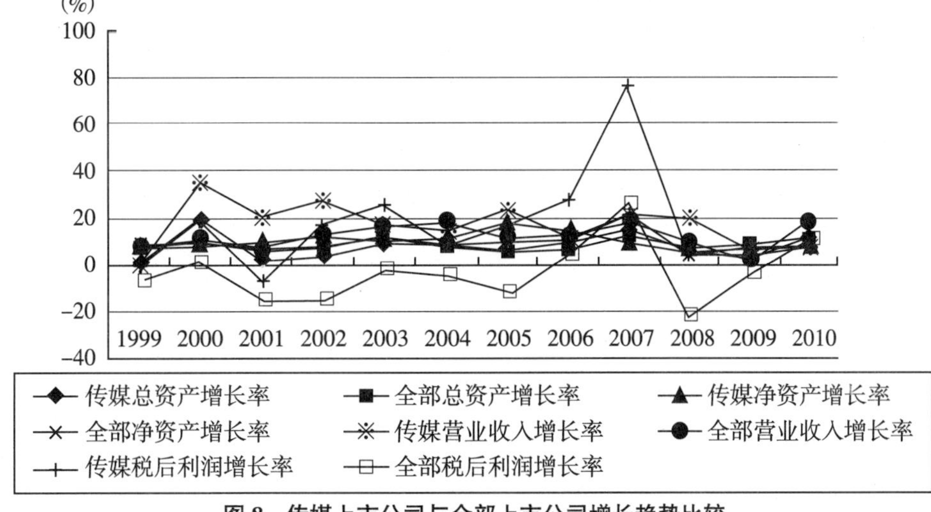

图8 传媒上市公司与全部上市公司增长趋势比较

① 传媒上市公司的轻资产特征使其获取银行贷款的抵押较低，因而资产负债率低。传媒上市公司在1998~2010年资产负债率维持在21%~35%，而全部上市公司资产负债率则维持在44%~53%，接近传媒上市公司的2倍。

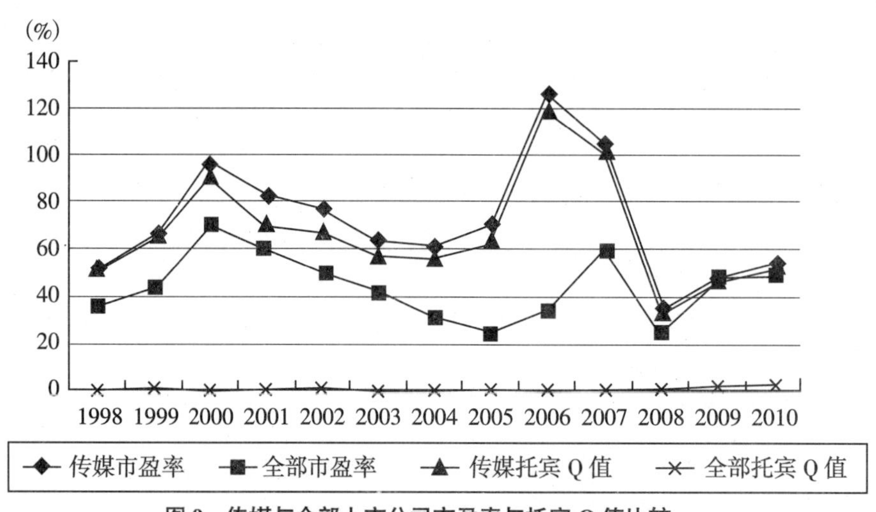

图 9 传媒与全部上市公司市盈率与托宾 Q 值比较

（四）传媒与全部上市公司市盈率与托宾 Q 值比较

表 6 表明，1998~2010 年，传媒上市公司与全部上市公司的市盈率[①]走向趋同，但托宾 Q 值的变化呈现显著差异，且无论是传媒上市公司还是全部上市公司市盈率都存在较大幅度的波动。

1998~2000 年、2005~2006 年及 2008~2010 年三个阶段传媒上市公司市盈率呈现上升趋势，特别是 1998~2000 年和 2005~2006 年两个阶段增幅高达 85.40%和 81.29%（2008~2010 年增幅为 55.36%）。较高的传媒上市公司市盈率一方面是产业政策引导，投资者追逐的结果，[②]另一方面也意味着传媒股存在着一定的股市泡沫，2006 年在全部上市公司股指达到历史最高点的情况下，传媒股市盈率高达 125%，而全部上市公司仅为 34%。

托宾 Q 值是企业股票价格与重置成本之比，[③]表 6 与图 9 显示，传媒行业上市公司与全部上市公司的托宾 Q 值在变化幅度和趋势均存在显著差异。1998~2010 年，全部上市公司托宾 Q 值除 2009 年和 2010 年两年之外，均在 0~1 波动；而传媒上市公司除 2008 年（32.26）、2009 年（46.49）两年低于 50，其余年份均在 50 之上，2006 年达到最大值 119。除了政府的政策之外，主要与传媒行业运营轻资产有关。高托宾 Q 值意味着传媒业具有极大的投资回报率，未来发展前景好，但也意味着传媒业投资者具有强烈进入资本市场变现套利的动机，股价高估增大了投资风险。

---

① 市盈率是每股股价与每股收益之比，是衡量股票投资价值的指标，用于不同公司间股票的比较，其大小受总股本总数、流通股比例、市场的上市公司结构及行业成长性的影响。

② 在 1998~2000 年受政府政策的支持，传媒从"市场化"逐步走向"产业化"并不断向"产业集群"推进，使传媒行业呈现较高成长性，增强了市场对传媒股投资的热情。2005~2006 年，我国集中颁布了关于引导和扶持文化产品和服务逐步外向型发展、吸纳非公有资本及推动国有文化单位转企改制若干文件，如 2005 年中办、国办下发了《关于进一步加强和改进文化产品和服务出口工作的意见》，是指导我国文化产品走向世界的纲领性文件；同年，中共中央发布《关于非公有资本进入文化产业的若干决定》及国务院下发《关于鼓励支持和引导个体私营等非公有制经济发展的若干意见》，允许非公有资本进入出版物印刷、可录类光盘生产等文化行业和领域；2006 年文化部推出《关于进一步做好文化系统体制改革工作的意见》，尤其是十届全国人大四次会议通过的《中华人民共和国国民经济和社会发展第十一个五年规划纲要》中提出"深化文化改革"，为文化及传媒产业提供了政策保障，成为推动市盈率增长的主要动力来源。此外，由于改革后非公有资本的进入与国有传媒企业改企的不断深入，非流通股比例逐步下降。与全部上市公司相比，传媒上市公司市盈率的变动趋势与之基本一致，但传媒行业的市盈率整体偏高，这主要与传媒这一新兴行业的高成长性是分不开的。

③ 根据企业股价与重置成本的比较，经营者对金融资本和产业资本进行选择。一般来说，当托宾 Q 值大于 1，意味着市价高于重置成本，经营者往往"弃旧置新"；若托宾 Q 值小于 1，经营者将倾向降低投资支出，通过收购来实现企业扩张。

表 6　1998~2010 年全部与传媒上市公司市盈率与托宾 Q 值

年份	市盈率（%）		托宾 Q 值	
	传媒	全部	传媒	全部
1998	51.58	35.15	51.58	0.83
1999	65.45	43.42	64.83	0.67
2000	95.63	69.14	90.07	0.77
2001	80.80	59.44	70.10	0.79
2002	75.91	50.17	67.26	0.76
2003	62.49	41.43	56.88	0.76
2004	60.29	31.38	57.13	0.76
2005	69.15	24.52	62.11	0.74
2006	125.36	33.86	118.69	0.61
2007	104.14	58.71	101.04	0.59
2008	34.61	24.61	32.26	0.65
2009	47.59	48.42	46.49	2.19
2010	53.77	48.86	52.13	2.00

（五）传媒与相关行业上市公司治理绩效比较

1. 战略行为绩效比较

（1）盈利能力。同处垄断行业的传媒与电力煤气与水的生产与供应业相比，传媒上市公司盈利能力较强，每股收益以及净资产收益率均比较高；与其他轻资产行业相比，传媒上市公司中网络媒体等新媒体业务每股收益达 0.73，显著高于其他业务类型的传媒上市公司以及对比行业。这是由于近年互联网、移动新媒体产业的崛起以及三网融合的推进为网络媒体带来了较大的盈利空间，从而实现了营业利润的快速增长；同时，作为传媒的媒介和载体的汽车、电子产品等行业的发展，加速了传媒业广告业务以及新业务的发展，进一步带动了整个传媒产业的发展，成为传媒产业收益增长的重要支撑。控股股东行为对上市公司的治理行为以及治理效果具有较为重要的影响，[①] 网络媒体主要为民营控股，相对于广电以及平面媒体等国有控股上市公司，相对灵活的管控机制与用人制度，使其具有较高的盈利能力。

专业科研服务业上市公司以科技服务等知识的运营为主，大多依托国有股东通过提供特许经营的专业性科技服务，具有雄厚的政府资源支持，并且只关注于经济效益，不像传媒业需要兼顾政治效益、社会效益与经济效益，因此，具有较强的盈利能力，每股收益以及净资产收益率均比较高。专业科研服务业以及网络媒体等新高科技上市公司的盈利能力受金融危机影响较小，呈现出反经济周期增长。

广电与平面媒体等传统媒体、通信服务业、计算机应用业以及电力煤气与水的生产与供应业的盈利能力相对较低。通过趋势分析发现，这几个行业上市较早，盈利能力受经济形势及行业发展波动较大。电力煤气与水的生产与供应业、广播电影电视业以及平面媒体业均呈现出先降低后上升的趋势。其中，电力煤气与水的生产与供应业每股收益在 1998~2005 年呈现下降趋势，2006 年实现平稳上升，2008 年受经济危机影响，出现小幅下降。主要是由于 2005 年后，五大发电集

① 郑丽勇（2006）研究发现，国有第一大股东持股比例高，在董事会决策、高管人员的任命和重大战略决策体现政府意志，从而实现战略上的主动性和安全性。由于国有股东的目标和一般法人股东的目标并不完全相同，国有股东既要考虑经济效益还要考虑社会效益，并且由于国有股在公司经营的委托—代理链上较长，可能对公司治理和经营绩效产生一定的负面影响。

团和两大电网公司纷纷出台推进本集团范围内的信息化整合工作，通过电力建设步伐加快，跨区跨省电力交易快速发展，提升了行业的收益水平。而两个传统传媒业务在新媒体的冲击以及“企业单位、事业化运作”的僵化管理体制下，2006年以前收益水平受到一定限制并呈下滑趋势，2006年后受益于体制改革政策推动以及资本运营带来的资金涌入，盈利能力具有一定提高。计算机应用服务业2006年之前总体趋势为先上升后下降，2006年后出现增长的态势。这主要是由于2006年起，信息产业部及相关部委陆续出台了《加快推进大公司战略》、《国家规划布局内重点软件企业认定管理办法》等有关政策，从税收和研发经费等方面都加大了对大型软件企业的支持力度，更加注重扶植优秀企业和鼓励本土企业的自主创新及国际化发展，这为中国优势软件企业做大做强创造了良好的政策环境，增强了计算机应用服务业的盈利能力。然而，这类公司相对网络媒体和科研技术服务业来说相对成熟，市场竞争激烈，加之受到金融危机的冲击，盈利能力相对较低（见表7、表8与图10、图11）。

表7 传媒与相关上市公司战略行为绩效与控制行为绩效的比较

年度	行业分类	每股收益（元）	净资产收益率（%）	职工薪酬率（%）	每股股利（元）	经营费用率（%）	信息披露质量（%）
1998	电力煤气与水的生产与供应业	0.38	0.11	0.21	0.04	0.09	88.97
	广播电影电视业	0.33	0.10	0.01	0.08	14.80	90.00
	计算机应用服务业	0.21	0.10	0.30	0.00	1.68	88.13
	通信服务业	0.27	0.10	0.00	0.01	2.36	90.00
1999	电力煤气与水的生产与供应业	0.30	0.10	0.20	0.06	0.32	90.00
	广播电影电视业	0.30	0.10	0.00	0.09	20.15	90.00
	计算机应用服务业	0.26	0.10	0.58	0.00	2.82	89.44
	通信服务业	0.23	0.14	0.00	0.01	1.97	90.00
2000	电力煤气与水的生产与供应业	0.28	0.08	0.34	0.10	0.07	90.13
	广播电影电视业	0.32	0.05	0.00	0.15	18.08	90.00
	计算机应用服务业	0.36	0.08	0.12	0.13	2.54	90.00
	平面媒体	0.23	0.14	0.07	0.01	20.67	90.00
	通信服务业	0.31	0.13	0.07	0.00	3.23	90.00
2001	电力煤气与水的生产与供应业	0.25	0.07	0.19	0.12	0.17	89.88
	广播电影电视业	0.16	0.08	0.00	0.19	17.61	90.00
	计算机应用服务业	0.27	0.08	0.04	0.05	4.54	86.67
	平面媒体	0.13	0.07	0.10	0.02	26.50	90.00
	通信服务业	0.25	0.10	0.04	0.00	3.16	88.33
2002	电力煤气与水的生产与供应业	0.21	0.06	0.13	0.12	0.35	89.69
	广播电影电视业	0.16	0.08	0.10	0.18	15.88	87.00
	计算机应用服务业	0.17	0.06	0.02	0.03	6.90	86.36
	平面媒体	0.25	0.14	0.05	0.03	18.38	90.00
	通信服务业	0.21	0.10	0.03	0.01	2.83	91.25
2003	电力煤气与水的生产与供应业	0.22	0.07	0.19	0.00	0.41	94.06
	广播电影电视业	0.17	0.08	0.17	0.00	18.32	95.00
	计算机应用服务业	0.14	0.05	0.05	0.00	6.13	90.17
	平面媒体	0.28	0.12	0.50	0.01	19.66	95.00
	通信服务业	0.37	0.11	0.02	0.00	3.55	95.00

续表

年度	行业分类	每股收益（元）	净资产收益率（%）	职工薪酬率（%）	每股股利（元）	经营费用率（%）	信息披露质量（%）
2004	电力煤气与水的生产与供应业	0.20	0.06	0.23	0.00	0.31	93.90
	广播电影电视业	0.14	0.09	0.06	0.01	18.30	95.00
	计算机应用服务业	0.12	0.06	0.05	0.00	5.74	88.28
	平面媒体	0.25	0.12	0.41	0.00	17.78	95.00
	通信服务业	0.20	0.05	0.05	0.00	2.46	93.00
2005	电力煤气与水的生产与供应业	0.17	0.06	0.31	0.00	0.34	94.34
	广播电影电视业	0.14	0.09	0.18	0.00	15.46	95.00
	计算机应用服务业	0.07	0.04	0.12	0.00	6.50	86.94
	平面媒体	0.22	0.09	0.60	0.01	22.41	95.00
	通信服务业	0.20	0.04	0.16	0.00	7.52	86.00
2006	电力煤气与水的生产与供应业	0.19	0.06	0.52	0.00	0.31	95.00
	广播电影电视业	0.23	0.07	0.23	0.02	11.75	95.00
	计算机应用服务业	0.16	0.07	0.15	0.00	7.01	87.08
	平面媒体	0.05	0.02	0.41	0.01	17.56	95.00
	通信服务业	0.19	0.08	0.30	0.00	5.20	88.57
	专业科技服务业	0.44	0.16	0.03	0.00	0.59	95.00
2007	电力煤气与水的生产与供应业	0.22	0.07	0.91	0.00	0.27	95.00
	广播电影电视业	0.34	0.08	1.85	0.02	12.95	95.00
	计算机应用服务业	0.31	0.09	1.07	0.00	6.11	92.89
	平面媒体	0.21	0.08	0.86	0.00	17.28	95.00
	通信服务业	0.40	0.06	1.88	0.00	7.20	90.00
	专业科技服务业	0.47	0.11	4.35	0.00	1.27	95.00
2008	电力煤气与水的生产与供应业	0.12	0.03	1.08	0.00	0.44	94.69
	广播电影电视业	0.27	0.06	1.34	0.01	16.51	95.00
	广告营销	0.24	0.11	0.37	0.03	19.99	95.00
	计算机应用服务业	0.41	0.09	1.14	0.00	6.96	93.64
	平面媒体	0.24	0.12	1.22	0.01	15.00	95.00
	通信服务业	0.19	0.07	2.08	0.00	8.42	93.89
	专业科技服务业	0.58	0.12	3.39	0.00	1.05	95.00
2009	电力煤气与水的生产与供应业	0.18	0.06	1.08	0.00	0.43	94.92
	广播电影电视业	0.29	0.06	1.09	0.00	18.88	95.00
	广告营销业	0.29	0.11	0.06	0.00	14.20	95.00
	计算机应用服务业	0.41	0.07	1.70	0.00	7.24	94.58
	平面媒体	0.25	0.10	1.06	0.00	18.57	95.00
	通信服务业	0.27	0.10	1.77	0.00	6.58	94.50
	网游动漫	0.64	0.08	0.69	0.00	18.88	95.00
	专业科技服务业	0.54	0.10	0.93	0.00	0.99	95.00
2010	电力煤气与水的生产与供应业	0.23	0.06	0.99	0.00	0.37	94.58
	广播电影电视业	0.33	0.08	1.94	0.00	6.13	95.00
	广告营销业	0.57	0.07	1.25	0.00	5.36	95.00
	计算机应用服务业	0.43	0.07	1.81	0.00	7.60	93.85

续表

年度	行业分类	每股收益（元）	净资产收益率（%）	职工薪酬率（%）	每股股利（元）	经营费用率（%）	信息披露质量（%）
2010	平面媒体	0.28	0.08	1.53	0.00	6.98	95.00
	通信服务业	0.29	0.06	0.80	0.00	7.26	93.67
	网络媒体	0.73	0.07	2.45	0.00	25.25	95.00
	网游动漫	0.39	0.07	5.47	0.00	23.95	95.00
	专业科技服务业	0.71	0.10	1.39	0.00	1.14	95.00
总计	电力煤气与水的生产与供应业	0.22	0.06	0.53	0.00	0.33	93.25
	广播电影电视业	0.28	0.08	0.32	0.00	15.46	93.38
	广告营销业	0.42	0.09	0.53	0.00	9.98	95.00
	计算机应用服务业	0.28	0.07	0.61	0.00	6.22	91.00
	平面媒体	0.23	0.08	0.90	0.00	17.03	94.46
	通信服务业	0.23	0.08	0.57	0.00	5.39	91.77
	网络媒体	0.73	0.07	2.45	0.00	25.25	95.00
	网游动漫	0.51	0.08	1.08	0.00	18.88	95.00
	专业科技服务业	0.57	0.11	1.39	0.00	1.02	95.00
方差分析 sig.[1]		0.027	0.047	0.1587	0.0000	0.0000	0.0000
方差分析 sig.[2]		0.0000	0.664	0.707	0.0000	0.0070	0.0000

注：表中每股收益、净资产收益率、员工薪酬率、每股股利以及经营费用率采用中位数，信息披露采用算术平均数；方差分析 sig.［1］表示行业相关指标对比的显著性水平；方差分析 sig.［2］表示该项指标年度差异的显著性检验。

总之，行业属性以及控股股东的治理行为对上市公司的盈利能力产生重要的影响。受信息技术发展、资本运营及国家大力发展文化产业政策支持，传媒业允许民营进入并依托互联网、手机等发展的新媒体表现出较强的盈利能力。专业科研服务业在国有股东扶持下独具优势，通过每股收益表现出较强的盈利能力。受金融危机、行业监管以及竞争激烈带来的市场份额减少以及营业收入的降低，同属轻资产类的通信服务业和计算机应用业与传媒业相比，盈利能力较低，显示了传媒业在金融危机下的“口红效应”。

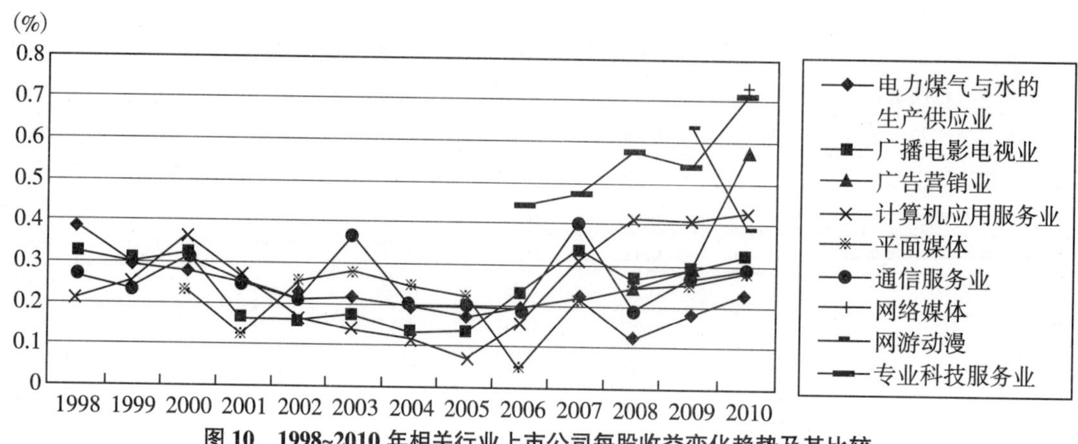

图 10　1998~2010 年相关行业上市公司每股收益变化趋势及其比较

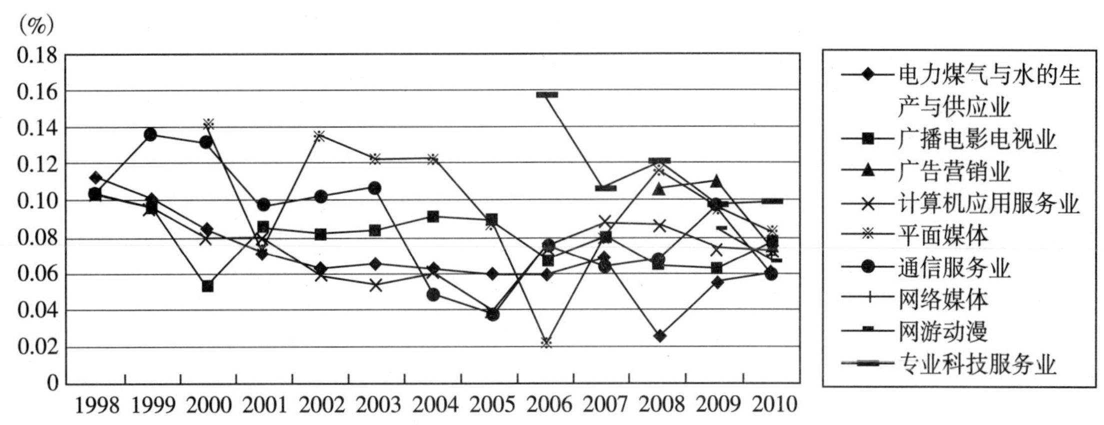

图 11　1998~2010 年相关行业上市公司净资产收益率变动趋势及其比较

（2）社会责任。采用每股股利与职工薪酬率两项指标以比较传媒业与相关行业上市公司在履行对股东与员工社会责任的差异。每股股利是上市公司用于分配的现金股利与发行在外的普通股股数之比，反映了上市公司对股东回报的程度；职工薪酬率是职工薪酬总额与营业收入的比率，反映了上市公司对员工的利益保护程度。

样本各行业各上市公司每股股利整体上呈现出先升后降的趋势，1999~2000 年上升明显，2000~2002 年维持在较高水平，从 2003 年一直到 2010 年又呈现出较低的每股股利水平。相关政策约束[①]促成了上市公司 2000 年现金分红的高潮，并持续到 2002 年，2002 年后每股股利持续下降。广播电影电视业传媒上市公司的每股股利显著高于其他行业上市公司以及传媒行业内其他业务类型的公司。这主要由样本区间内部分广播电影电视业上市公司过高的每股股利拉动。2003 年以前，由于政策限制，外资和民营资本无法进入传媒行业，这一阶段传媒上市公司主要是一些广播电影电视类企业，行业内的国有控股上市公司凭借垄断地位，从蓬勃发展的传媒业中获取了高额收益，加之这段时间内政府出台了一系列促进现金股利分配的政策规定，传媒上市公司向股东分红较多，每股股利指标普遍较高。从 2003 年开始中国政府遵守加入世界贸易组织的承诺，采取一系列改革措施打破国有传媒企业的垄断地位，鼓励民营和外资企业的进入，大门紧闭的中国传媒市场逐渐向外资和民营开放。至此，中国传媒业改制进入实质阶段。民营企业、外资企业的涌入加剧了传媒行业的竞争程度，上市公司为积累发展资金，2003 年后的分红比例显著下降，每股股利较低（见表 7、表 8 和图 12）。与广播电影电视同处垄断行业的电力煤气与水的生产与供应业的每股股利指标也比较高，这是因为该行业属于自然垄断的公用事业行业，上市公司一般具有较好的盈利能力和良好的业绩，行业发展成熟，新的投资机会较少，资金充裕，外加国有控股的利益诉求使其对股东实施较高的现金派送，这与李增福和唐春阳（2004）的结论一致。[②]传媒业中的网络媒体以及网游动漫上市公司每股股利指标普遍较低，一方面是由于这两类上市公司属于高科技行业，成长迅速，资金需求量大，利润留存率较高；另一方面也与这两类上市公司的股权结构和股东性质有关，这些公司大部分为民营控股，大股东多为创业的自然人股东，更多地关注公司长远的成长发展，而不是当前现金股利的分配，并且由于民营企业的债务融资较难，因此，民营控股的新传媒上市公司用于股利分配的相对国有控股较少，这一点与吕长江和王克敏（1999）的

① 如 2000 年底中国证监会《关于上市公司 2000 年年度报告披露工作有关问题的通知》、2001 年 2 月中国证监会《上市公司新股发行管理办法》、2001 年 5 月中国证监会《中国证监会发行审核委员会关于上市公司新股发行审核工作的指导意见》等规定。

② 李增福和唐春阳通过研究也发现，不同行业的上市公司现金股利分配水平有显著的差异，相对来说，传统行业的现金分红高于高科技行业。

研究结论一致。①

职工薪酬率反映了上市公司对员工利益的保护程度。各类上市公司职工薪酬率呈现上升趋势，尤其2007年新的《劳动合同法》出台前后，这一上升趋势更加明显。表明各样本行业上市公司逐渐提高职工薪酬的水平，注重职工利益的维护。传统行业如传媒行业中的广播电影电视业、电力煤气与水的生产与供应业以及通信服务业与新兴行业如网络媒体、网游动漫以及计算机应用服务业、专业科技服务业等相比差异较明显。传统行业由于发展较早，成熟稳定，对于职工的薪酬激励水平比较低。而新兴行业处于快速成长期，发展迅速，并且多为一些高新技术产业，对于知识型人才需求迫切，需要高水平的薪酬激励来吸引并留住人才，因此，职工薪酬率普遍较高（见表7、表8与图13）。

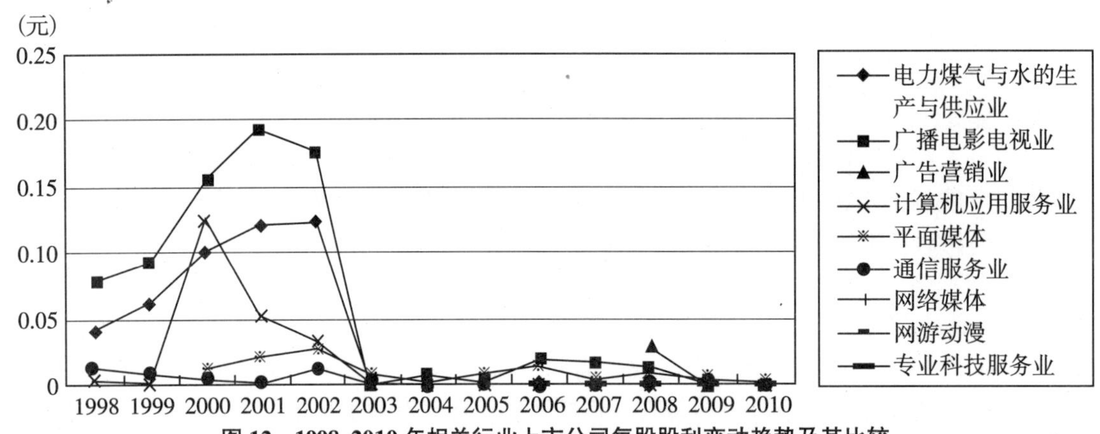

图12　1998~2010年相关行业上市公司每股股利变动趋势及其比较

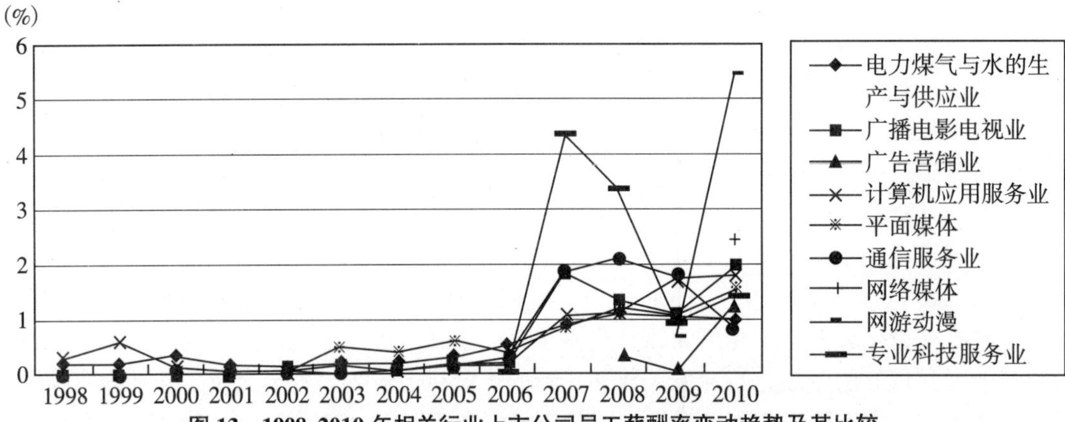

图13　1998~2010年相关行业上市公司员工薪酬率变动趋势及其比较

总之，不同行业上市公司社会责任履行存在较大差异。垄断行业、国有控股的广播电影电视业和电力煤气与水的生产与供应业每股股利都比较高，对股东利益保护较好，这意味着国有股股东在为自己获取高股权回报的同时，其他中小股东的自益权得到了较好的保护，体现了国有控股股股东控制权的共享收益；但可能还意味着大股东利用为自己发放较高的红利对上市公司进行利益剥夺，则其他股东利益相关者利益会受损。网络媒体和网游动漫与其他传媒行业相比职工薪酬

① 吕长江和王克敏（1999）指出，在实证研究上市公司股利分配时也发现国有股与法人股在公司股本中的比例与现金股利支付水平呈正相关关系。国有股与法人股在公司中的比例越大，公司现金股利支付水平越高；国有股与法人股在公司中的比例越低，公司自我发展和成长性越强，现金股利支付水平越低（见吕长江，王克敏.上市公司股利政策的实证分析.经济研究，1999（12））。

表 8　传媒业与相关行业治理绩效多重比较

指标	(I) 行业	(J) 行业	Mean Difference (I–J)	Sig.
每股收益	平面媒体	网络媒体	–0.5143	0.042
		专业科研服务	–0.3494	0.025
	网络媒体	通信服务业	0.5533	0.025
		电力煤气与水的生产与供应业	0.5201	0.03
		计算机应用服务业	0.5639	0.019
净资产收益率	通信服务业	广播电影电视业	–2.1077	0.006
		平面媒体	–2.0922	0.014
		电力煤气与水的生产与供应业	–2.0923	0
		计算机应用服务业	–2.1032	0
职工薪酬率	计算机应用服务业	通信服务业	39.994	0.096
		电力煤气与水的生产与供应业	39.456	0.001
每股股利	广播电影电视业	平面媒体	0.077	0
		广告营销业	0.092	0.023
		网游动漫	0.097	0.084
		网络媒体	0.096	0.017
		通信服务业	0.084	0
		电力煤气与水的生产与供应业	0.048	0
		专业科技服务业	0.094	0
	平面媒体	计算机应用服务业	0.074	0
		电力煤气与水的生产与供应业	–0.029	0.043
信息披露质量	广播电影电视业	计算机应用服务业	2.380	0.005
	平面媒体	通信服务业	2.684	0.022
		计算机应用服务业	3.452	0.000
经营费用率	网络媒体	平面媒体	7.7206	0.098
		广告营销业	13.238	0.033
	通信服务业	广播电影电视业	–6.959	0.000
		平面媒体	–6.766	0.001
		网游动漫	–12.436	0.05
		网络媒体	–1.449	0.002
	电力煤气与水的生产与供应业	广播电影电视业	–15.4744	0.000
		平面媒体	–15.282	0.000
		广告营销业	–9.765	0.027
		网游动漫	–20.952	0.001
		网络媒体	–23.002	0.000
		通信服务业	–8.515	0.000
	专业科技服务业	广播电影电视业	–15.391	0.000
		平面媒体	–15.199	0.000
		广告营销业	–9.6816	0.053
		网游动漫	–20.868	0.002
		网络媒体	–22.919	0.000
	计算机应用服务业	广播电影电视业	–5.238	0.000
		平面媒体	–5.045	0.003
		网游动漫	–10.7151	0.086
		网络媒体	–12.766	0.004

率较高，对员工的利益维护较好，但是几乎没有派发现金股利，股东的分红权得不到较好的保障。造成行业差异的原因主要有三个方面：一是不同行业自身的经济特征不同。处于自然垄断和国家垄断的电力煤气与水的生产与供应业，发展成熟，现金流稳定，可以支付较高每股红利，做到对股东和债权人利益均有较好维护，较充分地履行对股东的社会责任。传媒业中新兴业务如网络媒体与网络动漫成熟度低，现金流不稳定，风险较大，难以长期支付较高的每股股利。二是国家政策的影响。2003 年以前，受惠于国家产业保护政策，传媒行业上市公司的收益率普遍较高，对股东分红力度较大，每股股利水平较高；2003 年后，国家产业政策放开，允许外资企业和民营资本进入传媒行业，导致竞争激烈，收益率下降。为应对激烈的竞争，公司改变鼓励政策，提高收益留存率，导致每股股利下降，对股东的投资回报降低。三是控股股东性质不同。控股股东的性质对上市公司的治理行为与治理绩效有直接影响。国有控股上市公司倾向于派发较多股利，注重对股东的投资回报，民营控股上市公司股利支付水平低，但员工利益保护较好，网络媒体以及网游动漫上市公司主要以民营控股为主，其对股东与员工社会责任的履行呈现出显著的上述特征。

2. 控制行为绩效

（1）代理成本。Jensen 和 Meckling[①] 认为，代理成本包括委托人的监督支出、代理人的保证支出与剩余损失，国外的学者 Ang 等[②] 以及国内学者宋力等[③] 和李寿喜[④] 都采用经营费用率与资产周转率来衡量代理成本。经营费用率反映了企业控制运营成本的效率；资产周转率反映了企业使用资产的效率。本文主要以经营费用率作为代理成本的测量变量，经营费用率越大，代理成本越高。

不同业务类型传媒上市公司均明显高于其他四类对比行业，这说明尽管伴随传媒业相关政策的出台以及对传媒上市公司监管力度的加大，使得传媒上市公司治理结构初步建立并逐步完善，但传媒类上市公司的代理成本仍然比较高。这主要是因为传媒业改制比较晚，相关制度建设不规范，由以前事业单位属性改制过来的传媒企业还存在不少遗留问题。目前，处于体制转轨期的传媒产业仍然有“行政性市场垄断”的残留物，这种垄断最突出的特点是：依靠市场和行政的双重力量形成，既具有计划经济体制下国家垄断的特点，依靠行政组织和行政手段来推动垄断的形成和运作，又融进了市场经济体制下市场垄断的某些成分，依托目前尚不完善的市场机制来操纵垄断。这种体制容易导致传媒上市公司管理层的官僚作风以及决策的低效率，同时也加大了对其监

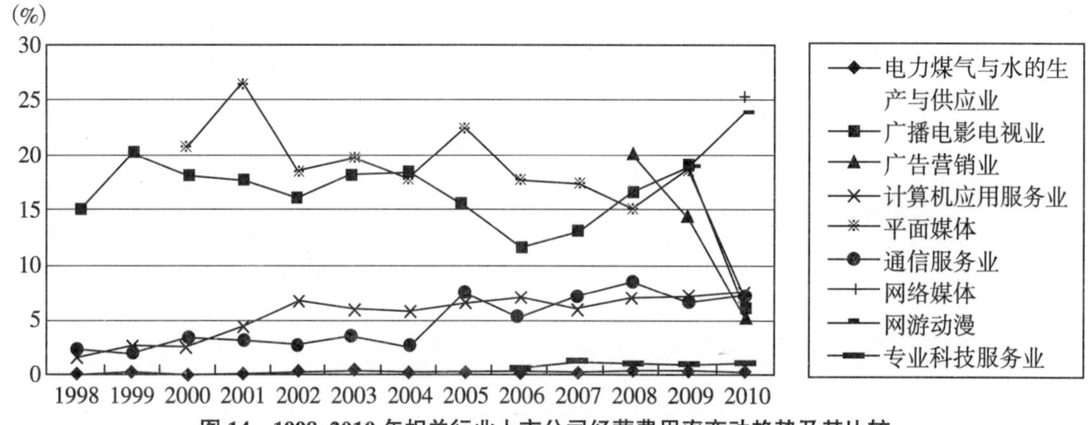

图 14 1998~2010 年相关行业上市公司经营费用率变动趋势及其比较

① Jenson M., Meckling. W.. Theory of the Firm: Managerial Behavior, Agency Costs and Ownership Structure. Journal of Financial Economics, 1976 (3).

② Ang J. S., Cole R. A., Lin J. W.. Agency Cost and Ownership Structure. Journal of Finance, 2000, 55 (1).

③ 宋力，韩亮亮. 大股东持股比例对代理成本影响的实证分析. 2005，8（1）.

④ 李寿喜. 产权、代理成本和代理效率. 经济研究，2007（1）.

管难度，造成经营费用率和代理成本的增加。总之，与其他四类发展成熟的行业相比，传媒上市公司在降低代理成本、控制经理层在职消费和不当开支方面仍需进一步加强。

（2）信息披露。大部分样本公司的信息披露质量较高，同时在2002年前后出现了较大的变化，各行业样本上市公司2002年之后披露质量有显著提高，体现了外部政策约束、[①]内部董事会与监事会的监督对完善信息披露质量的效果。上市公司信息披露质量的变化反映了法律法规和监管措施的出台对规范信息披露起到了重要的促进作用，上市公司信息披露的真实性、准确性、完整性、及时性、合法合规性以及公平性等均有明显改善。

信息披露质量除了受外部监管制度、内部治理结构的约束之外，公司业绩也会对其产生影响，不良业绩可能会驱使上市公司进行虚假披露。[②]计算机应用服务业的信息披露质量与其他行业相比普遍偏低，该行业样本公司中有60家被特殊处理的上市公司，占该行业样本公司的1/7，这些公司经营持续亏损，业绩差，信息披露质量较差，被出具无法表示意见或拒绝表示意见的审计报告，从而降低了整个行业信息披露的质量，造成了行业间的显著差异。

总之，由于监管的持续强化，大部分样本公司的信息披露质量不断得以改善，处于较好水平，但经营业绩较差的上市公司较为集中的行业，在信息披露质量方面显著低于其他行业。

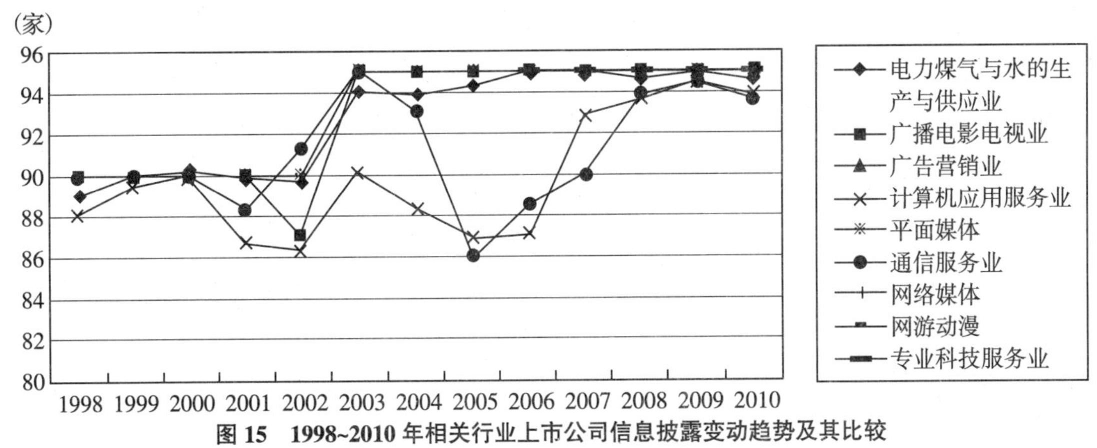

图15　1998~2010年相关行业上市公司信息披露变动趋势及其比较

四、研究结论、贡献与研究不足

（一）研究结论

（1）治理行为服从于治理职能，而不同于治理结构，是指治理主体履行治理职能，实现治理目标的过程和方式。它涵盖治理行为主体、动作以及内容等基本要素，是公司治理运作的综合反映。治理行为与治理职能密切相关，是治理主体履行治理职能的行为表现。由于治理职能的不同，

① 亚洲金融危机使监管部门认识到对于加强上市公司信息披露监管的重要性，1999年10月，我国证监会颁布了《关于提高上市公司财务信息披露质量的通知》，开始强化对上市公司信息披露的监管，并于其后不同年份分别颁布了一系列关于加强上市公司信息披露的指导意见。2001年，全国人大在《证券法》执法检查报告中也指出，“信息披露不真实是上市公司招股、上市、配股和年报工作中存在的一个比较普遍的问题”。2001年，沪深两市交易所分别发布《上海证券交易所上市公司信息披露工作核查办法》和《深圳证券交易所上市公司信息披露工作考核办法》，开始对上市公司信息披露质量进行核查。2001年发布的《关于在上市公司建立独立董事制度的指导意见》以及2006年开始实施的新《公司法》与新《证券法》中都把提高上市公司信息披露质量作为重要内容，2007年正式发布《上市公司信息披露管办法》，进一步系统地细化和规范上市公司信息披露行为。

② 廖士光（2010）的研究发现，上市公司的经营业绩显著影响上市公司信息披露质量，经营业绩良好且经营业绩较为稳定的公司倾向于对外披露更多更规范的信息，从而使其信息披露的整体质量较高。

治理行为有战略行为与控制行为之分。基于治理主体的不同，战略行为有股东战略行为与董事战略行为；控制行为有股东控制行为、董事会控制行为以及监事会控制行为。

（2）治理绩效不同于治理结构与治理行为，是行为的结果；治理绩效也不同于管理绩效，其外延大于传统公司绩效。治理绩效不仅受内部治理结构的影响，外部治理环境通过治理行为也会影响到治理绩效。传媒上市公司治理绩效是股东、董事、监事等治理主体通过战略行为与控制行为对公司治理职能的履行而达成的结果。传媒上市公司既具有一般上市公司治理绩效的共性特征，也具有传媒行业自身的特殊性。其治理绩效体现为政治效益、社会效益与经济效益。

（3）传媒上市公司以国有控股为主，体现了传媒业的政治口舌属性，国有控股传媒上市公司的资产规模以及营业收入远远高于民营控股，但盈利状况却低于民营控股，不仅盈利规模低，盈利水平更低。不同业务类型传媒上市公司盈利水平差异较大，以民营控股为主的新传媒业务比以国有控股为主的传统传媒业务的营业收入利润率高 1 倍多。

（4）与全部上市公司相比，传媒上市公司无论在资产还是营业收入等规模指标上都很低，但盈利水平（营业收入利润率）却高出全部上市公司。无论是国有控股还是民营控股的传媒上市公司营业收入利润率均高于全部上市公司，国有控股高约 5 个百分点，民营控股高约 17 个百分点，表现出显著的传媒上市公司的行业优势。传媒上市公司营业收入增长率高于总资产增长率，2005~2008 年税后利润增长率高于总资产以及营业收入增长率，并且税后利润增幅远高于全部上市公司规模扩张的同时实现了更好的增收。验证了产业政策、行业属性对上市公司发展及其盈利水平的影响。

（5）与全部上市公司相比，传媒上市公司拥有很高的市盈率与托宾 Q 值。这一方面意味着管制的放松以及信息技术的发展使得传媒业具有良好的发展前景，投资回报率高；另一方面意味着该行业投资者具有强烈进入资本市场变现套利的动机，股价高估增大了投资风险。

（6）行业属性以及控股股东治理行为对上市公司的盈利能力产生着重要的影响。受信息技术发展以及国家文化产业政策的影响，民营控制并依托互联网、手机等发展的新媒体表现出较强的盈利能力。受金融危机、行业监管以及竞争激烈带来的市场份额减少和营业收入的降低，同属轻资产类的通信服务业和计算机应用业与传媒业相比，盈利能力较低，显示了传媒业在金融危机下的“口红效应”。

（7）社会责任的履行状况与行业属性以及控股各股东属性密切相关。以国有控股为主的垄断行业如广播电影电视业以及电力煤气与水的生产与供应业的股利发放水平较高，股东权益保护程度较高。这一方面体现了控股股东的控制权共享收益，另一方面也可能是控股股东通过高股利派送对上市公司其他利益相关者实施的利益剥夺。以民营控股为主的网络媒体以及网游动漫上市公司每股股利指标普遍较低，但职工薪酬率较高，注重员工利益的保护，可能与这类行业以知识型员工为主，且竞争激烈有关。

（8）行政型治理与经济型治理并存的传媒上市公司代理成本较高。行政型的治理行为使控股股东通过“政治”与“资本”两个纽带实施对上市公司的控制，一方面资本力量借助政治力量获得更丰厚的资本回报，另一方面政治力量的干预，制约了传媒企业的治理。复杂的委托—代理关系、国有股股东的缺位形成了传媒上市公司的内部人控制，社长（台长）、总编辑、党委书记一人兼。政事不分、政企不分的“行政干预下的内部人控制”增大了监管的难度，造成代理成本的增加。

（9）强制性的监管，使上市公司信息披露合规性程度较高。但信息披露质量除了受外部监管、内部治理的约束之外，不良业绩可能驱使上市公司披露虚假信息。

（二）学术贡献

（1）界定了治理行为与治理绩效的概念，区分了治理结构、治理行为与治理绩效以及治理绩效与财务绩效。

（2）采用比较研究方法，进行不同行业、不同控股股东治理行为对治理绩效影响的比较。

（三）研究不足

本文对传媒上市公司治理绩效的概念进行界定后，只对其经济治理绩效进行了衡量与比较，而未能就传媒这一特殊行业的政治效益与社会效益予以衡量，未来的研究应对此予以进一步的关注。另外构建治理行为的测量指标，并实证观察传媒上市公司治理行为对治理绩效的影响以及进行不同行业、不同控股股东治理行为及其对治理绩效影响的比较研究应作为今后进一步研究的方向。

〔参考文献〕

[1] Bear Stephen, Rahman Noushi, Post Corinne. The Impact of Board Diversity and Gender Composition on Corporate Social Responsibility and Firm Reputation. Journal of Business Ethics , 2010 (97).

[2] Bebchuk Lucian, Cohen Alma, Ferrell Allen. What Matters in Corporate Governance. The Review of Financial Studies, 2009, 22 (2).

[3] Conger Jay A., Finegold David, Lawler Ⅲ Edward E.. "Appraising boardroom performance". Harvard Business Review, 1998 (1-2).

[4] Djankov, Simeonetal. Who Owns the Media? Journal of Law and Economics, 2003, 46 (2).

[5] Edmans A., Blockholder Trading, Market Efficiency and Managerial Myopia. Journal of Finance 2009, 64 (6).

[6] Firth M., Fung M., Rui O.. Ownership Governance Machanism, and Agency Cost in China's Listed Firms. Journal of Asset Management, 2008 (9).

[7] Gompers Paul, Ishii Joy, Metrick Andrew. Corporate Governance and Equity Prices. Quarterly Journal of Economics, 2003 (2).

[8] Krishnan G. V., Parsons L. M.. Getting to the Bottomline: an Exploration of Gender and Earnings Quality. Journal of Business Ethics, 2008, 78 (1/2).

[9] Mikko Zerni, Juna-pekka Kallunki, Henrik Nilsson. The Entrenchment Problem, Corporate Governance Mechanisms, and Firm Value. Contemporary Accounting Research, 2010, 27 (4).

[10] Shleifer A., Vishny R.. A Survey of Corporate Governance, The Journal of Finance, 1997, 52 (2).

[11] Yeo G. H., Tan P. M., Ho K. W., Chen S.. Corporate Ownership Structure and the Informativeness of Earnings. Journal of Business Finance and Accounting, 2002, 29 (7/8).

[12] 常永新. 传媒管制与传媒集团公司治理模式的构建. 南开管理评论，2003（1）.

[13] 金哲夫. 股权结构与上市传媒公司治理. 新闻界，2004（6）.

[14] 胡奕明，唐松莲. 独立董事与上市公司盈余信息质量. 管理世界，2008（9）.

[15] 哈特. 公司治理. 理论与启示. 经济学动态，1996（6）.

[16] 刘西友，韩金红. 上市公司社会责任履行度与高管激励研究. 山西财经大学学报，2012，34（5）.

[17] 林川，曹国华，陈立泰. 公司治理与现金股利分配倾向：来自中国上市公司的经验证据. 经济与管理研究，2011（2）.

[18] 李维安. 公司治理. 天津：南开大学出版社，2001.

[19] 吕长江，严明珠，郑慧莲，许静静. 为什么上市公司选择股权激励计划. 会计研究，2011（1）.

[20] 刘星，安灵. 大股东控制、政府控制层级与公司价值创造. 会计研究，2010（1）.

[21] 钱颖一. 企业的治理结构改革和融资结构改革. 经济研究，1995（1）.

[22] 宁向东. 公司治理理论. 2 版. 北京：中国发展出版社，2006.
[23] 吴佩旆. 董事会绩效评估研究. 财会通讯·综合版，2005 (9).
[24] 王维钢，谭晓雨. 中国大股东与中小股东的利益博弈模型分析. 中央财经大学学报，2010 (7).
[25] 王斌，汪丽霞. 董事会业绩评价研究. 会计研究，2005 (2).
[26] 王宗军，严磊，夏天. 上市公司董事会绩效评价方法与指标. 统计与决策，2006 (6).
[27] 王宗军，严磊，夏天. 上市公司董事会业绩评价模型. 管理学报，2007 (4).
[28] 王跃堂，赵子夜，魏晓雁. 董事会的独立性是否影响公司绩效. 经济研究，2006 (5).
[29] 姚德权，陈晓霞. 传媒上市公司资本结构与绩效相关性研究. 国际经贸探索，2008，24 (12).
[30] 郑红亮. 公司治理理论与中国国有企业改革. 经济研究，1998 (10).
[31] 周劲. 传媒治理结构：制度分析与实证研究. 现代传播，2005 (4).
[32] 赵曙光. 解读中国传媒第一股. 传媒观察，2002 (6).
[33] 周艳春，田书华. 传媒板块上市公司研究. 中国报业，2002 (5).
[34] 仲继银. 董事会的绩效评估. 董事会，2008 (2).

Study on the Governance Performance of the Media Listed Companies Based on the Comparative Perspective

Xie Yongzhen
(School of Management, Shandong University, Jinan 250100)

Abstract: In this article, we distinguish the relationship between the governance structure of governance behavior and governance performance, build the relationship between the three models, and put forward the concept of governance behavior and governance performance, build the media listed companies governance performance evaluation indicators. Using analysis of variance method, the use of 1998-2010 panel data, for media and related industries governance performance comparison found: media is given priority to with state-owned listed companies, embodies the media political attribute. Media has the high profitability of listed companies and the good momentum of development, the return on investment is high, but the investment risk is big. External governance environment industry competition in the internal governance structure and corporate performance has a significant influence on management performance. Industry attributes and behavior of controlling shareholder governance to the management performance has a significant effect. Private holding companies have better profitability than the state-owned holding company. In the state owned listed companies which have a monopoly background, the shareholders' returns are higher, and in the private owned listed companies, the employee compensation rate is higher. The governance behavior in the media industry increased the agency costs. Strict institutional constraints make the listed company information disclosure compliance is higher, but the information disclosure quality of the poor performance industry is poor.

Key words: Governance Behavior; Governance Performance; Media Listed Companies

【公司治理】

多元化治理：金融危机后日本企业治理的重建方向

孙 丽

（辽宁大学东亚研究中心，沈阳 110036）

［摘 要］本文主要针对下述问题展开探讨：外国投资者的增加和互相持股方式解体的原因和归结、主银行体系解体后的状态依存型治理的重建方向、外部治理与内部治理的互补和替代关系的解析、构成企业治理的各种辅助制度之间的互补性。通过分析，总体弄清市场层面机制和关系层面机制结合起来的复合型日本企业治理的实际状况，同时，分析2008年秋季以来的世界金融危机给日本企业治理的进化带来的影响。

［关键词］日本公司治理；主银行；内部人控制；相互持股

一、引 言

20世纪90年代后期，由于管制放松与制度变革取得了较大的进展，日本企业所处的宏观环境发生了变化，公司治理在组织结构方面展开了大规模的改革。过去，主银行体制、相互持股、由内部晋升者组成的董事会、重视从业人员经营为特征的日本公司治理结构，以1997年的银行危机为契机，发生了急速的变化，其进展的方向及改革的成果受到了国内外广泛的关注。

有关日本公司治理的理论与实证研究，是以青木（1998）为代表通过对日本企业体系的系统分析发展而来，Aoki和Patrick（1994）、Aoki和Dore（1994）的研究达到了顶峰。对日本企业体系分析的黎明期是从20世纪70年代后期到80年代的对日本企业实际状态所进行的研究，研究的主要侧重点是以当时的日本经济上升为背景的主银行体制和相互持股是如何支撑日本企业国际竞争力的。可是伴随着日本企业理论化的进展，90年代前期，人们开始质疑日本企业治理的有效性，对这个问题最早的提出者是Weinstein和Yafeh，他们以1970~1980年的日本企业为分析对象，指出主银行关系对客户企业课以很高的利息可能阻碍企业的成长（1998）。此外，Yafeh（2000）、宫岛（2002）、花崎（2008）等也对此进行了研究。其后，伴随着1997年银行危机的发生，不良债权问题越发严重，日本企业治理的负面影响引起了关注。Morck等（2000）、Peek和Rosengren（2005）等人对泡沫经济的发生和银行危机的成因以及对不良债权处理的迟缓与主银行体制的关系成为了分析的焦点。由于主银行体制和政府的规制政策使本来应该淘汰的企业还仍然存续

［基金项目］辽宁省教育厅人文社会科学研究项目、辽宁大学三期“211工程”项目、东亚研究中心项目（批准号：LNUEAS2012-06）。

［作者简介］孙丽（1962—），辽宁大学东亚研究中心、转型国家经济政治研究中心、国际关系学院教授，研究方向：日本经济、东亚经济以及公司治理。

(Caballero 等，2008)。与此同时，对相互持股和垂直系列的评价也发生了变化，相互持股母公司对子公司的掠夺问题也成了焦点。

此外，1997 年的银行危机以后到 2003 年日本经济明显恢复期间，传统的公司治理结构的改革取得了快速的进展，如何理解其变化，国内外的研究取得了进展。如 Dore (2000)、Hoshi 和 Kashyap (2011)、Yamamura 和 Streeck (2003)、Jacoby (2005)、Inagami 和 Whittaker (2005)、Vogel (2006)、Aoki 等 (2007)、Whittaker 和 Deakin (2009) 等人。

本文主要针对下述问题展开探讨：外国投资者的增加和互相持股方式解体的原因和归结、主办银行体系解体后的状态依存型治理的重建方向、外部治理与内部治理的互补和替代关系的解析、构成企业治理的各种辅助系统之间的互补性 (Complimentarity)。通过以上分析，总体弄清市场层面机制和关系层面机制结合起来的复合型日本企业治理的实际状况，同时，分析 2008 年秋季以来的世界金融危机给日本企业治理的进化带来的影响。

二、关系层面治理：传统的日本公司治理结构的特征

20 世纪 80 年代以前的日本企业的企业金融和企业治理基本特征如下：

(一) 主银行体制：银行控制占主导地位

商业银行是公司的主要股东，保有企业大量股份。日本的银行向企业提供贷款，在提供贷款的银行中排第一位的称为企业的主银行。主银行不仅是企业最大的股东，同时还是企业最大的债权人，这种一身二职的身份，使它在日本公司治理中居于一种特殊重要的身份。企业资金的最大提供者银行通过对企业实行事前监督、中间监督、事后监督，不但能迅速准确地掌握情报，而且，在企业经营陷入困境时，能及时采取措施协助企业重建。“主银行与企业间存在的唯一的统一监控与并不唯一的信贷关系的一个重要作用是使主银行得以在事后更为机动地采取措施，主银行在处理面临财务困难的企业时，可选择的措施有破产清查、银行出面进行企业重组以及进行债务再安排等”(青木昌彦和休·帕特里克，1998)。在资本市场特别是企业控制权市场缺位造成企业监控的空白部分，由主银行制发挥的类市场机能填补了，因此，主银行无可争议地成为左右企业的最大力量 (孙丽，2008)。

(二) 法人相互持股：形成稳定股东

所谓“稳定股东”，是指不是出于盈利的目的，而是出于对某一企业现有管理团队支持的目的持有该企业股份的“友好的”股东，其特点是：除非经营绩效显著恶化，一般不行使股东的权力；不向怀有敌意的第三者出售股份；却有必要出售股份时事先通知股票发行企业。通过考察日本公司治理的实际运行情况，可以发现稳定股东持有的股票，虽然上市，却缺乏流动性，这不仅意味着难以通过股票价格的形成对上市公司进行监督，还意味着难以通过股票所有权的变更实现公司控制权的转移。在日本，由于法人股东的交叉持股，意味着即使有法律的保障也不会发生敌意接管，使日本企业的高层管理者可以在相当大程度上规避来自股票市场的压力，特别是来自公司控制权市场的威胁，从而形成了一种参与主体有限、监督主体有限、信息公开有限的封闭型的公司治理结构 (莽景石，2009)。

(三) 内部人控制：由内部晋升者组成的董事会

1980 年以前，日本企业的董事会规模很大，其成员基本是由企业内部晋升者组成。另外，社长 (CEO) 以及董事会成员的报酬低，并且对报酬的业绩 (准确地说是当期的业绩) 敏感度低

(Kato 和 Rockel，1992)。社长的选拔由于被限定在从业人员中，其薪酬也被限定在以前的标准，因此其标准很低。经过层级竞争选拔的社长，希望报酬制度中定额的比重高，这样就对短期提高业绩行为不敏感。日本企业在长期雇佣关系中，对员工产生激励作用的主要是职位晋升。另外，以终生雇佣制为前提的雇佣契约，为员工提供了一种最基本的激励机制。同样来自内部劳动力市场的压力对高级经理候选人起到了制约的作用。同时，这种压力在其坐上高层经理的位置后照样发挥效力。

总的来说，日本的大多数公司缺少外部约束和监督，与很多文献中关注的标准公司治理机制相差甚远，但主银行相机的治理机制，发挥了英美公司治理机制中的“公司控制市场”的类似作用。终生雇佣制、年工序列工资制等来自内部劳动力市场的压力对高层经理起到了制约的作用。一些证据表明，至少在 20 世纪 80 年代，存在一个成功和有效的治理结构，其中发挥作用的主要是主银行和大股东，他们处罚工作表现欠佳的经理，从而确保有效的管理。

三、市场层面治理：日本公司治理结构的渐进式变革

20 世纪 80 年代前半期的日本企业具有上述特性。进入 90 年代，由于放松管制、资金调配方式的多样化、外国人投资者的增加，在 1997 年的银行危机以后，外部治理、董事会的构成、内部组织的设计等几乎同时发生了变化。随着日本经济环境、金融环境的变化，特别是银行和企业发生的一系列倒闭和丑闻事件，使人们对日本公司治理结构的有效性，尤其是主银行制度的问题产生了质疑，构筑新型公司治理结构的时代来临。针对日本企业业绩和竞争力的不断下降，日本政府采取了一系列法律上的修改措施，具有代表性的如下：

（一）政策放宽与经济全球化：公司治理结构变化的契机

以关系网络为核心的日本公司治理结构的变化是以 1980 年开始的金融市场规制的缓和与金融的自由化。1980 年以前由于有严格的发行债券标准（企业规模、财务健全性、企业收益），企业外借资金的途径除了银行别无他选。但是在 1980 年丰田汽车和松下电器被允许发行无担保转换企业债以来，发债标准就逐渐放宽，这也是主银行关系削弱的契机。从 1984 年末的数据看，上市的 1691 家企业中，满足无担保发行企业债的企业达 271 家，有担保的增加到 731 家，并且还有进一步扩大的可能（宫岛蚁川，1999）。20 世纪 80 年代后期以大规模的股票投资为背景，这些有资格企业股东权限关联债券的发行得到了快速的发展，1991 年企业债的依存度平均上升到 37.6%（见表 1）。但是值得注意的是，能满足债券发行标准的企业大多是成长性能高、风险低的企业，与主银行相关联的领域逐渐在缩小。1993 年日本废除了发行债券标准中的数值基准标准，使等级基准标准化。1996 年又废除了等级基准，使公司债券的发行完全自由化。90 年代公司债券的发行相对减少，这个时期，贷款类型的选择标准也基本如上所述。成长性能高、负债比率低的企业持续地发行公司债券，这样具有主银行关系特征的银行与企业关系，在 90 年代前期分化为削弱以前紧密关系的企业群和依然维持其关系的企业群两类。

（二）主银行体系的解体：状态依存型治理的重建方向

以 1997 年的银行危机为契机，日本企业的公司治理发生了很大的变化。不仅如此，雇佣体制、企业内的权力分配也同时发生了变化。银行危机对主银行在公司治理中的作用产生了很大的影响，这是由于在企业陷入财务危机时对客户企业进行救济的银行本身也陷入了深刻的财务危机。众所周知，关系企业对主银行所期待的功能之一是当企业绩效恶化时银行一面提供救济一面帮助企业重组这一点，这种根据顾客企业的财务状况，系统地实施经营权转移的银行与企业的关系被

称为“状态依存型治理”（青木昌彦和休·帕特里克，1998）。表面上这种救济容易诱发客户企业产生道德败坏行为，但作为补救措施还有对不能救济的企业实行清算这一点。但是，在面临着深刻不良债权问题的20世纪90年代末，银行部门失去了财务的健全性，其信誉也随之降低。另外，银行特别是主银行为了避免被追究过去借贷中产生的不良债权的责任，对业绩恶化的顾客企业通过减免利息和追加融资的办法实行救济。另外，顾客企业预料到银行会给予救济，就推延必要的企业重组，这样一来就容易发生金融机构追加融资和顾客企业败德行为的恶性循环。这样，主银行在公司治理中不但管辖范围缩小，在其维持影响的领域中，本来应该被淘汰和重组的企业，也人为地产生了使其存续下去的消极状况。

在日本经济发展的鼎盛时期，主银行发挥了英美公司治理机制中的“公司控制市场”的类似作用。进入20世纪90年代，由于一系列内外部条件发生了变化，日本企业与银行之间的关系也发生了变化。这突出表现为一些企业脱离了原有的主体银行，而另一些则愿意继续留在主银行体制之内。

Hoshi、Kashyap和Scharfstein提供的证据表明，进入20世纪90年代，由于企业更容易进入债券市场进行融资，从而减少了企业与银行的联系，使银行与借贷者的关系逐渐松散。Kang和Stulz（2000）以1986~1993年1380家在东京交易所上市的公司为样本，说明1989年银行贷款所占比例较大的公司在泡沫经济期间（1986~1989年）业绩较好。但在90年代早期（1990~1993年）收益率较差，对银行有更高依赖性的公司比其他公司削减了更多的投资。

从不同规模的企业与银行的关系看，主银行对规模较小企业的影响较大，而对规模较大的企业影响则较小。与以前相比，主银行在短期贷款业务、外汇业务方面与企业的关系进一步密切，而在设备资金贷款方面与企业的关系有所松动。

从以上分析中可以看出，由于新的博弈者的出现，使日本现有的主银行相机治理结构已经难以满足现代市场竞争的要求，企业决定是否留在主银行制之内，一方面取决于未来日本经济的增长速度；另一方面取决于金融体制改革能否使日本银行演变为全能银行。

（三）互相持股方式的解体：原因和归结

以1997年的银行危机为背景，之前非常安定的企业法人、金融机构（银行、生命保险）等以内部人控制为中心的股份所有权结构发生了很大的变化，变化的中心是银行与企业法人间相互持股关系的解除。1997年银行危机后，企业法人抛售银行股份的现象越发突出。由于银行信用级别的降低甚至破产，加速了银行股票的下跌，持有银行股票的危险度上升，因此，企业法人面临着是继续持有还是抛售银行股份的选择问题。另外，面临不良债权问题，必须抛售自有资本的银行，从1997年开始抛售自己保有的股份，2001年颁布了股份持有限制法案，规定银行持有股份要限制在BIS的自己资本规制范围内（约总资产的8%），银行抛售股份的现象更加严重。

与相互持股的解除并行的是外国人机构投资者股份持有量的显著增加。其结果导致日本企业的股份所有权结构发生了很大的变化，2000年前后东京证券交易所市价总额中，内部人控制和外部人控制的所有比率再度逆转，日本上市企业所有权结构重新恢复到20世纪60年代的水平。并且，外国人投资者在股票市场的投资有显著上升的趋势，1998年东京证券交易所向外国人出售比例达40%，2001年超过50%，外国人投资者对股价的形成具有重要的影响。日本个人股份的占有率极低，又很少有个人大股东，因此加强机构投资者的力量，有利于对经营者实行监督、控制，恢复股东在公司治理结构的本来地位。随着日本进入老年化社会，以年金基金为中心的机构投资者在股票市场上的份额会不断增大，机构投资者将代替法人相互持股的股东地位，在日本的公司治理结构中，发挥重要的股东作用。

（四）外部治理：经营权市场的形成

在 IT 革命、管制放松、银行危机等外部冲击下，20 世纪 90 年代末开始企业兼并增加了，而企业银行关系和股份所有结构的变化成为日本企业兼并增加的条件。另外，股份的自由买卖，允许公司分割和持股等企业法规的完善，也促进了 M&A 的增加。

M&A 增加过程中逐渐形成了对企业组织的评价。1999 年以前企业收购的手续费几乎是零，但 2000~2005 年的收购手续费上升到 11%。而且在 2000 年以后，敌意的收购案例也有所增加。在此之前尽管法律制度已实行国际标准化，M&A 具有增加的趋势，但日本的经营权市场具有与美国和英国相反的特征：①以收购为中心，而非组织内部必要的融合。②企业收购大多是以集团内部或者事前商谈好的价格进行。③私下交涉比重高，公开购买股份的少。④友好收购多，敌意收购少等。这样看来日本的 M&A 的增加并不意味着已经形成了美国式的经营权市场，其变化的规律很大程度上是受其他经济制度的影响。

（五）内部治理：董事会改革

银行危机前后，日本企业也开始了内部公司治理的改革。在全球化、IT 化、国内市场成熟化等外部环境发生很大变化的前提下，规模庞大的董事会、年功序列制条件下的经营者，出现了决策迟缓和质量低下的问题。而且，由内部成员组成的董事会，在监督问题上受到了内外投资者的批判，低报酬、与业绩非挂钩的报酬制度，成为经营者不能果断地承担风险的原因。外部环境的变化使以前的内部治理结构的合理性降低。

为了消除股东诉讼所带来的“信用威胁”问题，以索尼公司为首的各大公司纷纷重建董事会制度。1998 年 5 月董事会新设了报酬委员会和指名委员会，执行官员免予诉讼。1999 年有 140 家、2000 年有 160 家公司设立了执行官员制度。与英美不同，日本的执行委员会是在监察委员会下设置的，这一点与德国相同。如丰田、松下电器等为了达到世界标准，指名、报酬、监察这三个委员会就设置在监察委员会的名下。2003~2004 年，12%~13%的企业采用了执行委员会制度，引入企业数在 2004 年末几乎达到了半数。这样执行委员会制度成为了日本企业董事会的标准（宫岛新田，2007）。

（六）引入股票期权机制

1997 年，日本《商法修正案》规定引入股票期权，其后又在制度层面得到了完善。东京证券 1 部上市公司，1999 年引入企业达 171 家，IT 高潮时期的 2002 年超过 508 家，其占有率达 32.5%（见表 1）。从采用股票期权的比率看，医药、电机、情报通信等 R&D 支出高的部门以及零售、批发、服务业等消费性能高、有发展前途，但内部资金不足的新兴企业采用股票期权的比率高。内外机构投资者所有比率高，主银行融资比率低，具有市场导向型的企业，其引入股票期权的比率也高（宫岛黑木，2004）。

日本引入股票期权的企业与美国相比具有很大的差异。如丰田公司的制度有自由选择权的行使价格低、授予比例小、权利行使期间短（4 年左右）、授予对象广等特征。引入企业的特征基本相同，即在考虑经营者利益和股东利益的同时，也顾及中间管理层的激励机制。其结果，尽管从 20 世纪 90 年代末开始就引入了股票期权制度，日本报酬制度的实体变化还非常小，甚至与美国的差距更加扩大了。

（七）年功序列工资制的变化：引入绩效工资

20 世纪 90 年代以来，日本企业开始改变长期以来所推行的年工序列工资的做法，引入绩效

表 1　外部治理与内部治理指标的推移

	1986 年		1991 年		1997 年		2002 年		2006 年		2008 年	
	平均	标准偏差	平均	标准偏差	平均	标准偏差	平均	标准偏差	平均	标准偏差	平均	标准偏差
样本数（个）	970		1090		1194		1331		1717		1690	
外部治理												
机构投资家所有比率（%）	6.79	7.17	10.03	7.42	11.76	9.42	14.00	11.87	24.57	15.76	23.25	15.15
外国人所有比率（%）	5.28	7.92	5.21	7.19	7.62	9.15	7.34	9.96	15.01	12.75	12.24	11.42
相互持股比率（%）	14.27	9.29	14.53	8.58	13.48	8.60	10.81	9.36	8.37	8.38	8.54	8.78
负债比率（%）	67.50	30.00	62.40	25.40	58.20	22.40	53.80	24.30	48.70	21.60	48.70	23.70
公司债比率（%）	23.70	32.30	37.60	36.00	30.90	35.80	22.20	31.30	17.30	27.00	12.90	22.30
主银行融资比率（%）	23.60	13.40	24.60	14.40	25.90	14.10			31.00	18.18	31.10	18.29
主银行股份持有比率（%）	4.37	1.57	4.23	1.12	4.10	1.16			3.10	2.66	3.10	2.12
内部治理												
董事会人数（人）	17.27	7.05	18.82	7.87	16.80	7.34	11.95	5.78	9.53	3.79	9.07	3.55
执行官员制采用数（家）					1.00		425	(31.9)	910	(53.00)	957	(56.60)
设置委员会公司数（家）							32	(2.4)	52	(3.00)	50	(3.00)
外部董事比率（%）			11.80		11.30		14.00		16.30			
外部董事比率达 30%以上企业比率（%）			11.80		10.20		15.10		19.60			
银行派遣官员比率（%）	4.40	7.20	3.60		3.90	7.20	4.60	8.30	0.60	2.90	0.70	3.40
股票期权采用企业数（家）							508	(32.50)	574	(33.40)	559	(33.10)

注：样本数为东京证券交易所 1 部上市企业（非金融事业法人）；主银行融资比率是指从银行借入/总借入；日经公司情报记载的第一交易银行为特定的主银行；“（　）”是占东京证券交易所 1 部上市企业的比例。

资料来源：宫岛英昭. 日本的公司治理. 东洋经济新报社，2011.

工资制。即工人的工资水平不再完全基于技能水平或工作年限，而取决于他们的绩效。当员工的绩效指标既反映他们的个人努力程度，也反映他们与同伴的合作程度时，最优激励机制可以带来超额的个人努力。

伴随着银行危机后不良债权问题的加深，解决过剩设备、过剩雇佣的问题也越发急迫，企业对以往的雇佣体制进行了反省。第一，银行危机以后，长期雇佣问题发生了变化。除了采取奖励早期退职者和压缩新毕业生的录用以外，还逐渐开始削减中坚员工，而缺员由非正规雇员弥补。其结果，正式员工的雇用比率由 1990 年的 80%下降到 2003 年的 70%以下。第二，由于企业发展放缓，对随着工龄的增加工资大幅度提高的年功序列制提出了挑战。1999 年前后开始，以前仅限于管理职位的绩效工资制度也扩大到一般员工。普及了目标管理制度，替代原来的职能工资（职能工资制度），引入了职务工资（按贡献等级制度），其结果，以年龄区分的工资曲线，与 90 年代前期相比明显放缓（久保齐藤，2008）。但是，这样雇佣体制的变化在各企业间不是均等地进行，外国人投资者比率越高的企业进展得越快，维持年功工资的程度也越低。

四、多样化：金融危机后日本企业治理的重建方向

2007 年夏由美国次贷危机诱发的全球金融危机与 1997 年的银行危机不同，没有给日本企业治理方面带来直接的影响，但这次危机使日本出口急剧减少从而经济陷入急速的倒退，这点与德国相似。日本的金融机构损失较小，报酬制度也没有给金融机构带来过大的风险。但是，世界金融危机对日本的公司治理带来很大的冲击。①金融危机成为了 20 世纪 80 年代以来持续的对市场化产生怀疑的契机。人们对以前称为标准模式的美国模式信赖性产生很大的动摇。而且，危机后国外投资家出售日本股票等行动，对企业经营造成了恶劣的影响。“过度的市场化”的批判也随之而来。②金融危机后由于生产恢复缓慢，国内市场成熟化的呼声越发高涨，企业重组的必要性进一步增加。③世界经济的成长中心转向新兴国或资源国，日本企业海外投资进一步加速，日元升值是促使海外投资的重要原因。伴随着日本企业的成长，海外事业的扩大是不可缺少的，对应跨国企业组织的治理结构的重要性尤为重要。

在世界金融危机后的新环境下，危机后公司治理的再设计开始启动。危机后公司治理的再设计的重点是日本企业多元化，其所面对的课题及问题不同，因此公司治理重建时根据不同类型的企业设计不同的解决方案。各种类型的企业面对的问题概括起来如表 2 所示：

表 2　企业种类和政策课题

	市场志向型	新兴企业	传统企业
课题	• 促进技术改革的 R&D 的完善 • 加强 M&A • 完善内部资本市场	• 成长=果敢的分散风险 • 支配股东和少数股东的利益相反	• 促进事业重组 • 解决内部人控制问题 • 情报公开
外部治理	• 经营权保护 • 回避搅乱市场的介入=取代相互持股创出新的制度	• 保护企业家的激励机制 • 外部大股东的监督 • 提供风险资金	• 规避内部人控制（相互持股） • 银行、基金的状态依存性治理机制的再构筑
内部治理	• 对应机构投资家增加的董事会调整 • 向机构投资家说明可能的报酬决定、情报公开和执行官的选任	• 促进引入外部董事 • 投票权的完善	• 促进引入外部董事 • 股票投票权的扩充 • 引入从业人员报酬体制 • 从业人员的股票持股制度
事业组织的治理	• 解决 2 层委托—代理问题 • 集权化和分权化的结合 • 持股公司情报公开 • 防止母公司、持股公司剥夺少数股东权益		

资料来源：宫岛英昭. 日本的公司治理. 东洋经济新报社，2011.

市场志向型企业的公司治理面对的重要问题是促进技术革新、扩大 R&D 的投资和 M&A 成长部门，完善内部资本市场；新兴企业的公司治理面对的重要问题是在促进企业经营者分散风险的同时，解决控股股东和少数股东利益相悖；传统型日本企业的公司治理面对的重要课题是企业重组和解决低投资收益。

现代的日本企业由于面对的问题不同，制度变革可能产生非对称的效果。在传统日本企业中，外部公司治理变化的迟缓与董事会的机构设计和报酬制度等内部公司治理改革的迟缓相联系，其结果，陷入了持续的低效率和机构投资者的投资进展不大的组织固定化的陷阱。为了摆脱这种陷阱，以深化的规制改革来促进相互持股制度的解除，设置外部董事成为义务，企业方面应制定严格的收购防卫规则等。因此，危机后的公司治理的再设计，对制度改革的非对称效果的考虑是不可或缺的。

而且，构成公司治理的要素是相互关联的，如报酬制度的功能是与股份所有权结构、债权人的参与方式，董事会功能等具有密切联系的，也与从业人员的激励机制和企业内部权限分配结构等组织体制相互补充。因此，报酬制度的设计要兼顾与这些制度的互补性和整合性。

通过以上分析，总体弄清了市场层面机制和关系层面机制结合起来的复合型日本企业治理的实际状况，明确了金融危机后日本公司治理重建的重点应是根据不同类型的企业设计不同的解决方案。推动这种变革的最重要力量是来自英美机构投资者这一新的博弈者的出现，由于这些机构投资者所掌握的资金在国际资本市场上居于主导地位，在资本流动已经高度全球化的情况下，他们所认可的公司治理规范自然成为市场上被认可的规范。但这种改革的方向是否会最终导致收敛于英美模式则是不确定的。“日本公司治理结构改革的一个显著特征是，外部治理结构与内部治理结构是非均衡演化的，两者之间如何磨合增大了日本公司治理结构变革方向的不确定性。”（莽景石，2009）

〔参考文献〕

[1] Aoki M.. Monitoring Characteristics of the mank System: An Analytical and Developmental view, in Aoki M. and Patri H., eds., The Japanese Main Bank Syatem: Its Relevancy for Developing and Transforming Economies, Oxford Uninversity Press, 1994.

[2] Weinstein and Yafeh. On the Costs of a Bank-Centered Financial System: Evidence from the Changing main Bank Relations in Japan, Journal of Finance, 1998, 53 (2).

[3] Yafeh Y.. Corporate Governance in Japan: past Performance and Future Prospects, Oxford Review of Economic Policy, 2000, 16 (2).

[4] Aoki and Dore: NTTデータ通信システム科学研究所訳『国際·学際研究システムとしての日本企業』NTT 出版，1995.

[5] 宮島英昭·儀川靖浩.「金融自由化と企業の負債選択—バブル期における顧客プールの劣化」『フィナンシャル·レビュー』, 1999 (49).

[6] 宮島英昭.「日本的企業経営·企業行動」貝塚啓明·財務省総合政策研究所編『再訪日本型経済システム』有斐閣, 2002.

[7] 花崎正晴.『企業金融とコーポレート·ガバナンス—情報と制度からのアプローチ』東京大学出版会, 2008.

[8] 宮島英昭·新田敬祐.「日本型取締役会の多元化—その決定要因とパフォーマンス効果」神田秀樹·財務総合政策研究所編『企業統治の多様化と展望』金融財政事情研究会, 2007.

[9] 宮島英昭·黒木文明.「ガバナンス構造と企業パフォーマンスとの関係について」『コーポレート·システムに関する研究報告書』株式会社ニッセイ基礎研究所、早稲田大学フィナンス研究所·株式会社 UFJ 総合研究所, 2004.

[10] 久保克行·斉藤卓.「日本の経営者は株価を最大化するインセンティブをもっているのか」宮島英昭編

『企業統治分析のフロンティア』日本評論社，2008.

[11] 宫島英昭. 日本的公司治理. 东洋经济新报社，2011.

[12] 青木昌彦.日本经济中的信息、激励与谈判. 北京：商务印书馆，1994.

[13] 青木昌彦，休·帕特里克.日本主银行体制. 北京：中国金融出版社，1998.

[14] 莽景石. 日本公司治理结构：对美国模式的偏离与回归. 比较管理，2009(1).

[15] 孙丽. 公司治理结构的国际比较：日本启示. 北京：社会科学文献出版社，2008.

Multiplex Governance: the Reconstruction Direction of Japanese Corporate Governance in Post Financial Era

Sun Li

(Liaoning University East Asia Research Centre, Shenyang 110036)

Abstract: This study focuses on analyzing the urgency faced by the modern Japanese companies and sophisticated corporate governance issues. This essay discusses theissues including: the reasons of the increase of foreign investors and the disintegration of intersect holdings, the reconstruction direction of state-dependent governance after the collapse of main bank system, the interpretation of the complementary and substitute relationship between external and internal governance and the Complimentarity among various auxiliary systems constituting the corporate governance. Its aim is to overall understand the actual status of Japanese corporate compound governance combining the market level and relationship level mechanisms and analyze the influence produced by the evolution of Japanese corporate governance since the world financial crisis in the autumn of 2008 at the same time.

Key Words: Japanese Corporate Governance; Main Bank; Insider Control; Intersect Holdings

【公司治理】

美国国有企业监管体制研究

——以美国联邦政府公司为例

徐 炜
（首都经济贸易大学工商管理学院，北京 100070）

[摘 要] 自OECD出台了《国有企业公司治理指引》以来，世界各国加强了对国有企业的法人治理的研究。本文主要从性质、特点、监管的主体及内容等方面研究了美国联邦政府公司的监管体制，提出美国联邦政府公司是一种特殊的企业、美国联邦政府公司数量少、美国联邦政府公司多以董事会治理为主体以及美国形成了对政府公司比较完善的法律和预算监管体系等四点结论，在以上研究基础上提出了进一步推动我国国有企业改革的政策建议。

[关键词] 国有企业；联邦政府公司；监管

一、问题的提出

美国的国有企业除了被称为国有企业（State-owned Enterprises）外，亦称为公共企业（Public Enterprises）、政府所有企业（Government-owned Enterprise）、政府公司（Government Corporation）、联邦政府公司（Federal Government Corporation）等。美国政府企业或公司的翻译与我国的国有企业最为相近。

国内有众多学者研究了美国的国有企业：曹玉书（1997）对美国的国有企业的外部管理体制、内部管理体制和运行机制等进行了深入研究；赵旭东（1996）对美国的联邦公司性质、地位、种类和管理机构进行了介绍；叶祥松（1996）就美国国有企业的产生与发展、国家对国有企业的管理、国有企业的产权管理进行了研究，这些研究无疑丰富了国内国有企业改革的理论，指导了国有企业改革的实践。但是进入21世纪后，美国的国有企业种类、性质、功能管理体制又呈现出一些新的特点有必要重新进一步深入研究美国的国有企业。

本文主要包括以下三个部分：第一部分分析了美国联邦政府企业种类；第二部分研究了美国联邦政府公司监管体制；第三部分提出结论及进一步推动我国国有企业改革的建议。

二、美国国有企业及联邦政府企业

作为资本主义市场经济中的国有企业，其产生的制度基础是弥补市场失灵。美国的国有企业

[作者简介] 徐炜，首都经济贸易大学工商管理学院副教授、硕士生导师、企业管理系主任，兼任中国企业管理研究会常务理事、首都企业改革与发展研究会副秘书长、北京行为科学学会常务理事，研究方向：企业组织、国有企业公司治理。

[基金项目] 北京市教委社科面上项目"北京市属国有企业经营者管控模式创新研究"（项目号SM201310038001）

是为了实现社会公平、增加就业、提供公共产品等公共政策目标，以实现政府管理、干预经济的企业组织形式。美国国有企业分别为联邦、州和市镇各级所有。

美国国有企业的产生还有与其他市场经济国家相比特殊的立法背景。美国政府机构受到以宪法为核心的公法体系的严格管理——严格的预算管理等，而一旦建立国有企业就可一定程度上减弱宪法对其控制，因此，在美国国有企业是对美国政府机构的一种替代。

广义的美国国有企业，除了各级政府企业、政府发起的企业之外，也包括提供教育、卫生及电力等公用事业服务的地方政府的特设机构，以及政府建立的不受制于政府预算等管理的具有独立法人地位，以提供住房、运输等基础设施服务的公共机构。

美国联邦政府企业是美国国有企业中最主要的组成部分，美国联邦政府企业是直接受美国联邦法律监管及联邦政府直接出资或管辖的企业。美国联邦政府企业具体分为三种类型：

1. 联邦政府公司（Government Corporations）

根据美国国会文件，联邦政府公司是由议会为实现公共目标而建立的联邦政府的特殊机构，这些联邦政府公司向公众提供市场导向的产品和服务，能够实现或接近实现收支平衡。根据这一个定义，美国联邦政府拥有 17 家联邦政府公司。①

美国联邦政府公司根据政府出资比例可以分为联邦政府完全所有（独资）公司及联邦政府混合所有（合资）公司。

（1）联邦政府完全所有（独资）公司。顾名思义，联邦政府持有公司的所有股权。如商业信贷公司（Commodity Credit Corporation）、美国进出口银行（Export-Import Bank）、联邦农产品保险公司（Federal Crop Insurance Corporation）、田纳西河务管理局（Tennessee Valley Authority）以及美国邮政（U.S. Postal Service）就属于这种政府独资公司。

（2）联邦政府混合所有（合资）公司。股权部分由联邦政府所有，部分由私人所有。如美国联邦储蓄保险公司（Federal Deposit Insurance Corporation）、美国国家铁路客运公司（National Railroad Passenger Corporation）就属于这种合资公司。

美国联邦政府公司由美国国会立法建立、由联邦政府所有，但是具备独立于联邦政府的法人资格，这些政府企业都是提供公共产品或服务，有些企业由联邦政府提供预算拨款，有些企业也有独立的收入来源。

2. 政府发起企业（Government-sponsored Enterprises）（政府特许、政府授权经营公司）

政府发起企业根据联邦法律所设立的由私人投资拥有的法人机构，并服从于联邦的监督和管理，从事特别授权的商业性活动。尽管政府发起企业与政府不存在股权关系，也不是政府的下属机构，但是政府可以它们获得的银行贷款进行担保，也可以对这些企业派出董事，第一家政府发起公司是建立于 1962 年的通信卫星公司，按照哥伦比亚特区的《公司法》设立，不受政府公司控制法案的管辖，尽管公司的投资都是私人的，但 15 个董事中的 3 个由总统任命。公共广播公司和法律服务公司也是按同一模式建立的。金融危机中著名的房地美房利美就是政府发起的企业。

3. 临时性的政府控制公司

临时性的政府控股公司，不像前面的政府企业是由联邦政府依照法律所建立的，而是由于企业自身运行过程中的问题，临时由政府控制，一种情况是政府作为债权人临时接管企业；另一种是由于问题企业规模巨大，其破产会损害美国的经济状况，由政府出资获得问题公司的股权，而接管企业成为临时性的政府控制公司。如金融危机中的通用汽车公司、美国国际集团等企业都由政府出资成为临时性的政府控制企业，一旦企业走出危机，政府就会通过转让股权，企业又会成为私人公司。

---

① Kevin R. Kosar. Federal government Corporations：An Overview Source：Congressional Research Service 7-5700，2011.

美国联邦政府企业中政府公司由于是美国政府独资或合资，因此，在对这些企业的监管体系设计中更有特点，所以，下面主要是对美国联邦政府公司监管体系的分析。

三、美国联邦政府公司的监管体制

（一）美国联邦政府公司的性质

1. 特殊的法律地位

美国联邦政府没有公司法，因此，每个联邦政府公司都是通过国会的特别立法而批准授权经营，也正是因为每个政府公司都被单独国会立法所规范，因此，每个政府公司在法人结构和组织结构上都有不同的形式。

美国联邦政府公司也是服从宪法管制的政府机构，保持政府机构的特点，但在诉讼等方面又具有独立性，是独立的法人实体。

2. 特殊的预算及资金管理

一般的政府部门都会受到严格的预算管理，尽管美国联邦政府公司本质是属于政府机构的组成部分，但这些公司不受严格的预算管理。从财务资金来源看，政府机构资金来自政府拨款，而政府公司主要从使用它们服务的使用者获得资金。

当然，联邦政府公司也受到一种特殊的预算管理。每一个政府独资公司按照总统规定的时间准备和呈送给总统经营型预算，这种预算内容应当包括：评估公司当前及来年的财务状况和经营状况以及上一财年的经营状况和结果；财务状况表，损益表，资金的来源和使用，盈亏分析以及知晓公司财务和经营状况的额外的陈述和信息，主要经营活动的评估、管理费用的预估、借款的评估、在财年中将用于归还财政的资本数量以及弥补资本亏损需要财政拨款的数额。联邦政府公司所具有这种不同于政府的预算，使得公司有足够的财务及资金的灵活性从事生产经营活动。

（二）美国联邦政府公司特点

1. 联邦政府公司规模有大有小

当今的联邦政府公司规模有大有小，大的如美国邮政、美国联邦储蓄保险公司，小的如隶属于财政部的联邦融资银行（Federal Financing Bank）和隶属于司法部的联邦监狱产业公司（Federal Prison Industries）。联邦融资银行 2011 年的总资产达 585 亿美元。

2. 联邦政府公司数量少，数量处于经常变化之中

联邦政府公司设立既可以是永久的，也可以是有一定期限的或过渡性的。因此，联邦政府公司的数量不是固定的，而是变动的，新的公司可以依法建立，如 the Valles Caldera Trust 于 2000 年成立，原有的政府公司也可以依法解散，如宾夕法尼亚道路发展公司于 1996 年解散，乡村电话银行于 2008 年解散。

3. 联邦公司法人结构和组织结构差异很大

由于每一个政府公司都由议会单独的法案加以授权经营及规范，在公司法人治理结构方面表现出较大的差异，没有形成统一的公司治理模式。如有的建立了公司董事会，有的只有经理人员没有建立董事会，表现为以下几种形式（见表 1）：

在美国政府公司中绝大多数都建立了董事会，实施了以董事会治理为核心的公司法人治理。

（三）美国联邦政府公司的监管主体及内容

我国国务院国资委是中央企业统一的监管机构。美国的联邦政府公司并没有统一的监管机构。

表 1　美国联邦公司法人治理结构

公司法人治理结构	特点	公司举例
专任型的董事会	建立董事会，董事会成员全部是专职的	早期的田纳西河务管理局
兼任型的董事会	建立董事会，董事会成员都是兼职的或外部的，由兼任的董事会选聘总经理从事经营管理工作，并对董事会负责	目前的田纳西河务管理局
政府官员兼任型的董事会	建立董事会，董事会成员都是兼任的，这些兼任的董事都是政府机构的部长级官员	养老金收益担保公司
混合型的董事会	建立董事会，由政府任命的董事和私人机构任命的董事组成	海外私人投资公司
经理负责制	不组建董事会，由经理向政府部长负责，最终向总统负责	政府国营抵押公司

在行政机构中，并没有单一的机构负责监管所有的政府公司，国会参议院和众议院也没有单一委员会负责监管政府公司，而是根据权限由不同委员会进行监管。

1. 从美国政府的角度，监管主要来自美国国会、总统及管理和预算办公室、审计署及政府公司隶属的行政机构

（1）美国国会的监管。主要通过立法、授权和审批行使所有者职能。美国政府公司由国会单独立法，这些法律对企业设立宗旨、经营方式、人事与财务制度、业务范围与方法、投资范围和数量等方面都作了详细的规定，明确公司的独立法人地位，企业、政府、国会各自的权利和义务。

国会审议和批准政府公司的预算，所有政府公司组建、撤销或企业内部管理体制的改革都必须经过国会的审议和立法批准。

（2）总统及管理和预算办公室。美国政府公司都要依法每年编制经营预算提交给总统，由白宫管理和预算办公室根据各部门、机构提出的各自预算方案，包括政府公司编制的经营预算，核查后编制联邦预算，交总统审核，然后由总统提交给国会。经国会批准后，按项目分配资金并监督行政部门的预算执行，保证其达到预算目标，促进政府内部机构之间的合作与协调。

（3）审计总署。美国审计总署是联邦国会之下的国家最高审计机构，担负着审查、监督美国联邦政府的所有收入、支出及项目效率、效果的重要职能，向国会直接负责并报告工作。审计联邦政府各部门和各级政府的拨款事项及其有关的各种业务；审查联邦政府各部门的预算执行情况；审查联邦政府各部门及政府公司的财务收支情况和经济效果。对政府公司主要审计内容包括：对政府拨款使用情况进行监督；调查违纪案件；制定监督政策和制度；监控政府公司的工作等。

（4）隶属的行政部门。美国政府对国有企业的管理以 1945 年国会通过的《政府公司控制法》为基础，各专业主管部门则根据国会的相关决议，设置常设委员会通过人事控制、合同制等方式进行监管。

2. 从对政府公司监管的内容看包括预算监管、审计监管和经营成果的监管

（1）联邦政府的预算监管。分总统和议会两个方面：

1）总统方面，独资政府公司按规定每年向总统递交经营型预算。这种预算包括：

①对财务状况的评估、对公司当前和来年经营状况的评估，及对上一个财年经营条件和成果的评估。② 财务状况表、收入和成本费用表（损益表）、资金筹集和使用表，对利润和亏损的分析，和其他的财务报表和了解公司财务状况的信息，包括评估各种主要活动的经营状况，管理费用、借款，及财年中需要返还美国财政部的政府资本的数量。弥补资本不足的财政拨款等。③为了企业实现经营活动，对一些灵活适用的特殊情况的规定。总统将这些独资政府公司的预算向国会提交，作为整个联邦预算的组成内容。

2）国会方面，国会将审议由总统提交的政府公司预算，并依法批准通过财政拨款，以使政府公司获得必要运营的财务资源，并对政府公司规定需偿付的资本和利息。

（2）联邦政府的审计监管。美国政府公司财务报告依法由公司的监察长（the Inspector General）审计，或者由独立的外部审计师审计，这种对政府公司的审计与对政府的审计标准一致。审计完成之后，审计人员将审计报告提交给政府公司的首脑、众议院政府运作委员会主席及参议院政府事务委员会主席。

美国的总审计长（The Comptroller General of the United States）可以对这些公司的财务审计工作进行复审，就复审结果及做出的各种建议，总审计长要向国会、总统管理和预算办公室主任及政府公司首脑做出报告。根据总审计长的决定或者依国会委员会的请求可以审计一个政府公司的财务报告书。审计的全部费用由政府公司承担。

（3）联邦政府的经营成果监管。政府公司应当在财政年度结束后180天内，向国会递交年度管理报告。管理报告应当包括：财务状况书、运营状况书、现金流量表及预算平衡、由公司管理当局做出的关于内部会计和管理控制系统的报告书、由财务报告审计所产生的报告，以及必要的应向国会通报的与公司运营和财务状况有关的任何注释和信息。

在向国会提交管理报告的同时，政府公司应当向总统、管理和预算办公室主任及美国总审计长提交管理报告的副本。

四、结论及政策建议

（一）几点结论

1. 美国联邦政府公司是一种特殊的企业

美国政府公司与一般企业的共同点是都向社会公众提供市场导向的产品和服务。然而其特殊性表现在：

（1）不以盈利最大化为目标，以能够实现或接近实现收支平衡为目标。

（2）从提供产品或服务的性质上看，多具有经济学意义上的公共产品的含义，从企业功能上看，实现的是公共政策的目标。

（3）其产生的制度背景是不存在市场或市场不完善。

因此，美国的政府公司产生的制度基础是弥补市场失灵，是为了实现社会公平、增加就业、提供公共产品等公共政策目标而产生的。

2. 美国联邦政府公司数量少

美国联邦政府公司数量少，直接带来了监管国有企业的行政成本下降，降低了国有企业的监管成本，提高了国有企业的监管水平，从而有利于促进国有企业资产的运行效率的不断提升。

3. 美国联邦政府公司多以董事会治理为主

建立以董事会治理为核心的国有企业管控架构，政府对国有企业董事会的人选、董事长选任有决定权，董事或董事长又多是国家公务人员，但经理层多实行职业经理人制度，从职业经理人才市场中公开选聘。

4. 美国形成了对政府公司比较完善的法律和预算监管体系

尽管美国并没有像我国一样建立一个统一的监管国有企业的体制，但是建立了一个完善的法律和预算监管体系。每一家政府公司都有一个单独的法律对其成立的目的、经营方式、经营范围、法人治理架构、管理组织结构、公司存续时间等进行明确的规定。尽管对政府公司的预算管理不像对政府机构那样严格，但是对政府公司从预算的提出、审批到对政府公司的审计都有明确的制度规定，提升了对政府公司的监管质量。

（二）政策建议

1. 目前的国有企业应实行分类改革

目前，无论是国务院国资委的中央企业还是地方国资委的地方国有企业，分布在各行各业，行业分布面过宽。

如中央企业在国民经济95个大类行业中涉足86个行业，中央企业根据业务范围大体分布在三个领域：关系国家安全和国民经济命脉的关键领域、基础性和支柱产业领域、其他行业和领域。

关系国家安全和国民经济命脉的关键领域主要包括军工、电网电力、石油石化、电信、煤炭、航空运输、航运等行业。这一领域目前有40多家中央企业，资产总额占全部中央企业的75%，国有资产占82%，利润占79%。

基础性和支柱产业领域包括装备制造、汽车、电子信息、建筑、钢铁、有色金属、化工、勘察设计、科技等行业。这一领域目前有70家左右中央企业，资产总额占全部中央企业的17%，国有资产占12%，利润占15%。

其他行业和领域主要包括商贸流通、投资、医药、建材、农业、地质勘察等行业。这一领域目前有50多家中央企业，资产总额占全部中央企业的8%，国有资产占6%，利润占6%。

如北京市属国有企业集中于城建、工业、商贸、农业等行业，涉及20个门类中的17个，在国民经济的95个大类行业中涉足76个，行业分布面为80%。

我们认为国有企业应是一种特殊企业，[①]在市场经济下，不应有如此之广泛的分布。对国有企业改革不仅是战略重组的问题，而且应实行分类改革。对现在的国有企业分为Ⅰ类国有企业和Ⅱ类国有企业，并进行分类改革。

Ⅰ类国有企业，我们称做公益类的企业，即不以盈利最大化为目标，提供公共产品，实现公共政策目标的企业，按照特殊企业进行改造，按照国外“政府公司”形式进行再改造，主要是通过加强预算管理，出台针对这些政府企业的法律，在企业设立宗旨、经营方式、人事与财务制度、业务范围与方法、投资范围和数量等方面都作详细的规定。

Ⅱ类国有企业，即竞争性的企业，以建立现代企业制度为改革方向，股权多元化，整体上市，除个别的关系国计民生、民族产业的少量国有企业，国有资本应逐步退出竞争性行业。

2. 我国各级政府国有企业数量应逐步大幅度减少

目前，中央企业只有117家，但是其下属独资及控股企业超过1万家。截至2004年底，北京市国有企业60余家，但是，北京市国资委监管范围内三级及以上的国有及国有控股企业共有2915家，其中小型企业1875家，占64.3%。

从世界范围看，管理好如此众多的国有企业、如此庞大的国有资产的先进经验，其他国家是不可能提供的，只能靠实践。可行的办法之一仍然是减少国有企业数量，如果说2003年以来国资委主要是通过国有资产存量调整，减少中央企业的数量，那么接下来应该从流量调整减少中央企业，从“退”上下工夫。回到中共十五届四中全会决议精神，坚持有进有退，有所为有所不为，通过调整国有经济布局、国有企业的战略重组、国有企业的分类改革减少中央企业的数量。

3. 对Ⅱ类国有企业继续推进以董事会治理为主的国有企业治理模式

从西方国家的一般公司治理看，董事会作为公司的决策机构，一方面接受股东大会的委托，承担公司的重大决策；另一方面，又将执行权委托给经理层。董事会在公司治理中占据核心的地位。董事会治理是公司治理的中心，国有企业董事会设立和建设代表了这种公司治理发展的方向。

从西方国家的国有企业治理看，经济合作与发展组织（2005）发布了《OECD国家国有企业公

① 金碚. 何去何从：当代中国的国有企业问题. 北京：今日中国出版社，1997.

司治理指引》，该指引第六部分的标题就是“国有企业董事会的责任”，在该部分中要求，国有企业董事会应该具有必要的权威、能力和客观性，以履行其在战略指导和监督管理上的职能。根据政府和所有权实体制定的目标，国有企业董事会应该履行其监督管理层和战略指导的职能。它们应该有权任命和撤换首席执行官。

从我国国有企业运行体制看，国有独资企业不设股东会，由国资委行使股东会职权。除公司的合并、分立、解散、增加或者减少注册资本和发行公司债券必须由国资委决定外，国资委可以授权公司董事会行使股东会的部分职权，决定公司的重大事项。所以，应该确立董事会在国有独资公司治理中的核心地位。

当然，从全世界看董事会治理的形式多种多样，如可分为英美模式、日本模式和德国模式。国资委推行的董事会建设中，就是要建立外部董事占多数席位的国有企业董事会。因此，我们在国有企业改革中要坚持以董事会治理为方向，同时注重推行外部董事占多数的国有企业董事会。

4. 对Ⅰ类国有企业（政府公司）完善对国有企业监控的法律体系及预算管理体系

对改造后Ⅰ类国有企业逐步实行每一政府公司都一部法律或法规的规范，对政府公司的设立、经营、投资、法人治理、管理组织、存续时间都要有明确规定。同时，对政府公司实行预算管理，建立对政府公司的预算管理体系，纳入政府预算。

附：17 家美国联邦政府公司

1. 商业信贷公司 Commodity Credit Corporation
2. 美国进出口银行 Export-Import Bank
3. 联邦农产品保险公司 Federal Crop Insurance Corporation
4. 美国联邦存款保险公司 Federal Deposit Insurance Corporation
5. 联邦融资银行 Federal Financing Bank
6. 联邦监狱工业公司 Federal Prison Industries
7. 金融贷款公司 Financing Corporation
8. 政府国家抵押公司 Government National Mortgage Corporation
9. 美国国家铁路旅客公司 National Railroad Passenger Corporation（AMTRAK）
10. 海外投资公司 Overseas Private Investment Corporation
11. 养老金收益担保公司 Pension Benefit Guaranty Corporation
12. 旧金山普勒西迪奥信托公司 Presidio Trust of San Francisco
13. 重组融资公司 Resolution Funding Corporation
14. 圣劳伦斯海上航路发展公司 St. Lawrence Seaway Development Corporation
15. 田纳西河务管理局 Tennessee Valley Authority
16. 美国邮政 U.S. Postal Service
17. Valles Caldera 信托公司 Valles Caldera Trust

〔参考文献〕

[1] Kevin R. Kosar. Federal Government Corporations：An Overview Source. Congressional Research Service，2011.
[2] 赵旭东. 美国国有企业——联邦公司. 中外法学，1996（2）.
[3] 叶祥松. 美国国有企业管理体制给我们改革的启示. 东疆学刊，1996（3）.
[4] 金碚. 何去何从：当代中国的国有企业问题. 北京：今日中国出版社，1997.
[5] 经济合作与发展组织. 公司治理：对 OECD 各国的调查. 李兆熙，译. 北京：中国财政经济出版社，2006.

Research on Regulatory of the U.S. Federal Government Corporations

XU Wei

(School of Business and Administration of Capital Economics and Business University, Beijing 100070)

Abstract: Since the introduction from OECD guidelines on corporate governance of state-owned enterprises, the researchers around the world deepen the studies on the corporate governance of state-owned enterprises. This article mainly explores the regulatory of the U.S. federal government corporations from the nature, the characteristics, the body and the contents of the U.S. federal government corporations' regulatory system, put forwards four conclusions: the U.S. federal government corporations are special enterprises; their quantity is small; they make more use of board governance; they are under the regulatory of perfect law and budget supervision system. Finally, this paper proposes policy suggestion on promoting reform of state-owned enterprises in China.

Key words: State-owned Enterprises; Federal Government Corporations; Regulatory

【知识管理】

企业集团边界体系及有机构建

张学平

（首都经济贸易大学工商管理学院，北京 100070）

[摘 要] 从联结纽带、联结强度、业务相关性、分权程度、合分程度等方面细化企业集团边界，进而通过企业集团边界体系的有机构建，把企业集团打造成一个适应内外环境和集团战略变化、多元、互补、有序的有机体或是一个优于“管控”逻辑的企业集团组织的新思路。

[关键词] 企业集团；集团边界；有机构建

一、企业集团边界体系

企业集团是企业的组合，认识企业边界是认识集团边界的基础。但是，由于企业集团远比单个企业复杂，相应的，企业集团边界也比企业边界复杂得多。在我国集团边界研究中，于立、于左和陈艳丽（2002）①的研究最深刻和系统。他们遵循科斯、威廉姆斯关于企业边界的分析逻辑，指出企业集团“是介于企业与市场之间的一种中间型的组织形态，其本质特征是兼有企业属性与市场属性的‘二重性’”。他们认为，“企业集团内部的企业属性或市场属性的强弱取决于集团内部企业之间关系的紧密或松散程度。从核心层到紧密层，再从紧密层到松散层，企业集团内部的企业属性逐渐减弱，市场属性逐渐增强；同时企业集团的组织成本逐渐降低，企业集团的交易成本逐渐上升。反之则道理相反”。

过往企业边界的研究主要是研究企业与外部环境的边界，或者说主要研究的是企业的外部边界，关于内部边界主要是区分了纵向边界和横向边界。而集团由于是多法人联合体，法人间又有一定的层次结构，所以集团的边界不仅包括集团与市场的边界，还应包括集团内部边界结构。从企业边界研究到企业集团边界的研究本质的区分是企业边界研究主要是研究企业规模边界，而企业集团边界的研究除了研究集团整体规模边界，更主要的是研究企业集团的边界结构及由此形成的边界体系。

关于企业集团内部的边界划分，国内学者主要是按企业集团的一般分层办法进行的。王凤彬（2002）将企业集团的边界分为母公司内边界、母公司外边界、集团公司内边界、集团公司外边界四种。②母公司的内边界是指集团核心层，即“集团公司”法律边界范围内的部分；母公司的外边界包括集团公司及被作为其联合核算对象的集团紧密层企业；企业集团内边界包括集团公司及通

[作者简介] 张学平（1964—），首都经济贸易大学工商管理学院教授、管理学博士，研究方向：公司战略与重组。

① 于立，于左，陈艳丽. 企业集团的性质、边界与规制难题. 产业经济评论，2002（2）.

② 王凤彬. 集团公司与企业集团组织. 北京：中国人民大学出版社，2002.

过股权持有关系联结的所有紧密层和半紧密层企业；企业集团的外边界包括集团公司、所有通过股权持有关系联结的紧密层和半紧密层企业以及通过长期契约关系发挥影响力的集团协作层或松散层企业。王昶（2008）也将企业集团边界分为上述四种，但两学者对企业集团层次划分是不同的。王凤彬将企业集团分为核心层、紧密层、半紧密层、松散层四个层次，而王昶将企业集团分为核心层、紧密层、松散层三个层次。两学者在具体层次的理解也不同，前者将核心层理解为母公司及母公司的全资子公司、分公司等，而后者将核心层理解为母公司、全资子公司和控股公司。前者将控股公司及有实际控制地位的公司纳入紧密层，参股公司纳入半紧密层，而后者将参股子公司纳入了紧密层。两学者的研究很有意义，因为他们的研究紧密结合了企业集团发展的实践，并深入到企业集团的内部边界。但两者在概念上有不一致性，虽没有原则性问题，但不便于在一个口径或统一概念下讨论问题。

本文认为，可把企业集团边界研究进一步细化，从联结纽带及联结强度、业务相关性、合与分等细线条、多角度划分集团边界。具体分为：事业部、分公司、全资子公司、绝对控股子公司、相对控股子公司、参股公司、联盟公司、外包、购买的边界；新设子公司、吸收合并、新设合并、收购股权、联盟、收购资产、购买产品或劳务的边界、集团总边界[①]和子边界[②]等，如此便构成了企业集团的边界体系。每一个边界都有适宜的程度，也都是动态可调的，如绝对控股公司进入全资子公司或分公司的边界，也可以进入相对控股子公司、参股公司、非股权联盟公司、购买的边界。这种变化不一定是渐次的，也就是说控股公司可以从集团紧密层一次调为协作层，由集团的控股公司变成集团的联盟单位，甚至到集团边界外。从中也可以看出，企业集团不仅是业务多元化，其联结纽带、层级、市场、风险、交易结构也是多元化的。集团在某一方面实施多元化时，应系统考虑其他方面的多元化的配合与协调，否则很有可能是有漏洞的和有缺陷的。为此，应清晰集团的多元边界，通过选择和有效组合，使集团的组织是有序的、成员单位是互补的和多元的，才能构建一个协同的有机体，发挥多元功能，应对复杂的内外环境。

企业集团安排的下属单位可从事业部、分公司、全资子公司、绝对控股子公司、相对控股子公司、参股公司、联盟公司、外包到购买，如此长的链条足以使企业集团做出精细化的安排。企业集团安排某一个成员单位所处的链条的位置，是在选择该成员单位的性质和边界，从大的方面说实际上就是选择一体化还是非一体化，是选择集权还是选择分权，是选择企业组织还是市场组织。上述链条的组织形式是从一个极端（即企业组织）向另一个极端（即市场组织）过渡。随着市场组织成分的递增，企业的独立自主性也不断递增，松散层以外的企业即为市场组织。按照上述逻辑，我们还可以构建新设公司—增持股份—吸收合并—收购—参股的扩张链条、股票回购—分拆—分立—减持股份—出售的收缩链条、不确定—风险—确定的风险配置链条、本地市场—区域市场—全国市场—国际市场的市场范围链条、原料—供应—生产—销售—服务的产业链条等。上述链条上的每一点都有边界，集团的边界组织就是对这些点的选择和组合，链条越长，可选工具越多，组合越可能精细，调整越可能有空间，整体有机性越可能实现。如果集团的各成员单位分布一致或重叠现象严重，就难免产生同业竞争、共争资源、内耗严重、经营风险大等问题，难以实现集团有机化。

本文用雷达图（见图 1）反映上述思想。如果把集团公司的所有成员单位或主要成员单位在各链条上的边界标志清楚，管理者就能了解和掌握以下情况：

（1）各成员单位的边界组合情况。从图 1 可以看出，公司 A 与公司 B 的边界组合是不同的，相对于公司 A，公司 B 处在集团公司更加重要的位置，可能是由于公司 B 处在产业链的上游，是

---

① 总边界是指集团与市场的边界，即王凤彬和王昶所指的企业集团外边界。

② 子边界是指集团总边界内部的各种边界。

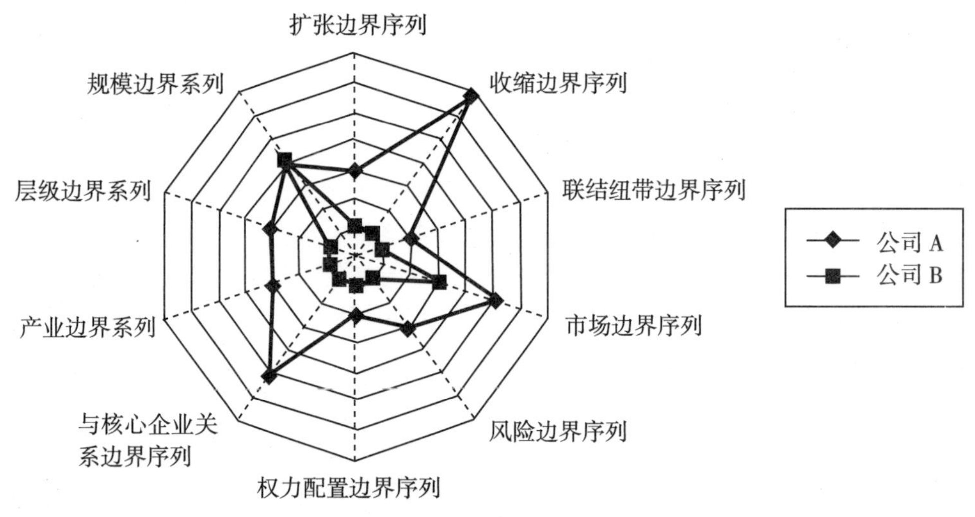

图1　集团成员单位的边界体系

集团业务的战略重点，所以，集团公司对其实施绝对控股，只是现在规模仅为小型企业，将来可以或正计划通过吸收合并方式扩张。此外，作为具有如此战略地位的公司，规模却仅是中型，是否急需扩大规模是企业集团要考虑的。

（2）集团在联结纽带、市场区域、产业分布、权力配置、与核心企业的紧密程度、计划要扩张和收缩的企业、扩张或收缩图的程度等方面的分布情况。通过对图中点、线分布情况的观察，可以看出集团总体层次分布是扁平的还是纵深的；产业布局如何、联结纽带如何、风险配置如何、目标市场布局如何、扩张与收缩的分布如何等。

（3）可以发现集团成员各单位边界组合及集团总体分布中的问题。在图上将集团公司的所有成员单位或主要成员单位在各链条上的边界标出后，就可以判断集团每一个成员单位的边界组合是否合理，如是否存在已规划作为公司战略重点的企业在关联上处在较低层次，就可以看出是否有某一点上分布过于集中或有过多重叠以及产业布局是否单一、风险是否过于集中、处在外层的边缘企业是否过多等问题。引用企业集团边界体系的概念，是为了说明企业集团组织的重要内容是在清晰各种边界的基础上，对各成员单位做出适当的布局，包括联结纽带、合理定位及是买还是卖、是集权还是放权，使核心企业与其他成员单位组成有机体，构建企业集团持续发展的基础。在后续研究中，除了集团总边界，将重点探讨股权与契约、并购与联盟、合并与并购、控股与参股、分立、分拆与出售的边界。

对企业集团边界进行细分，大大增加了企业集团边界的构成元素，就可以使各类组合呈几何级数增长，增加动态性和可调整性。全资子公司可以变成控股公司甚至参股公司，参股公司也可以变成控股公司甚至全资子公司；契约纽带可以变成股权纽带，股权纽带也可以变成契约纽带；分拆出去的子公司可以通过吸收合并后分公司化或全资子公司化，吸收合并的公司也可以通过分拆、分立再成为不同层次上的子公司；可以通过购买资产扩大某一成员单位经营边界，也可以通过分拆收缩某一成员单位经营边界。而上述一系列的变化，是基于企业集团战略变化所做的企业集团组织结构的相应调整。

二、企业集团边界体系的有机构建

通过对集团的有机组织使集团具有有机性，从而实现集团的可持续成长是本文的基本逻辑。现代控制论对于确定性和随机性经济系统的调节和控制已经有了一些较成熟的方法，但对于具有不确定性的、数目众多的独立法人组合体的控制和调节，特别是当经济系统的不确定性为常态时，单纯地运用控制理论表现出很大的局限性。讨论企业集团边界的意义在于指导企业集团组织的实践。为了适应动态的环境，企业集团内的各构成要素及上述所谈及的多种链条上的点组合在一起应是有章法的，应该有所为、有所不为，有远有近，要“纳新”也要“吐旧”，通过有效“排兵布阵”使集团及各成员单位形成有机整体，不断成长壮大。企业集团的边界包括总边界和子边界体系，下文将分别论述其组织。由于企业集团的子边界体系至少包含10个方面（见图1），集团内的成员单位可以用10个方面来精细化定位，而定位过程是有机组织集团的过程，其中的基础是清晰相关的各种边界。本文将选择针对性强的、过往研究较少的几个方面重点论述，包括股权与契约边界、并购与联盟、合并与收购边界、控股与参股边界、分立与分拆及出售边界。

（一）企业集团总边界

企业集团的总边界分为业务种类数、生产规模和成员企业数量。其中的企业集团规模分为集团规模及各成员企业的规模，成员数量包括同处一个层级的成员企业数量和有纵向股权关系的同一股权链条上的成员企业数量。本文把业务种类、生产规模和同处于一个层级的成员企业数量作为集团横向边界的研究内容，而把自制还是购买及有纵向股权关系的同一股权链条上的成员企业数量作为纵向边界的研究内容。

横向边界主要是研究规模经济和范围经济；纵向边界主要是研究纵向是否一体化。关于单体企业或者作为抽象概念的企业的横向边界与纵向边界的研究成果是大量的，在基本问题上已形成共识，多数也适用于企业集团，本文不再一一赘述，只是结合企业集团的特点，重点研究有现实意义的、与集团有机性紧密相连的三个问题：企业集团规模边界（横向边界）、企业集团同层级公司边界（横向边界）、企业集团层级边界（纵向边界）。

1. 企业集团规模边界

企业集团规模需考虑集团总规模及内部规模结构两个问题。于左、于立和陈艳丽等按照科斯企业边界确定的逻辑分析了企业集团边界的确定。他们认为，“对于说明企业集团的性质而言，需要关注的是集团内部的交易成本。而对于说明企业集团的规模或边界而言，则不仅要关注集团内部的组织成本和交易成本，还要关注整个企业集团或集团成员企业与外部的交易成本”。对于企业集团来说，当企业集团扩大规模时，集团外部交易成本并没有完全转化为组织成本，会有一部分仍然属于“交易成本”，只不过是集团内部的“交易成本”而已。他们认为，当集团吸收外部成员进入集团以扩大规模时，可以节约市场交易成本，但是会增加集团内部组织成本和内部成员企业之间的交易成本。即“企业集团内部的组织成本和交易成本二者之和构成了对企业集团外部市场交易成本的替代”。那么，当企业集团内部的组织成本和交易成本二者之和等于企业集团各成员企业完全通过市场进行交易的市场交易成本时，便是企业集团的最优边界；当企业集团内部的组织成本和交易成本二者之和大于企业集团各成员企业完全通过市场进行交易的市场交易成本时，应通过出售或剥离收缩边界。当企业集团内部的组织成本和交易成本二者之和小于企业集团各成员企业完全通过市场进行交易的市场交易成本时，企业集团将外部成员吸收为内部成员，或者是企业集团的外部成员加入企业集团，应通过收购、合并等方式扩张边界。

上述研究深刻而符合逻辑，只是因为依据的是科斯的理论体系，不免带着与科斯一样的缺陷，即难以核算集团内部的组织成本、[①]交易成本、[②]集团各成员企业的市场交易成本，尤其是对集团

① 对集团内部组织和内部交易成本进行核算是不可能的。有文献使用营业费用率、管理费用率来表示组织成本，用以进行比较决策，本文在后续研究中做出尝试。关于内部交易成本的讨论可以从内部市场研究作为突破口，研究内部资本市场是否有效率，说明集团规模边界是否适宜、内部资本配置是否有效。

② 所提供的样本均为知名企业，绩效在业内是佼佼者，有借鉴意义。

公司及集团各企业的交易成本的核算。如果按此理论解决现实中的企业集团边界选择问题，可谓无从下手。而且在现实中，企业集团选择边界可能不仅考虑成本，还会有如规模偏好、风险偏好、环境、战略、资源、税务筹划、转嫁危机等方方面面因素决定集团边界。重要的问题是，集团边界不仅存在集团与市场的总规模边界，还存在成员企业的规模边界。这样就产生了一个问题：同样的总规模，可能是由少数几个大企业完成，也可能是由众多小企业完成，即集团是多组织几家下属公司还是少组织几家下属公司。

本文通过 BVD-Osiris 全球上市公司分析库系统，收集了 159 家样本公司的附属公司分布情况，绘制成图（见图 2）。从中可以看出，有 65%的公司附属机构数在 4~9 家，附属机构在 20 家以下的公司数占总样本的 92%；如果把附属公司平均营业额最大和最小的前 10 家公司的附属公司分布情况统计出来（见表 1 和表 2），可以看出，样本公司中附属公司数最大的 6 家公司有 5 家包括在附属机构平均营业额最小前 10 家之列，而附属机构平均营业额最大 10 家中多为所包含下属机构较少的公司，甚至有 2 家只包括 4 个附属机构的公司，这说明集团规模的扩张可以通过做大集团内单个企业的规模，也可以通过做多集团内公司数，具体选择何种模式应综合考虑行业、地域分布、文化差异、风险程度、技术特性、组织成本、团队等特点因素；从样本公司中总营业额最大和最小的前 10 家的附属机构数的分布看（见表 3 和表 4），规模小的公司，下设的附属机构较少，一般在 5~14 家，而规模大的公司下设的附属机构较多，通常在 10 家以上，最多达到 993 家，公司间附属机构数量的差异较大；从各平均营业额区间所设的附属机构数区间可以看出，附属机构数与平均营业额基本呈正向关系，说明除了特殊行业，很难通过单独做大一个或几个公司而把整个集团做得足够大，通过做企业组合实现多元化比通过一个企业做业务多元化要容易成功，这是因为做企业组合是对各个专业团队的组合，而通过一个企业做业务多元化是寄希望于一个管理团队能对各业务实现专业化管理，这很难；图 3 表明，附属公司平均营业额在 1 亿~3 亿元的样本公司最多，达到 49 家，占比为 30.81%，另有 22 家样本公司的平均营业额在 10 亿~30 亿元，这也许可以作为拆分和合并的参照数据。通过图 4 可以看出，附属机构多的样本公司的各机构平均营业额很少，说明有的样本公司内有数量众多的小公司，这给集团公司带来了扩张的可能性，同时也增加了集团的组织成本，降低了集团的管理效率，增加了实现集团有机性的难度。

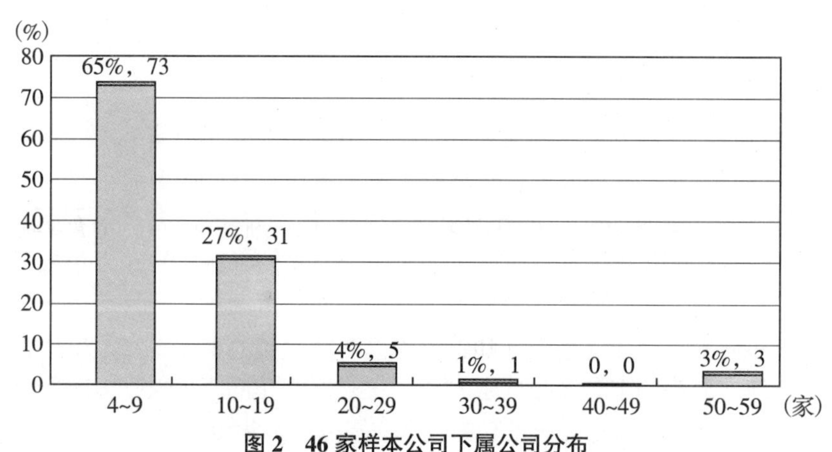

图 2　46 家样本公司下属公司分布

表 1　附属机构平均营业额前十大样本公司情况

序　号	公司名称	附属机构数（家）	平均营业额（千元）	总营业额（千元）
1	中国电信	11	97678818	1074467000
2	中国电子	10	18680600	186806000
3	中国船运	4	8702187	34808747

续表

序　号	公司名称	附属机构数（家）	平均营业额（千元）	总营业额（千元）
4	东方航空	5	8085009	40425047
5	马　钢	11	6382538	70207916
6	上海兰生	18	5905056	106291000
7	本溪钢铁	7	5528904	38702329
8	中国交服	6	5469610	32817662
9	中国联通	33	5307900	175160688
10	一汽轿车	4	5061364	20245457
平均		11		177993185

表 2　附属机构平均营业额前十小样本公司情况

序　号	公司简称	附属机构数（家）	平均营业额（千元）	总营业额（千元）
1	洪都航空	997	1595	1590338
2	中国石化	993	3098	3076189
3	华域汽车	594	9134	5425416
4	宁夏大元	9	13412	120712
5	国中水务	6	14481	86886
6	中航科技	999	16519	16502332
7	深能源	620	17155	10636129
8	熊猫烟花	10	17276	3785216
9	海南正合	10	25286	89688
10	粤电枫电	11	26518	151717
平均		425		3785216

表 3　不同附属机构数区间的平均营业额分布

附属机构数（家）	100 以上	51~99	31~50	11~30	1~10
附属机构平均营业额（千元）	170944386	67436207	28097944	39271473	8004310

表 4　总营业额前十大和前十小样本公司的附属机构分布

序号	总营业额前十大公司简称	总营业额（千元）	附属机构数（家）	序号	总营业额前十小公司简称	总营业额（千元）	附属机构数（家）
1	中石化	1476191000	993	1	国中水务	86886	6
2	中石油	1074467000	11	2	海南正合	89688	5
3	宝　钢	200635489	92	3	宁夏大元	120712	9
4	中国电信	186806000	10	4	粤电枫电	151717	6
5	中国联通	175160688	33	5	熊猫烟花	172755	10
6	中远航运	130578064	443	6	上海阳晨	188924	5
7	五矿发展	113203808	42	7	浙江东日	207970	7
8	中国神华	106291000	18	8	鲁新高新	345471	7
9	上海汽车	105882221	62	9	上海棱光	417991	5
10	山西太钢	83062856	18	10	上海凌立	623577	14

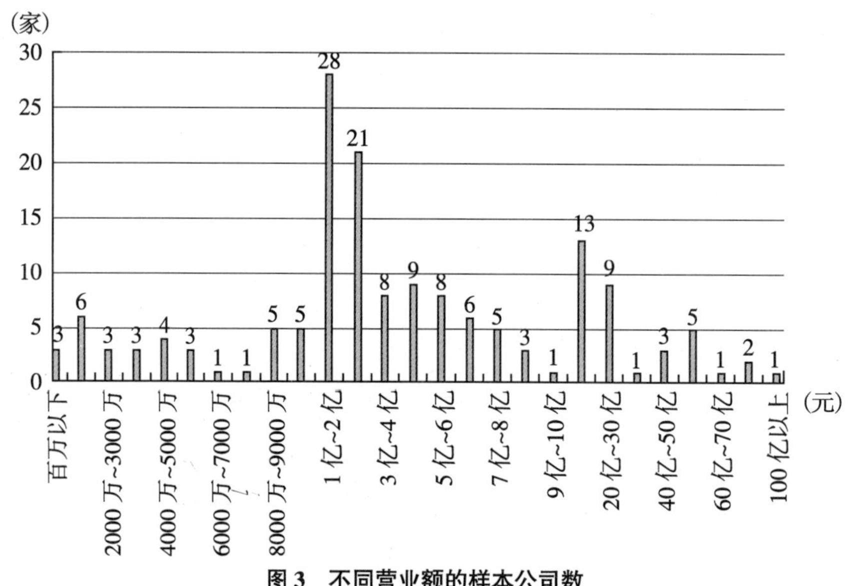

图 3　不同营业额的样本公司数

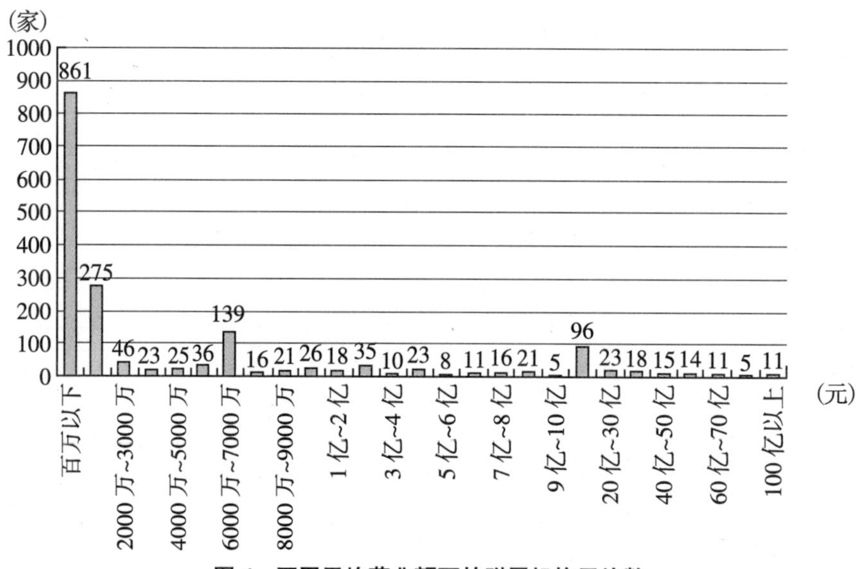

图 4　不同平均营业额下的附属机构平均数

上述只是理论分析和实践经验，企业集团在进行总体规模和成员间的规模结构选择时，应先判断当前的企业规模是“超载”的还是不足的。就企业某一时期的能力来说，如果企业的规模“超载”了，那么应该“卸载”，通过变控股为参股、非股权联盟直至卖出收缩规模边界。否则，集团就应不断把握扩张的机会。“其他条件相同时，企业规模在如下情况下将趋于更大：组织成本越低，且随着被组织的交易增多，成本上升越慢；企业家犯错误的可能性越小，且随着被组织的交易增多。失误增加越小，企业规模越大，生产要素的供给价格下降得越多（或上升得越少）……能够改善管理技术的创新都会使企业规模扩大”。①

2. 企业集团同层级公司边界

同级公司数是集团横向边界的一个方面，但在以往研究中很少具体提及。同级公司数与上一

① 科斯. 企业的性质//奥利佛·威廉姆斯，斯科特·马斯滕. 交易成本经济学经典名篇选读. 李自杰，蔡铭，等译. 北京：人民出版社，2008.

级公司的多元化程度密切相关。多元化是企业实现成长的通常做法。企业实施多元化的动机主要有实现企业相关业务之间的资源共享、分散风险和减少不确定性、利用企业研究开发过程中的副产品、市场机会的诱发作用、平衡市场周期的影响、减轻激烈的市场竞争对企业的影响、利用企业独特的资源优势进行业务扩展、管理者方面的原因等。①

范围经济是企业进行多元化的基础。当存在范围经济时，产品组合由一个企业经营时的总成本小于它们分别由不同企业经营时的成本之和。而存在范围经济的前提条件是企业所经营的各项生产、商务等诸业务之间存在着某种或某些联结性，即可共同利用某些资源，如技术、管理流程、渠道、商誉、土地等。此外，"要确定企业内部各种要素怎样配置，才更有利于团队的生产，总比确定企业以外的资源如何配置要更容易，也更准确。一个组织，要搞清楚如何把自己使用的资源形成最佳配置，总要比认识那些从外部得到的新资源（以及有关知识）省力得多。一个企业宁可修改已有的雇佣合同，也不肯贸然雇佣新的生产要素。就采用这种做法的程度而言，有理由认为，只要企业能生产多种产品，就不会坚持只生产一种产品。使用多种不同性质的资源进行有效的生产，并不是因为拥有了更好的资源，而是因为更确切地了解那些资源的生产用途。"②

多元化的业务需在集团内各成员单位配置。假设某集团经营 6 项业务，如果设立 6 家子公司，让每家公司经营一项业务，并安排在同一层次上，则集团在同一层级上的企业数目有 6 家；如果让其中的 1 家公司从事 2 项业务，则同级公司数变为 5 家；如果还是设计 6 家公司，还是让每家公司经营一项业务，但把其中的一家公司安排在下一层级上，则该集团公司子公司的数目是 5 家。那么应如何选择呢？管理幅度理论可以给予思维逻辑的指导。

一家公司可以控股几家子公司，可以理解为一个团队能管理几个团队。这是一个管理幅度和跨度的问题。这个幅度和跨度受多种因素的影响，如业务的多样化程度和差异化程度；技术、工艺、流程的复杂程度；内外环境的稳定程度；经营杠杆和财务杠杆程度；团队成员的知识、经验、能力以及集团文化等。控股的子公司多，意味着管理幅度和跨度大，难免造成管理不到位，同业竞争、内耗等问题。但是，缩小管理幅度和跨度，会增加公司层级，带来委托—代理成本的增加、管理效率低，降低下级团队积极性等问题。管理跨度是管理学中组织理论研究的重要内容，限制管理跨度是普遍的观点，但标准管理跨度是各个研究想解决但很难切实解决的问题。1921 年，汉密尔登提出："越接近整个组织的最高领导，那么进行工作就越应当向六人集体发展。"③ 1938 年林德尔·厄威克提出了著名厄威克原则，即"没有一个监督员能直接管理超过五个或者至多六个工作相互连锁的下属的工作。"④ 而美国管理协会于 1952 年和 1967 年分别发表了研究报告，对在当时被公认的管理良好的 141 家公司进行了调查分析，研究结果提供给大型公司和中型公司作参考。两份报告均指出大公司中向总经理报告工作的经理的平均数目为 8~9 个，在中型公司的实际结果是相同的。但 1952 年的报告中指出的向总经理汇报工作的数目为 1~17 个，而 1967 年的数据变成了 1~22 个。⑤ 上述研究说明最高层的管理跨度在不断突破。这可能是管理者的素质和员工的素质在不断提高，沟通的技术手段不断提高的结果。那么，在中国的管理知名大企业中集团下属机构分布如何呢，本文仍然利用 46 个样本的数据制成表 5，并分析如下：

从表 5 可看出，46 家样本公司的第一层级上的机构数并不大，总的分布在 1~55 家，平均数是 14 家，分布最多的是 4 家，有 6 个样本；其次是 16 家和 20 家，均为 5 个样本，超过 20 家的是个别公司，仅分别为 1~2 个样本，总计才 7 家，而这 7 家样本公司总的附属机构数都较大，分别为 37 家、26 家、993 家、39 家、620 家、75 家、122 家，营业总额也较大，说明第一层级公司

---

① 毛蕴诗，许倩. 范围紧缩为特征的公司重构与我国公司战略重组. 管理世界，2000（5）.

② 哈罗德·德姆塞茨. 所有权、控制与企业：论经济活动的组织. 段毅才，等译. 北京：经济科学出版社，2006.

③④⑤ 亨利·西斯科. 工业管理与组织. 段文燕，等译. 北京：中国社会科学出版社，1985.

表5　46家样本公司下属机构分布

公司序号	附属机构总数（家）	第一层机构数[①]（家）	同一级最多机构数（家）	最多机构数所在层级（层）	最多机构数所在层级的上一层级公司数（家）	总层级（层）	营业收入总额（千元）
1	999	19	385	3	15	9	16502332
2	997	11	385	2	11	8	1590338
3	994	4	441	6	152	10	1476191000
4	993	36	605	3	18	8	3076189
5	620	42	291	5	10	10	10636129
6	594	1	291	5	10	10	5425416
7	443	20	231	6	5	10	130578064
8	139	4	68	2	4	8	8807092
9	124	2	55	2	2	8	3288248
10	122	55	55	1	1	7	53349052
11	92	20	26	2	20	7	200635489
12	75	49	49	1	1	4	13927848
13	62	16	28	3	18	4	105882221
14	48	20	20	1	1	5	41891255
15	46	1	35	3	10	4	2493838
16	46	20	23	2	20	4	22592955
17	43	11	29	3	2	5	1425515
18[②]	42	21				3	2010852
19	42	6	22	3	14	4	9358764
20	42	5	20	2	5	4	113203808
21	39	38	38	1	1	3	3543752
22	39	11	28	2	11	3	67512397
23	38	16	21	2	16	4	2240813
24	37	23	23	1	1	3	3058855
25	37	4	16	4	1	6	58693933
26	36	12	22	4	1	5	1757231
27	35	14	20	3	1	4	3085723
28	33	4	16	3	1	5	33886893
29	33	5	15	3	1	5	175160688
30	32	20	20	1	1	4	6410173
31	32	13	19	2	13	3	24976322
32	26	23	23	1	1	3	27530019
33	18	2	16	2	2	3	6895108
34	18	16	16	1	1	3	51329332
35	18	16	16	1	1	3	106291000
36	17	6	10	2	6	3	3424432
37	14	10	10	1	1	3	9275886
38	13	12	12	1	1	3	2146810

① 指集团下第一层。其他统计也按此原则。总层级统计包括集团公司本身。

② 该公司有两个层级，每个层级机构数相同。

公司序号	附属机构总数（家）	第一层机构数①（家）	同一级最多机构数（家）	最多机构数所在层级（层）	最多机构数所在层级的上一层级公司数（家）	总层级（层）	营业收入总额（千元）
39	13	10	10	1	1	3	24512857
40	10	8	8	1	1	3	4793750
41	9	4	4	1	1	4	120712
42	9	8	8	1	1	3	4847126
43	7	6	6	1	1	3	345471
44	7	4	4	1	1	3	771114
45	6	1	3	4	1	5	3551179
46	5	3	3	1	1	3	89688

数是集团公司衍生和长大的重要基础。当在集团下的第一层级设计较多的附属公司并非一般公司、一般情况下的选择，少的选择 4 家、多的选择 16~20 家才是正常的，突破 20 家时应具备相应的能力和资源基础；在 46 家样本公司中，各样本公司的不同层次中，同一级最大机构数分布在 3~605 家，70%的公司的同一级的最大机构数安排在 30 家以下，其中 20~30 家的最多为 14 家样本公司，10~20 家的次之有 11 家样本公司（见图 5）；从每个样本最多机构所在层级看，80%多的公司在 3 层内，其中 18 家在第一层级，占比为 40%（见图 6），这说明集团公司一般不会在远离自己的层级设计太多的公司，用以控制风险；至于上一级机构数是否会影响下一级的机构数，从样本公司

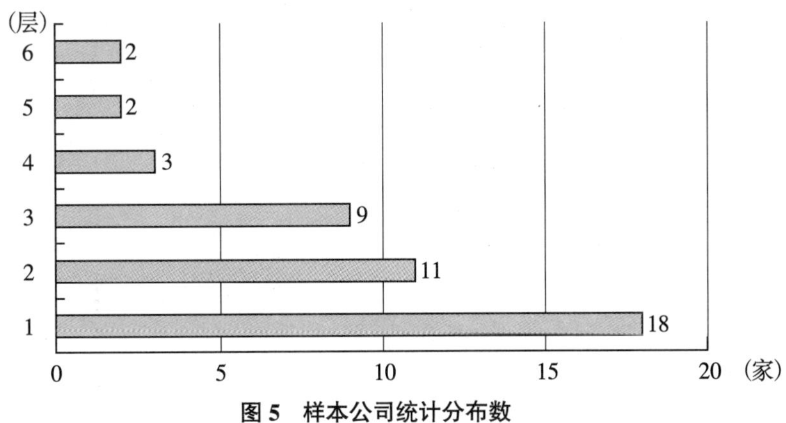

图 5　样本公司统计分布数

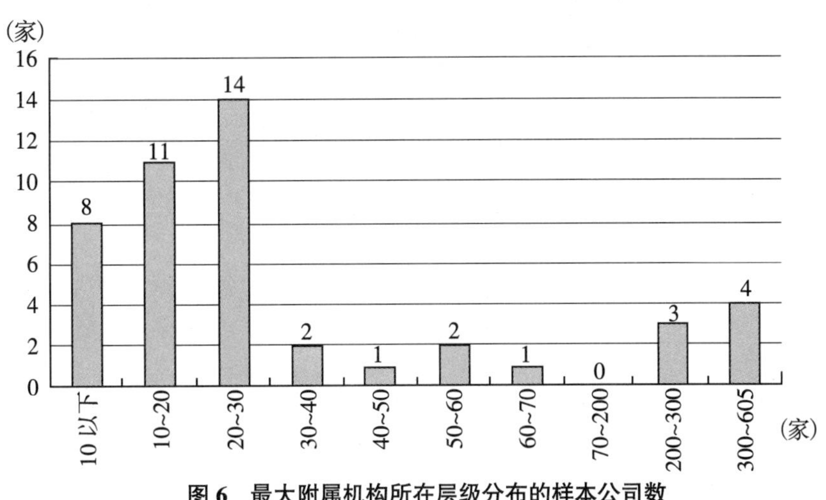

图 6　最大附属机构所在层级分布的样本公司数

看，得不出明确的结论。

由于没能收集到样本公司反映绩效方面的数据，加之所选样本公司均为我国各行业中的优秀企业，本文在此未做有关绩效的实证研究。管理跨度和管理层级是相互影响的，结合起来形成集团公司的架构，未来将在讨论公司架构时收集更广泛的样本，进行绩效方面的实证探究，可以丰富本部分内容。

3. 企业集团层级边界

企业纵向边界的研究多集中于讨论纵向一体化，但鲜见纵向一体化后的企业集团的架构安排，即仅讨论了将产业链中的业务纳入集团，没有讨论纳入集团后的“位置”安排以及集团架构的调整和变化，是让核心企业从事所有业务而不增加下属子公司，还是增加下属公司而使每个下属公司从事产业链中的某一个业务的生产，增加了的下属公司如何安排，是安排在同一个横向层级，还是安排在上下层级，是与现有企业同级，还是增加层级，这些问题是一体化后的现实问题。本部分即将要讨论的企业集团层级边界是指总层级边界，讨论的是企业集团层级多少的设置。集团公司的最下面的层级通过新设、收购或分拆等方式产生下属公司，则集团总层级边界将扩大。否则，企业集团最下面层级的公司被其上面的任何一个层级的公司吸收合并，或者集团将最下面的层级的公司全部卖掉，则集团总层级边界会缩小。如果企业集团一个层级一个层级不断向下衍生，则会使集团层级纵深化。相反，企业集团不断减少层级，则会使集团层级扁平化。

纵深化还是扁平化是集团组织的重要问题。但单体企业规模和多元化发展到一定程度，会衍生出多个企业形成集团，集团随着规模的扩张和不断多元化，就会快速和大量的衍生企业，而对这些企业的组织应是有序的、有机的。集团增加层级带来的是委托—代理链条、信息链条、管理控制链条、资金链条、权力配置链条的增加，从而带来委托—代理成本的增加、管理效率的下降、管理失控、财务风险的增加、权责不清等问题。而减少层级，在不减少成员单位数的情况下，必然会使同级成员单位数增加，加大核心企业的管理跨度，容易产生同业竞争、权力集中、激励机制缺乏、风险集中、战略层次欠清晰、核心企业难于平衡诸多下属单位的利益等问题。而减少成员单位数，面对的又是不能分享分工效率、单一企业发展规模受限等问题。显然过分的纵深化和扁平化都是不可取的。如果把集团的各元素细化，就会找到更多的工具，寻求对上述问题的平衡。事实上，集团下属的 11 家公司可以安排在同一级，此时集团有 2 个层级，也可以安排成全部为纵向链条，则集团的总层级为 12 个层级，这是两个极端的情况，而中间组合可以有许多种，这是需要集团选择的。

当集团内处在最低层的企业进行分拆时，会增加集团的总层级。如果按科斯关于企业性质的研究逻辑分析，企业内部组织成本的上升或市场外部交易成本的下降应构成企业分拆的主要诱因。当管理效率低下、机会主义行为普遍、规模不经济时，企业的内部组织成本会上升；而当出现技术进步、社会契约（政府或外部机构制定的法律性的契约）不断完善时市场交易成本会下降。

当然，有些集团不断增加层级，进而使集团架构越来越复杂，并非从交易成本和组织成本的角度，而是基于某种意图，包括解决资金的稀缺性、规避监管、隐秘身份、转移财富的目的。①

（二）股权纽带与契约纽带的边界

根据交易成本理论，集团公司对集团内成员单位是选择股权纽带还是契约纽带，主要是由交易的性质或者潜在的交易费用的多少决定的。资产的专用性越高、交易的频率越高、不确定性越高，则潜在的交易费用越大，越需要建立稳定的联系、引用权力机制，设立更有效的保障机制，此时，集团会选择股权连接，从参股、相对控股、绝对控股直至设立全资子公司。否则，当交易

---

① 邓淑芳，姚正春，李志文. 收购人层级与收购后上市公司长期绩效. 南开经济评论，2006（6）.

一般不涉及专用性的资产、交易双方的身份特征不重要、交易伙伴可随时另找、没有必要设立专门的保障机制时，集团会选择契约甚至外购。长期的契约关系可使交易手续简化、交易关系稳定，交易费用节约，比外购有积极意义。当面对动荡剧烈的市场、扩张的风险较大时，签订相对稳定的契约是集团正确的选择。当然，签署契约的风险是要经过充分识别的。签约方的机会主义行为包括侵占资源、歪曲信息、提供低质量的产品和服务、随时毁约、要挟等。

（三）并购与联盟的边界

本文所研究的联盟是指狭义上的企业联盟，即非股权的契约式的企业联盟。对已选定的目标公司是选择并购还是联盟，前提是分清并购与联盟的利弊（见表6）。

表6　并购与联盟的利弊比较

	有利之处	不利之处
并购	①获得对目标公司的所有权和控制权 ②迅速进入目标市场 ③直接消灭竞争对手 ④充分应用学习曲线效应	①估值困难，难免溢价收购 ②并购后整合难度大 ③退出壁垒高 ④当环境变化超预期时，会加重企业经营风险 ⑤由于企业数增加，会增加集团组织成本
联盟	①具有灵活性和松散性，降低了集团新领域或地域的开发风险和成本以及由于环境变化带来的调整风险 ②不会带来集团层级或企业数增加，可减少组织成本 ③没必要购买一揽子资产，资源的互补性和协同性强	①各协议方之间约束有限 ②合作时间有限 ③合作稳定性差 ④缺少对协议方的控制权 ⑤关系和运作复杂 ⑥契约方有机会主义倾向

张秋生所领导的团队对并购与联盟的边界的认识是系统的、深刻的。他们的研究显示：根据交易成本理论，当与一项交易相关的交易成本是中等的，没有高到有必要采用垂直一体化时，应采用联盟方式；否则，当存在高交易成本和低生产成本（即协作和学习成本）时，应选择并购。[①] 根据资源理论，当抓住机遇所需的关键投入要素为不同的主体所有，而且这些投入要素不能与所属企业的其他资产分离时，最好选择联盟；否则，当一个企业需要的资产没有与被投资企业的其他不需要资产混合，通过购买该企业或其部分就可以获得这些资产，以及如果市场是宽松的或者企业正在追寻广泛资源能力战略，因为联盟缺乏激励，集团就会选择并购。[②] 在实践中，集团应根据各方面因素做出选择。通常情况下，当环境的不确定性高、知识的分散性高、机会主义行为而引发的行为的不确定性高、协同效应有限、联盟后的管理成本低、集团自身整合资源有限、集团本身的知识隐含性较高、集团自身吸收能力强时，适宜选择联盟。反之，选择并购。还有研究表明，“就核心业务和现有地理领域而言，收购的成功率较高，而就进入相关领域或新的地理市场而言，则联盟更加有效”。[③] 因为双方在同一地理市场都有实力，两者联盟则容易导致竞争和冲突。

（四）合并与收购的边界

集团公司在扩张边界或整合内部子边界时，是选择收购还是选择合并，对集团总边界和集团架构有直接影响。如果选择收购的方式，假设由公司 A_1 收购公司 A_8、A_9、A_{10}、A_{11}，从集团公司的角度看，将不减少集团下属公司数，但会增加收购公司的下属公司数及收购公司下一个层级的同级公司数。图8反映了收购发生后的集团架构。从中可以看出，与图7所示的原集团架构相比，

①②③ 张秋生. 并购学：一个基本理论框架. 北京：中国经济出版社，2010.

收购发生后，集团公司的下属公司数不变，仍为 11 家，但集团下的二级公司会减少 4 家，变为 7 家，同时，集团下二级公司 A_1 的下属公司即集团下三级公司增加了 4 家公司。由此，使得集团公司直接持股公司由 11 家变成 7 家，其余 4 家由 A_1 直接持股，反映着业务及管理架构的重整；如果选择吸收合并的方式，假设由公司 A_1 吸收合并公司 A_8、A_9、A_{10}、A_{11}，从集团公司的角度讲，将减少下属公司数即被吸收合并公司原所在层级的同级公司数，图 9 反映了吸收合并发生后的集团架构。从中可以看出，集团公司下属公司数从 11 家变成 7 家，公司 A_1 的经营规模将大幅增加。总的来说，收购后，被收购公司仍然作为独立法人存在，有独立利益，整合程度有限；由于收购后，被收购公司会被降低层级，要面对来自被收购公司多方面的压力，操作难度加大；如果是使用现金支付方式，收购的方式会产生大量税收。而吸收合并不会产生上述问题，但会影响被并购公司管理层的积极性；由于扩大了单一企业规模，可能增加组织成本，有产生规模不经济的风险；公司业务集中程度降低，证券价格可能越低，影响公司估值。总之，清晰收购与合并的边界，是集团公司内部整合或将外部公司一体化入集团公司的决策基础。

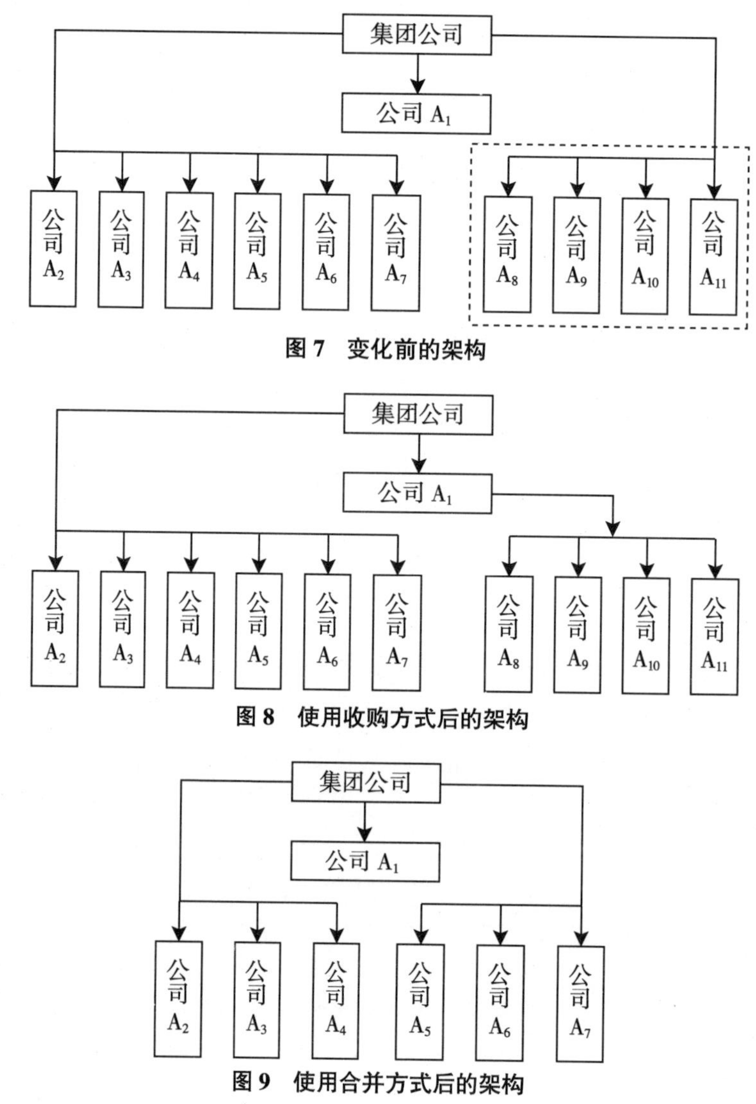

图 7　变化前的架构

图 8　使用收购方式后的架构

图 9　使用合并方式后的架构

（五）参股与控股的边界

从本文所搜集的 931 家集团看，集团公司内的上市公司的全资子公司数、控股数远多于参股数，931家样本公司中有454家没有参股公司，在478家有参股公司的样本中，有252家样本仅有1~2家参股公司。说明总体来看，企业集团有控制权偏好。拥有控制权的股东，拥有公司重大事项的话语权，能更有效地维护自身利益，落实自身的战略意图。此外，当公司控制权转移时，可以获得控制权溢价。根据美国学者基于美国市场并购案中对控制权溢价水平的实证研究，控制权溢价水平区间范围较大，为25%~75%，通常为30%~40%。一般情况下，集团公司对公司的核心业务（如技术设计、原材料等上游产业、品牌业务、销售网络等）、战略重点业务、代表集团未来发展的新兴业务、为集团提供大量现金流的业务选择控股。当然一味对下属公司全部实施控股并不可取。参股作为介于控股和契约性联盟边界体系中的一环，有其独特优势。其纽带特征既不如控股那样紧密，也不像联盟那样松散。当达不到绝对控股条件，实施联盟策略又影响可靠性和学习时；当需要把握市场或技术的发展，集团自身又暂时难以成为主角时；尤其在动荡环境中或某产品或市场的成熟度不够、经营伴随较大风险时，参股是适宜的。参股通常是执行集团战略意图的重要步骤。参股可以成为集团随时变化的筹码，意义变得重大时，通过增持实现控股；若战略地位下降，即减持股权直至全部售出。

（六）分立、分拆、出售的边界

分立、分拆、出售是企业收缩的三种基本方式。[①] 纯粹的分立（Spin-off）是指母公司将其在某子公司中所拥有的股份，按母公司股东在母公司中的持股比例分配给现有母公司的股东，从而在法律上和组织上将子公司的经营从母公司的经营中分离出去。这会形成一个与母公司有着相同股东和持股结构的新公司。在分立过程中，不存在股权和控制权向母公司和其股东之外第三者转移的情况，因为现有股东对母公司和分立出来的子公司同样保持着他们的权力。此外，还有换股分立和解散式分立之说。换股分立（Split-off）是指母公司把其在子公司中占有的股份分配给母公司的一些股东（不是全部母公司股东），交换其在母公司中的股份。它不同于标准的分立，在并股中两个公司的所有权比例发生了变化，母公司的股东在并股以后甚至不能对子公司行使间接的控制权。并股不像标准的分立那样经常发生，因为它需要一部分母公司的股东愿意放弃其在母公司中的利益，转向投资于子公司。在标准的分立后，母公司的股本没有变化，而在换股分立后母公司的股本减少。解散式分立（Split-up）与标准的分立比较相似，是指母公司将子公司的控制权移交给它的股东。在解散式分立中，母公司所拥有的全部子公司都分立出来，因此，原母公司不复存在。在拆股后，除管理队伍会发生变化以外，所有权比例也可能发生变化，这取决于母公司选择怎样的方式向其股东提供子公司的股票。在我国还存在着一个企业分成两个及两个以上的公司的分立。如上市公司东北高速分立为吉林高速和黑龙江交通。分拆也称持股分立（Equity Carve-out），是将公司的一部分分立为一个独立的新公司的同时，以新公司的名义对外发行股票，而原公司仍持有新公司的部分股票。分立与分拆的不同之处在于：在分立时，分立后的公司相互之间完全独立，可能有共同的股东，但公司间没有控股和持股关系；而持股分立后的新公司虽然也是独立的法人单位，但同时原公司又是新公司的主要股东之一，原公司与新公司之间存在着持股甚至控股关系。而出售也称资产剥离（Sell-off），是指公司将某一部分股权或资产出售给其他企业。表现为减持或全部出售掉对某一公司的股权或公司的资产。纯粹分立的优点主要表现在：各个独立的公司易于发挥各自优势，发展各自的主业；由于有分权效应，有利于激发分立公司管理层的积极性；上市公司的主动分立，通常会带来超常收益；[②] 有利于化解原各部门、各分公司或庞大业务组织所带来的矛盾、冲突和成本；可以避免某一业务或部门出现问题时其他业务或部门“连坐”

---

① 是否分立、分拆和出售关键是组织成本和交易成本的权衡，见本文第二部分关于交易成本理论的综述。

② 周春生. 融资并购与公司控制. 2版. 北京：北京大学出版社，2007.

（严介和，2006）的风险；有利于防止恶意收购。换股分立非现金回购公司股份或使某一股东撤出的独特功效。而解散式分立会减少层级，降低委托—代理成本。分立有可能带来的问题有：随着股权分割的完成，庞大的规模和产品多样化所创造的企业优势将消失；标准分立过程将伴随资源的重新分配过程，也包括债务的分配过程，由此会使集团面临动荡和冲突；分立后，各公司之间合作的基础将变得薄弱，在共同面对同一市场时，彼此间的竞争将不可避免，有可能产生大量关联交易。

分拆的优点主要表现在：母公司可以分享到分拆后的子公司的发展；可激励子公司管理层的积极性，但比分立的激励效应小；减轻母公司的资金压力；有利于压缩母公司的管理层级；分拆上市给母公司带来资本市场的财富效应；可以分散母公司的经营风险；分拆的突出问题表现在由于增加层级，增加了委托—代理成本；同时由于母公司拥有对分拆公司的控制权，会产生大股东和小股东的冲突；母子公司的关联交易会增加。而出售不涉及公司股本变动，也不涉及大量现金流出，不会面临股东与债权人的压力；可以直接获得现金或等量的证券，这对于企业来说很有吸引力；会计处理最为简单，无论在国外还是国内的会计制度中对资产出售的会计处理有简洁明确的规定；通常不会伴有资产重组过程，所以过程简单且不会造成企业内部动荡和冲突；可以直接产生利润；通过出售，企业可以把不良投资彻底处理掉，也可以把一项优良投资在合适的时机变现，这是分立、分拆手段所不能实现的。出售的问题表现在：出售产生利润，企业需缴纳所得税；出售的易于操作性，使得企业轻易选择这种手段，而后反省时发现，很可能是在不合适的时机，以不合适的价格卖出了本不该卖出的资产。

分立、分拆和出售会带来集团横向边界和纵向边界的变化。分立会使集团总层级减少或不变，但某一层级的同级公司数增加。而分拆会使集团的总层级增加或总层级不变但某一层级的同级公司数增加。

〔参考文献〕

［1］［美］哈罗德·德姆塞茨. 所有权、控制与企业：论经济活动的组织. 段毅才，等译. 北京：经济科学出版社，2006.

［2］［美］奥利佛·威廉姆斯，斯科特·马斯滕. 交易成本经济学经典名篇选读. 李自杰，蔡铭，等译. 北京：人民出版社，2008.

［3］Tor Hernes. 发挥并限定组织边界的特性//尼尔·保尔森，托·赫尼斯. 组织边界管理. 佟博，陈树强，马明，等译. 北京：经济管理出版社，2005：27

［4］李海舰，原磊. 论无边界企业. 中国工业经济. 2005（4）.

［5］于立，于左，陈艳丽. 企业集团的地性质、边界与规制难题. 产业经济评论，2002（2）.

On the System of Enterprise Group Boundaries and Organic Structuring

Zhang Xueping

（School of Business Administration of Capital Economics and Business University，Beijing　100070）

Abstract：Refine the enterprise group boundaries from the link，connection strength，relatedness，decentralization，and degree etc. And then，through the construction of enterprise group boundaries system organically，create the enterprise groups to a role that adapting to the internal and external environment，and adapting the change of group's strategic，and being a multiple，complementary，and orderly organism. Or create a new idea of enterprise group which superior to the "control" logic.

Key words：Enterprise Group；Boundary of the Group；Organic Building

【知识管理】

风险投资过程中的知识转移研究

李 军[1] 柴围围[2]

(1. 山东大学管理学院，济南 250100；
2. 天津市红桥区西于庄街道办事处，天津 232211)

[摘 要] 本文以风险投资公司为主体，分析了风险投资过程中知识转移的特殊影响因素，构建了知识转移分阶段模型并进行了分析阐述。发现风险投资公司对风险企业间有效成功的知识转移不仅能够提高投资的成功率，而且能够完善风险投资公司知识结构，促进风险投资公司和风险企业双方的共同成长。

[关键词] 风险投资；风险投资公司；风险企业；知识转移

一、引 言

近年来，我国风险投资业得到了快速发展，有力地促进了高新技术成果转化为商业价值的进程。与此同时，对于风险投资的研究也越来越多，但这些研究主要集中在风险投资的投融资职能上，对于其增值服务职能的研究较少，而在增值服务研究中涉及知识转移的更少。本文以风险投资公司为主体，研究风险投资过程中的知识转移问题，不仅可以丰富和完善风险投资理论和知识转移理论，而且具有一定的理论价值；同时能够引导风险投资业更加注重知识因素，在投资过程中主动导入知识管理，促进知识转移，提高投资成功率，推动风险投资公司和风险企业双方的共同成长，实现互利双赢，因此也具有重要的实践价值。

二、文献回顾及评述

在国内外关于风险投资与知识转移两方面的大量相关文献资料中，涉及风险投资过程中知识学习和转移问题的文献比较鲜见，综述其主要理论和观点如下。Gompers 和 Lerner（1998）认为，公司开展风险投资不应过分注重财务收益，其潜在损失可以通过风险投资的间接投资收益得到补偿，这种补偿被学者称为“战略收益”（Strategic Benefits）。其中最重要的“战略收益”提供了一个“学习窗口”，通过这一窗口可以随时获取最新的与自己核心业务有关的技术或市场信息，从而做出相应决策。甚至在创业企业完全失败的情况下，只要战略收益超过初始投资，这一投资活动

[基金项目] 国家自然科学基金（批准号：71073076）、教育部人文社科青年基金项目（批准号：10YJC790410）、江苏省教育厅人文社会科学研究项目（批准号：2011SJB790004）资助。

[作者简介] 李军（1963—），山东大学管理学院教授；柴围围（1986—），山东大学管理学硕士，天津市红桥区西于庄街道办事处干部。

就不算坏的结果。这种战略收益可能来自其拥有的技术仍具有较高价值，也可能失败本身就具有很大的价值，从而降低了公司以后创新活动失败的可能性。Barbara Weber 和 Christiana Weber（2007）通过实证研究提出风险投资公司与风险企业间的意愿匹配、情感匹配和信任度与知识转移呈正相关，双方间显性知识与隐性知识的关联度与知识转移呈倒“U”形关系。徐晋提出在考虑声誉的情形下，风险投资家与风险企业家之间、风险企业内部成员之间知识传递者进行知识转移的努力程度与其在知识产出中的分享成正比；知识传递者的声誉、知识产出系数的提高，有利于推动知识转移；而知识转化的成本的增加，则不利于知识的转移。

总之，在以往的研究中少有将风险投资与知识转移理论结合起来系统研究风险投资过程中知识转移问题的文献，主要表现为：一方面，虽然涉及知识转移的文献众多，但系统研究风险投资领域中风险投资公司与风险企业间知识转移的文献却很少，上述几篇文献也仅仅是研究双方间知识转移影响因素，没有对双方间的知识转移过程及效用进行研究。另一方面，在风险投资领域，研究风险投资公司与风险企业关系的文献很多，但很少涉及双方间知识转移问题。随着风险投资的不断发展，传统的风险投资方式对风险企业的贡献越来越显现出其局限性。风险企业不再简单地只是寻找短缺的资金，它们越来越重视附加在资金上的额外价值。附加价值的获取与实现取决于双方间知识的有效转移，同时，更重要的是知识转移的效果很大程度上影响着风险投资的效果，对风险投资的持续发展具有重要影响。

三、风险投资过程中知识转移影响因素分析

风险投资过程中的知识转移与其他组织间知识转移相类似，也会受到如知识传递者、知识接受者、知识本身特性等因素的影响，在这里就不再做详细阐述。但风险投资过程中两大主体——风险投资公司与风险企业作为该过程的利益共同体，其关系匹配应当作为一个非常重要的特殊影响因素加以详尽分析。“关系匹配”由 Barbara Weber 和 Christiana Weber（2007）提出，包括社会网络、情感匹配和意愿匹配、信任度、知识关联度等。

（一）社会网络重叠度

广阔的社会关系网为风险投资公司资本的增值提供了保障，使其能够在市场中容易找到合适的风险企业。风险企业在运营管理过程中需要大量的资源，而风险投资公司在向风险企业投资的同时，还能提供广阔的社会网络资源，利用这些关系资源风险企业探索新机会，寻求新发展。一般来说，风险投资公司与风险企业间关系网络处于合适的程度时，能够大大增强双方间的知识转移效果。如果风险投资公司与风险企业各自的社会关系网络完全相同时，风险投资公司没有独特的网络优势，风险企业从风险投资公司处得不到任何额外的关系资源，也就没有动力和意愿继续与风险投资公司合作，它们之间的知识转移程度就很低；如果双方的关系网络有部分重叠，则双方存在值得对方学习和利用的关系资源，此时知识转移程度就有所提高；若双方的关系网络完全不相关，或者说风险投资公司的关系资源对风险企业没有任何帮助，即使风险投资公司有很广阔的关系网，对风险企业也是毫无价值，此时双方间知识转移程度也会很低。可见，双方关系网络存在一定程度的重叠时，对双方间知识转移是有积极影响的，而总体来说，双方间社会网络重叠度与知识转移呈倒“U”形关系。

（二）意愿匹配和情感匹配

意愿匹配指的是合作伙伴愿意进行合作，是一种理智的行为。对于风险投资公司和风险企业来说，如果双方有高质量的合作团队，并且有相似或相同的目标，则双方就会愿意贡献各自的知

识达成知识共享协议并共同遵守，共同学习对方知识并一起创造新知识。基于信任的一般合作动机和公平能促使风险投资公司与风险企业进行合作。信任和公平是意愿匹配的前提。当双方目标或兴趣冲突时，处置不当通常会导致关系破裂，但由于意愿匹配可以导致合作行为，双方都会理智地去看待合作，所以只要双方愿意合作，关系还是可以维持下去的。良好的合作关系能够促使双方取得各自的利益，获得成功。在合作过程中还会有大量的知识交换，进而能够提高企业经营效率和盈利能力。因此，意愿匹配能够推动知识转移，对知识转移有积极影响。

情感匹配指的是个体之间或团队之间情感的兼容性。在风险投资公司与风险企业合作初期，情感交流发挥着重大的作用，有助于双方互相了解，拉近距离，建立初步关系。在合作过程中，情感匹配能够加强彼此的信任，有助于进行互动，自由地交流意见。双方间由于是不同性质的公司，文化差异有可能较大，双方合作容易产生文化冲突，彼此不适应对方环境，这样会减少承诺，降低合作效率，破坏企业经营绩效。而如果双方情感匹配，它们会彼此积极地看待对方，促进信任的发展，强化合作意愿，进而促进知识转移。

（三）信任

信任是一种心理状态，是相信其他个体或组织的意图和行为对自己无害，在必要时愿意接受对方弱点的意愿。它有利于人们对信息的认知和加工，减少对信息的抵触和防范行为。对于风险投资公司与风险企业来说，信任关系能够促进双方合作，减少合作期间的冲突行为，并能促进有效沟通，提高转移信息的质与量，增进双方对所关注的问题进行沟通，互相激发、互相学习，在互动中创造新知识、解决新问题。双方间信任度越高，其沟通越通畅，知识转移越顺利。同时良好的合作关系又能进一步增强双方信任，增进双方互相沟通，提高知识转移效率。由此，信任、合作和沟通处在一个良性循环中，互为因果，互相促进，共同推动着知识转移的进行。另外，风险投资家与风险企业家的良好私人关系也能促进知识转移。良好的私人关系一方面可以使风险投资公司更好地了解风险企业创新观念、经营管理理念和组织文化，消除这些因素构成的沟通交流障碍，把其转化成合作创新的优势；另一方面可以弱化个体间的知识保护欲望，更有利于隐性知识的共享与认同，通过私人间的频繁接触互动和相互磨合，共同参与实践活动，实现隐性知识的转移和共享。

（四）知识关联度

知识关联度涉及知识相似度和知识重合度两个概念。知识相似度是指知识性质上的类似程度，是否具有相似的知识基础。知识重合度是指在知识内容范围上的交叉程度。对于风险投资公司和风险企业来说，双方间要发生知识转移，尤其是隐性知识转移，必须相互接触沟通交流。如果双方存在共同的知识基础，即知识相似度较高，沟通就很容易进行。Grant（1996）指出当现有知识与吸收的新知识相关时，学习和利用知识资源的能力是最大的。所以双方知识相似度高，学习和利用对方知识资源的能力也越强，更能促进知识转移。如果双方知识基础显著不同，他们就难以进行沟通和互相理解，甚至导致轻视或漠视对方的知识，更不会主动去吸收和利用对方知识，知识转移很难发生。但是，如果知识基础完全相同或基本相同，也不利于知识转移，因为太多相似的知识限制了双方积极讨论。所以知识相似度与知识转移呈倒“U”形关系。在风险投资公司与风险企业存在一定知识基础的情况下，风险企业如果要吸收和创造新知识，必须寻找与自身知识存量存在差异的风险投资公司，即与之知识重合度较低的合作伙伴，因为知识重合度越高，从对方学到的知识越少。一般来说，风险投资公司和风险企业愿意寻找知识相似度比较高，重合度又比较低的合作伙伴，这样知识转移量比较大，双方会从对方学习更多的知识，从而优化他们的知识转移和创新。

四、风险投资过程中知识转移模型

风险投资整个运作过程包括三个阶段：筹资阶段、投资阶段和退出阶段。本文的研究范围不包括筹资阶段，只限定在后两个阶段，为研究方便，笔者将其划分为三个子阶段，即寻找项目阶段、投资管理阶段和投资退出阶段。基于风险投资过程分析和诸多学者对知识转移过程的研究，本文提出风险投资公司与风险企业间知识转移三阶段模型，如图 1 所示。

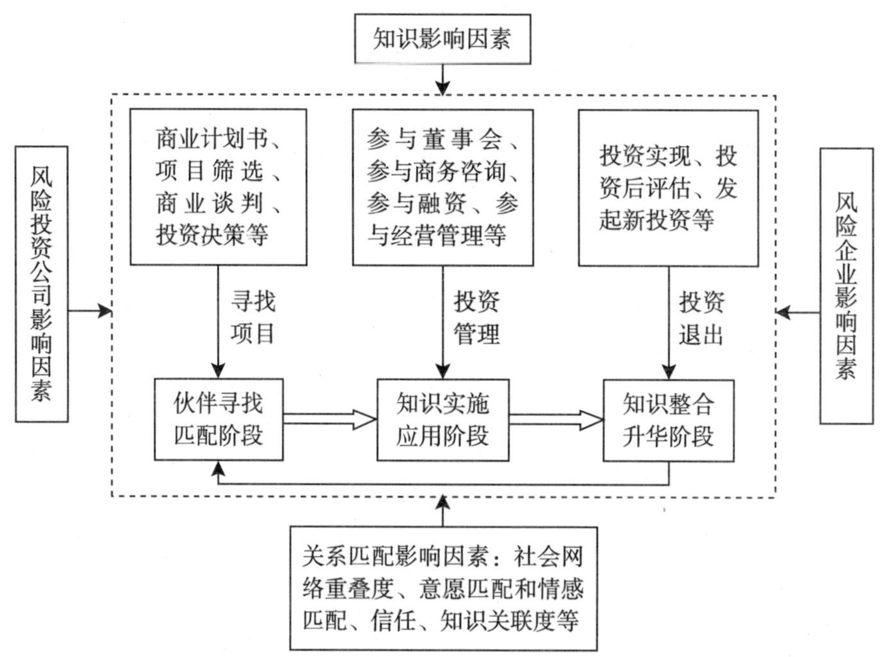

图 1　风险投资公司与风险企业间知识转移三阶段模型

从上述模型可以看出，风险投资过程中知识转移被划分成伙伴寻找匹配、知识实施应用和知识整合升华三个阶段，与风险投资过程的三阶段——寻找项目阶段、投资管理阶段和投资退出阶段分别对应。

（一）伙伴寻找匹配阶段

该阶段与风险投资过程的寻找项目阶段相对应，包括两个部分，即伙伴寻找和伙伴匹配。风险投资公司和风险企业受利益和知识的驱使，在公司发展过程中会积极地寻找合作方以实现自身需求。它们在前期会通过诸多方式，在网上发布公告或招标书吸引合作方，收到标书后可以直接接触或经第三方介绍进一步了解潜在的合作方，找到跟自身匹配性好的企业，形如联姻，便于后期的亲密知识合作和提高项目成功率。

1. 伙伴寻找

一方面，风险投资公司为了使自己持有的资金价值增值，必然会寻找所需的资金，并渴望得到附加在资金上的知识资源的风险企业。风险投资公司与潜在的合作伙伴发生必要的、适度的接触，并以多种方式和手段准确而高效的确定资金和知识需求，找到有良好发展潜力和高盈利能力的风险企业。这个阶段风险投资公司的主要任务是通过侧面了解、初步访谈、分析企业相关资料确定资金和知识转移价值。另一方面，风险企业遇到资本困境，为了使企业渡过难关，加快发展速度，必然会寻找有能力的风险投资公司。双方经过接触交流，对彼此加深了解。这个阶段风险企业的主要任务就是为风险投资公司提供所需要的材料，力争得到风险投资公司的认同。此阶段主要是风险企业向风险投资公司的显性知识转移。

2. 伙伴匹配

伙伴匹配是个反复协商的过程。风险投资公司通过对诸多商业计划书的初步筛选，选择它们较为感兴趣的项目，然后与风险企业谈判，进一步全方位了解企业，进行各方面匹配，最终找到目标企业，并结合自身状况做出投资决策。通过高层领导的深度访谈，风险企业可以将自己创业团队的历史背景、创业精神、对市场和盈利观念的把握以及自身产品、服务的优势和信心展现给风险投资公司，同时更加详细地介绍创业企业经营状况和未来发展规划，使风险投资公司更加了解产品和服务，以对项目成功有更好的预期。通过双方的谈判和沟通，风险投资公司了解到风险企业是否有一流的团队，因为比较起一流的项目，风险投资公司更青睐于投资一流的团队。在此过程中，风险投资公司可以感受和考察风险企业家的创业精神、进取意识等，认识和把握产品或服务的投资价值，掌握合作伙伴公司经营状况。同样，风险企业也能了解风险投资公司的资金硬实力和经验、关系网等知识资本软实力情况，学习一些企业经营管理理念。

（二）知识实施应用阶段

该阶段与风险投资过程的投资管理阶段相对应，是创造新知识的过程，包括知识实施和知识应用两个部分。在此阶段中风险投资公司介入风险企业，应通过不同方式向风险企业输入和转移知识，风险企业将吸收的知识与自身原有知识结合形成新知识并应用到企业的经营管理实践中，促使企业顺利运营和发展壮大。

1. 知识实施

通过前期的伙伴寻找匹配阶段，挖掘出双方的价值，达成相应的投资意向，在签订投资合同之后，风险投资公司向风险企业注资，并参与风险企业的运营和管理。随着资金和管理的注入，大量的知识资源开始在风险投资公司和风险企业之间流动，两大主体之间建立起特殊的社会关系。虽然风险企业通常对自己所开发的产品或服务的情况比较了解，但往往缺乏市场经验和管理经验，不能有效地向市场推广其产品或服务。而风险投资公司的相关知识和经验会帮助企业克服这些不足。在这个阶段，风险投资公司应采取多种方式，如通过参与董事会、参加经营工作会议、外派专员直接参与企业、参与商务咨询、非正式沟通等，既可以把自身的专业领域知识、市场和管理经验、关系网知识传授给风险企业，在这个过程中与风险企业共同创造出新知识，促进风险企业成长；同时也可以从风险企业了解有关新产品新技术的知识，通过实践进一步提高和内化其在市场和高科技企业管理方面的专业知识，完善自身知识体系。

2. 知识应用

风险投资公司在寻找到合适的合作伙伴，完成伙伴匹配后，就开始转移自身的优势知识，风险企业将学习和内化的知识应用于具体的经营管理实践中，这就是知识应用阶段。我们都知道，企业的竞争优势来源于知识应用而并不是知识本身，也就是说只有会使用吸收来的知识并发挥其作用才能提升企业竞争优势。在知识资源转移到风险企业后，风险企业便开始对这些知识进行调整，应用于新的情境，解决企业面临的运营管理问题。在风险投资公司的帮助和支持下，风险企业应用知识能力从低效率逐渐上升到令人满意的水平，这是知识成功转移的关键。知识的应用有广阔的空间和途径，一是风险企业可以利用风险投资公司丰富的行业和市场信息及与供应商和客户的联系，有针对性地制定新产品的开发和营销策略等，或者利用风险投资公司与社会各界的联系为企业提供法律、财务、融资等后续服务。二是处于创业阶段的风险企业家往往只是专精于某一方面的技术，而对企业管理方面的知识和技能比较缺乏，尤其是市场营销、合作研发、创新管理等方面的知识比较欠缺，需要风险投资公司进行支持和指导。三是风险投资公司通过董事会、工作会议、商务咨询等载体将有关企业经营管理、企业治理等知识建议给风险企业，风险企业针对具体情况吸收知识，并与风险投资公司一起创造出新知识，应用到风险企业的日常运营管理中。

（三）知识整合升华阶段

该阶段与风险投资过程的投资退出阶段相对应，包括知识整合和知识升华两部分。在风险企业渐趋成熟，具备了一定的条件和在资本市场的投资价值后，此时风险投资公司就会综合各种资源和能力使风险企业上市，通过上市，风险投资公司获得高额收益，并进一步丰富和完善公司的知识结构；同时风险企业通过知识的整合提升，也将在一个更高的平台上实现自身的发展。

1. 知识整合

知识整合是一个动态的过程，它是指企业从整体考虑，按照一定的目的需要、理念设计，运用科学的方式方法对不同性质、不同内容、不同结构的知识综合集成，再建构，使各种片断或分散的知识发挥总体功能，得以和谐运作，并且各部分知识得以相容、适应、互动和配合，共同发挥作用实现其目标的过程。风险企业在风险投资公司的帮助下，从初创逐渐发展壮大，到达一定阶段后会考虑上市，一方面通过上市，风险投资公司获得高额收益并退出投资，另一方面风险企业通过上市实现企业的跳跃式发展。一般地，在上市之初，风险投资公司和风险企业都要投入大量的精力，综合各方面的知识和资源，力争上市的一举成功。因此，风险企业就不可避免地要对企业内外相关的知识资源进行有效的综合集成和重构，使各种片断或分散的知识充分协同并发挥总体效用，实现成功上市的企业目标。

2. 知识升华

经过前期的知识整合和双方的共同努力，风险企业成功上市，风险投资也获得了可观的投资收益。在此基础上，风险投资家通过成功的投资行为不仅证明了自己的能力，逐渐建立了信誉，还从风险企业家身上学到关于创新和产品知识、进取创业意识和思维模式等认知性知识，并通过投资实践总结和提炼经营管理和市场知识，从而能够扩展延伸风险投资家乃至风险投资公司自身的知识体系。同时风险企业家不仅将自己的理想付诸实施，更重要的是在与风险投资公司进行合作的过程中，学习和共同创造出了一些运营管理企业的丰富的隐性知识，大大增强了自身从全局驾驭企业的能力和智慧，为企业进一步发展奠定了基础。这样，风险投资家和风险企业家积累的经验越来越丰富，风险投资家和风险企业家以及风险投资公司和风险企业均实现了知识升华。

在完成以上三个阶段之后，本轮风险投资的投资过程和知识转移过程均告一段落，然而风险投资公司将不断启动新一轮的风险投资和新一轮的知识转移过程。如此循环往复的过程中，一方面，风险企业通过不断地转移和学习风险投资公司的知识和企业外部知识，并共同创造新知识以实现成长壮大的目标；另一方面，风险投资公司能够主动吸收风险企业的创新理念和专业知识，从而不断丰富和完善自身的知识结构和知识体系，提高投资成功率，使其品牌影响力和竞争优势日益凸显，实现持续发展。

五、结　语

由于现有的风险投资理论和知识转移理论都很少关注风险投资模式下知识转移问题，因此本文结合风险投资理论和知识转移理论，得出了如下重要的结论：风险投资是风险投资公司与风险企业进行知识转移的桥梁，风险投资的整个过程也是双方进行知识转移的过程。借助风险投资公司对风险企业的资本和管理导入，风险投资公司不断转移自身知识和学习对方知识，完善自身知识体系；同时，风险企业也不断转移和学习风投公司的知识，并与自身的知识积累相融合，以解决企业发展中遇到的问题。因此，风险投资投入的资本，不仅仅包括资金元素，更重要的是知识元素。

关于风险投资过程中知识转移影响因素，本文认为除了传统的知识发送方、知识接收方以及与知识相关的因素外，更重要的是双方间社会网络的重叠度、意愿和感情匹配度、信任度及知识关联度等因素影响知识转移的效果。因此，在相关文献研究的基础上，本文建立了风险投资知识转移的分阶段模型，把风险投资过程中知识转移划分成伙伴寻找匹配、知识实施应用和知识整合升华三个阶段，并与风险投资过程的三阶段——寻找项目阶段、投资管理阶段和投资退出阶段建立起有机的对应关系。

〔参考文献〕

[1] Barbara Weber，Christiana Weber. Corporate Venture Capital as a Means of Radical Innovation：Relational Fit，Social Capital and Knowledge Transfer. Engineering and Technology Management，2007.

[2] Grant R. M.. Toward a Knowledge-based Theory of the Firm. Strategic Management Journal 17（Winter Special Issue），1996.

[3] Keil T. External Eorporate Venturing-cognition，Speed，and Capability Development. Inaugural Dissertation，Helsinki University of Technology，Finland. 2000.

[4] Paul A. Gompers，Josh Lerner. The Determinants of Corporate Venture Capital Successes：Organizational Structure，Incentives，and Complementarities. Cambridge，1998.

[5] Scholl W.. Modelle Effektiver Teamarbeit-eine Synthese. In：Thomas，A.，Stumpf，S.（Eds.），Teamarbeit und Teamentwicklung. Hogrefe，Gottingen，2003.

[6] 孙健，白全民. 我国公司创业投资（CVC）对企业价值影响的实证研究：基于 CVC 投资者的视角. 中央财经大学学报，2010（9）.

[7] 王飞. 产学合作创新知识转移过程及影响因素研究. 内蒙古工业大学，2006.

[8] 徐晋. 考虑声誉的风险投资知识转移激励机制研究. 华中科技大学学报，2005（11）.

Research on Knowledge Transfer in Venture Capital Process

Li Jun　Chai Weiwei

（1. School of Management，Shandong University，Jinan　250100；

2. Xiyuzhuang Subdistrict office of Hongqiao District，Tianjin，232211）

Abstract：From the perspective of the venture capital companies，we analyze the special factors of knowledge transfer，establish three-stage process model of knowledge transfer and research the stages one by one in detail. The result shows that the effective knowledge transfer can increase the success rates of investment，improve the knowledge structure of venture capital companies，and promote venture capital companies and venture businesses to grow.

Key Words：Venture Capital；Venture Capital Companies；Venture Businesses；Knowledge Transfer

【知识管理】

知识密集型服务企业知识转移策略比较研究

陶 峻

（首都经济贸易大学工商管理学院，北京 100070）

［摘 要］知识密集型服务企业以知识作为提供物，是服务行业的一个重要分支。它基于知识的深入开发与应用，实现与客户进行知识共享和知识转移。知识密集型服务企业的产品特征，决定了知识的开发与管理是其竞争优势的重要来源。本文尝试在分析知识密集型服务企业具体流程特点的基础上，了解其知识转移过程，通过对两个企业典型的知识转移过程进行分析，进而对其可采用的知识转移策略予以比较研究，力求对身处此行业的企业有所启示。

［关键词］知识密集型服务企业；知识转移；定制化

知识密集型服务业（Knowledge-Intensive Business Services，KIBS）是一种以知识作为主要提供物的服务类企业。知识本身的隐含性和流动性表明，KIBS 的服务流程与传统的服务企业有所区别。在具体实践中，很多中小型知识密集型服务企业在对知识转移流程的管理方面表现得过于随意，通常是由企业特别是合伙人的知识能力决定其服务水平，导致服务质量缺乏稳定性，这也扰乱了正常的竞争秩序，使知识购买进入低价竞争的怪圈，制约了此新兴行业的规模化。因此，需要特别重视对于知识转移流程的管理问题。

受此驱使，本文在剖析知识密集型服务企业知识创造及转移流程的基础上，分析了两个有代表性的 KIBS 案例，比较其知识管理策略，希冀对知识密集型服务业的“知识无形，管理有道”之探索有所帮助。

一、知识密集型服务业的业务流程分析

KIBS 是对在提供物的性质和方式上具有相似性的一类服务企业的统称，它涵盖了会计、管理咨询、研发服务、环境、计算机与信息技术相关服务、广告等多类服务企业。不同的 KIBS，虽然在专业知识内容和形式上存在着明显的差异，但企业的提供物都是知识。

Muller 和 Zenker 认为，知识密集型服务企业可以被定义为一种广义的咨询顾问类企业（2001）。Hauknes 认为，KIBS 是能力和技术密集型的、以信息为导向的服务，具有很高的客户参与性（1996）。

知识密集型服务企业的核心资源就是知识，它是蕴涵了密集知识资产以及驾驭这种知识资产

［基金项目］教育部人文社会科学项目《知识密集型服务业知识能力与企业成长研究》（批准号：09YJC630161）；2011年度北京市人才强教计划《知识密集型服务业知识能力作用机制研究》。

［作者简介］陶峻（1977—），首都经济贸易大学工商管理学院副教授。

的专家的一类服务企业。它通过知识和信息的运用，为其客户提供高知识附加值的服务。在提供服务的过程中，KIBS同时担当着知识创造者和知识传播者两方面的角色。

对KIBS而言，在当今竞争激烈的市场环境下要维持竞争优势实在不易，知识是少数能提供可以维系的竞争优势的重要资源之一。知识能有效管理，发挥优势的前提就是能在组织内部分享；分享知识时，提供者不但丰富了接收者的知识，且仍保有本身的知识，或许进而创造出新的知识。仅仅知道所需的知识存在于组织内的某个角落，并不可能带来收益；唯有当知识容易取得，而且其价值随着使用程度的加大而逐渐升高时，它才算是真正有价值的组织资产。

导致客户购买产品或服务的动机是客户需求。同理可得，客户对知识密集型服务的需求也是导致其购买的重要原因。客户之所以选择KIBS，从根本上说，其动机是为了获得知识密集型服务业的专业知识，以弥补自身的知识缺口。这种知识缺口的存在是客户引入知识密集型服务业的直接原因。动机与知识缺口概念存在着紧密的联系，有知识缺口存在，组织就要设法弥补，这就在客观上要求组织引入外部的知识源，以获取发展所需的专业知识。多种外部知识源都能够为组织提供其所需的知识，如大学、研究机构等。而知识密集型服务业作为一种致力于知识创造、积累和传播的服务企业，也是促进知识转移的重要力量。因此，当组织意识到其存在知识缺口时，往往会寻求它的帮助。

用知识缺口可以解释客户购买知识密集型服务的动机模式，但是在实际的服务传递过程中，我们注意到单纯的知识一般不可能构成KIBS提供物的全部。知识密集型服务业是一种提供物相当丰富的服务类企业，这类企业共同的特性就是为客户提供其所面临问题的解决方案，通常这种解决方案是由包含丰富创新知识的产品和服务共同组成的。如果再进一步细分，知识密集型服务业向客户提供的解决方案实际上是由产品、黑箱服务和知识转移共同构成的。

一般将传统的提供服务的方式称为黑箱服务。它们的服务结果尽管对客户有价值，但服务过程本身是不透明的。客户的知识并没有通过接受服务而获得提高。最早的知识密集型服务业是由于企业将部分非核心业务外包而出现的。这种外包的业务通常被认为不是该企业的核心业务或者差异化能力的所在之处，外包行为的发生通常是由于企业认为某种职能如果让外部服务提供者来完成会比自己做得更好且费用更低廉；显然，外部服务提供者通过提供这种服务所获得的回报也相对较小，在这种情况下，客户获得的往往只是一种服务的结果而并不清楚这一结果是如何实现的，这就是黑箱服务。

知识转移也是一种服务，但是与黑箱服务不同，作为一种与客户之间互动过程的结果，它会提高客户的知识水平，使客户拥有更多的知识，帮助他们更好地进行决策，提高他们的能力，这对客户来说是更有价值的。向客户进行知识转移并不是一个全新的概念，基于咨询业的角度对这个问题研究较多。1982年，哈佛商学院的Arthur Turner就区别了指示性咨询（Prescriptive Consulting）和指导性咨询（Facilitative Consulting）之间的差异。其中指示性咨询是直接告诉客户做什么，指导性咨询则是帮助客户自己去做。目前，企业界对于后者的需求显然正在增加。

要区分黑箱服务和知识转移服务，关键要考察服务提供的方式。黑箱服务的特性在于客户只能见到服务结果，对于竞争者来说要克隆这种结果相对容易，这也意味着这种服务比较容易实现标准化。相反，知识转移的本质则在于它的过程和结果同样重要。目前，许多能够提供更有价值的知识转移服务的公司仍在以黑箱服务的方式提供服务；同时，很多传统提供黑箱服务的公司已经开始改变自己，向客户提供有用的知识。

下面以相对发展比较成熟的知识密集型服务业——审计企业为例进行说明。审计的一般原则是为客户提供一个简单的审核记录结果，其中的各项内容都要符合规章制度。这种黑箱服务一直是审计界一贯采用的服务方式。但是，现在越来越多的会计师事务所（如世界四大会计师事务所）正在积极向客户转移其在审计过程中获得的知识，为客户增值。如今审计已经变成了一个完全互动的过程，它不仅包括定期向客户提交任务报告书，还新增设了其他服务，如提供财务建议等。

从为客户提供价值而言，向客户提供的出售物的每一种构成都有其实质特点。表1列出了每一种类型的提供物为客户增值的主要方面。在黑箱服务中，增值主要体现在它比客户在内部实施该职能或服务的效果更好，价格更为低廉。对于知识密集型服务业来说，产品往往是服务的载体或必要补充，它既能够体现生产力的提高，又能体现效率的提高。如在为客户建设整个办公自动化系统时提供相应的软硬件产品，这就是对客户效率的一种提高。而知识转移尤其与客户的核心职能息息相关，其中知识对于竞争优势的提升非常重要。它的增值潜力要比黑箱服务大得多，它是知识密集型服务的核心部分，同时也是直接导致知识密集型服务定价问题的关键。

表1　KIBS 提供物的类型与增值途径

提供物类型	增值途径
知识转移	制定更佳决策 提供竞争能力和实力
黑箱服务	使所实施的非核心职能更有效、更便宜
产品	提高生产力 提高效率

资料来源：罗斯·道森. 开发基于知识的客户关系：职业服务机构的未来. 祁延莉，董小英，译. 北京：电子工业出版社，2002.

二、KIBS 的知识转移流程分析

作为一个知识密集型服务企业，其员工要通过为不同地域、不同行业的各种企业提供服务来积累丰富的知识和实践经验，他们往往可以将某个行业的解决方案经过调整、修改之后来解决另一个行业的问题，即实现知识的转移。如一个财务软件开发公司，在为客户提供服务的时候，只需要根据客户行业的具体情况对软件进行简单的修改就可以了。

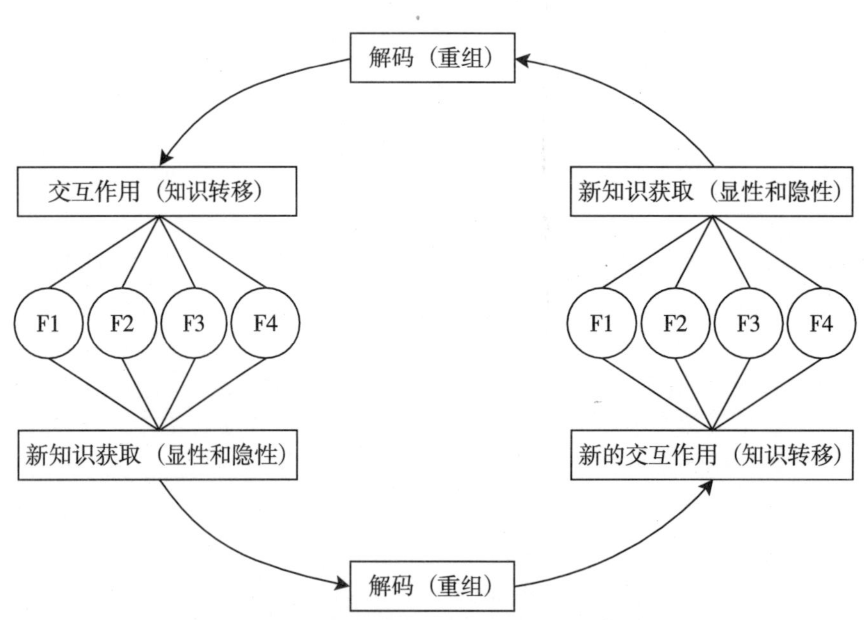

图1　知识密集型服务企业与客户之间的知识创造与转移

资料来源：Strambach S.，Innovation processes and the role of knowledge-intensive business services. In：Koschatsky K.，Kulicke M.，Zenker A.（Eds.）. Innovation Networks-Concepts and challenges in the European Perspective，Physica，Heidelberg，2001.

从本质上讲，知识密集型服务企业的运作过程，就是通过广泛接触客户以积累知识，将已有的知识进行调整、更新、转移给客户，为客户创造价值，同时将从客户处获得的知识与现有的知识库相结合，从而创造出新的知识。

对于这种核心流程一个更加明确和直观的阶段划分来自 Strambach 的研究。他通过考察 KIBS 与其客户之间的联系，发现 KIBS 向客户进行知识转移这一核心流程可以分为如下三个阶段：①显性知识和隐性知识的获取。②知识的重新整合。③知识向客户组织的转移与扩散。其中，知识的获取和转移阶段发生在 KIBS 与客户的交互作用过程中，知识重组阶段发生在 KIBS 内部。具体流程如图 1 所示，图中 F1~F4 代表不同的客户。

在知识密集型服务企业提供知识转移服务的过程中，“知识的获取”主要源自 KIBS 为了客户利益解决特定问题时所进行的学习活动。此时，他们从客户那里获取关于该问题的显性或隐性知识，作为其服务的知识基础。“知识的整合”是知识密集型服务企业为了解决客户的问题而对知识进行再加工的阶段。这一阶段的加工对象既包括来自客户的知识，也包括来自客户以外的其他外部参与者以及知识密集型服务企业本身的知识积累，主要手段是对已获取的知识进行重新编码。通过这种重组和编码将知识转换为客户组织可以识别且易于接受的形式。“知识的转移与扩散”是 KIBS 与其客户的一种交互作用过程。在这一阶段，由 KIBS 将整合而成的知识密集型服务，即针对客户问题的解决方案提交给客户，完成知识的转移。值得注意的是，上述三个阶段仅构成 KIBS 核心流程中知识转移与创造流程的一部分，因为在向客户企业提供解决方案的过程中，通过这种知识的转移与扩散使得进一步的交互影响与新知识的创造成为可能，这将启动新一轮的获取、整合和扩散，从而形成图 1 所示的闭环的知识循环过程。这就是知识密集型服务企业为其客户提供服务，实现知识转移的整个流程，也是知识密集型服务企业最为核心的流程。

三、两个企业案例的比较

对于 KIBS 来说，有一部分知识是保留在企业成员头脑中的，但也有相当一部分能够数字化被整理成相应文档或被存储在数据库中，企业究竟如何对这些知识加以管理，如何对知识转移过程中的知识流动与创造进行监控是 KIBS 提升其知识能力的关键。为了寻求答案，我们考察了管理咨询、信息技术服务、广告服务等数个行业的若干不同公司后，发现在对知识转移的管理方面企业之间往往存在着比较大的差别。

在若干企业案例中，我们慎重地选择了两家有代表性的 KIBS 标杆企业案例，对两个企业案例的不同知识管理策略进行归纳总结。

（一） I 中国数据服务公司

I 中国数据服务公司（以下简称 I 公司）是全球著名的信息技术、电信行业和消费科技咨询、顾问和活动服务专业提供商。它在中国的服务主要涉及帮助信息技术专业人士、管理人员和投资机构制定以事实为基础的技术采购决策和业务发展战略，其业务范围涉及计算机系统研究、服务与电信研究、行业研究与咨询服务等。在全球拥有超过 1000 名分析师，其分析师强调在信息技术方面具有全球化、区域性和本地化的专业视角，关注于全球及各个国家的技术发展趋势和业务营销机会。

I 公司十分强调公司内部的知识固化过程。它们设计了详细的知识信息分类存储制度。I 公司的咨询服务是建立在行业研究基础上的，运用“全球本土化”研究模式，一方面对本地和区域市场进行深入研究，另一方面也加强了对于全球市场的把握，促进对于全球研究的标准和方法的完善，确保在全球、区域和本地的预测和分析的一致性。

Ⅰ公司强调使用研究标准体系，包括研究方法和如何进行预测假设，要求确保根据统计验证过的客观而准确的数据进行预测，并进行验证和复核，为重要的预测数据提供边界条件，在不同的地域和研究领域执行标准定义，并使用同样的分析工具，确保研究的一致性。其研究方法虽然要适应细分市场的差别，但是其核心的要素和方法是一致的。这些要素包括最终用户一手数据收集，数据完整性交叉检验，从区域和本地收集和分析数据并汇总到全球，验证和更新细分市场的动态数据、供应商模式、分销渠道模式，分析市场的外部驱动因素及其关联，并预测未来趋势。

在具体的服务过程中，Ⅰ公司使用标准的运作流程。确定市场规模和进行预测的第一步是收集数据。通过各种渠道收集第一手和第二手数据，来源包括访谈IT厂商、公开的财务信息、市场历史数据、访谈最终用户等。第二步是将需方和供方数据输入到公司的细分市场数据模型中，以得出其市场数据和预测。然后，通过一系列流程验证数据模型产生的初步数据。第三步是根据验证调整市场数据。典型的模型包括：市场细分，定价和交易模式，分销模式，供应商的业务和收入模型，市场趋势预测，关联和驱动因素，需求方的支出，技术应用的发展/收缩趋势。

Ⅰ公司的知识管理是通过归档化和工具化的方式实现的，即有针对性的知识提供从行业研究和第一手数据收集开始，再经过相关工具处理形成标准化模式，然后进入公司数据库，进而广泛用于管理咨询中。这种做法使分析师在工作中能自由搜索并使用经过归档的知识，从而实现KIBS对知识的重复利用，而这种重复利用也在不断更新着企业的知识库，即在知识转移过程中同时实现服务供应商的知识更新。

（二）B管理咨询有限公司

B管理咨询有限公司（以下简称B公司）是中国本土管理咨询企业的代表。公司强调将世界上先进、成熟、实用的管理理念和工具方法迅速介绍及运用于企业，变成对管理实践有指导意义的可操作、可执行的方案，通过专一小组专一服务的驻场式强互动工作方式，强调为客户提供个性化服务关系。

B公司的管理咨询业务也是以行业为基础展开的，不同的咨询人员服务于不同的行业。但它的知识转移和管理流程则更偏重于知识转移的个性化。强调服务的过程中咨询人员和客户之间的互动过程，以及咨询人员之间的反复讨论。

以B公司一个成功案例为例，客户企业是一家国内领先的体育用品公司，最早成立于20世纪80年代，早期同其他当地企业类似，主要为国外品牌做代加工，后来转向国内市场，经过十几年发展，在同行业内市场占有率及销售额均处于前列，主营产品包括鞋、服装、配饰三大类体育用品，鞋类产品在所有品类销售额中占较大比重，服装配饰类产品近几年迅猛发展，随着企业的迅速成长，营销网络也不断加速拓展，但总体的营销方式还是以传统的销售拉动方式为主，随着市场同质化竞争的日益激烈，缺乏有效系统的营销战略规划使得各种市场问题凸显。在营销战略上，缺乏有效系统的规划、同质化严重、创新性不足，造成企业营销投入的效果大打折扣，面临营销创新的压力。

为了解决客户现有的问题不仅需要行业方面的专业知识、对行业的全面了解，同时还需要根据行业和企业现状提供有针对性的解决方案。在提供咨询过程中，B公司的咨询人员在全国实地调研了5个分公司，向消费者、店长、潜在消费者发放了上万份调研问卷，并研究了竞争对手的发展模式，进而制定了其独特的发展模式。B公司重新设计了客户企业的组织结构体系，并对部分关键岗位的设置进行了调整。对部分关键流程进行了优化。设计了系统的薪酬和考核方案。帮助引进了多位中高层管理人员。在项目实施当期，针对项目方案要求，增加了市场调研、产品规划等方面的部门及岗位职能支持；针对产品研发设计的投入力度同时加强，渠道结构及布局也进一步整合，形成了有效的营销战略系统规划，针对企业营销资源形成了很强的合力，为企业下一步的上市奠定了良好的基础。

但是个性化的知识转移过程往往导致公司的服务质量取决于服务人员的个人知识水平。因此公司需要在人力资本的管理方面大量投入，一方面强调提高员工个人能力，另一方面也要强调员工之间知识的共享，即组织内部知识学习。

四、两种知识转移策略的选择

分析上述两个案例可以看到，这是知识转移过程管理的两种方式。这与企业提供服务的方式和类型密切相关。

如果 KIBS 需要经常面对类似的问题，那么强调服务过程的工具化和文档化非常关键。这可以实现工具和知识的有效反复使用。这类企业提供的服务非常明确，知识工作者依靠不断优化的、被证明是成功的工具、模型和数据为客户建立提供解决方案，在这种情况下，知识服务接近于一个产品生产的过程，将企业信息输入系统获取个性化的结果，速度快，价格低。知识的反复使用节省了工作量，降低了沟通成本，从而允许 KIBS 去接受更多的项目。这种服务过程依赖对企业工具的反复使用，而 KIBS 的竞争力则主要建立在其数据模型和工具的有效性基础上。一旦开发出一整套完备的模型，就可以反复使用。但是要注意的是数据、工具和模型都要随着服务的提供不断地改进、更新。

与此相反，也有大量 KIBS 强调为客户提供更加个性化的服务。这类企业通常强调其服务的定制化程度，在其向客户提供的解决方案中往往包含着大量的隐性知识。但是这种个性化和效率之间往往很难兼顾，个性化和定制化以大量的员工交互为基础，交互过程的效果直接影响到服务水平的高低，也对服务效率产生影响。很多小型专业咨询公司和高校的咨询机构往往都属于这种类型。而这种高度个性化和定制化的方案往往能获取更高的收益。

KIBS 需要在这两种知识转移策略中做出选择，这种选择必须考虑企业服务客户的方式、企业的经济状况、员工的知识能力等多个方面。从理论探讨的角度讲，这两种选择无好坏之分，加强知识转移流程、弱化服务的主观随意性、更好地服务客户是知识密集型服务企业修成正果、达到 KIBS 金字塔顶层的必然选择。

〔参考文献〕

[1] Antonelli C. Localized Technological Change. New Information Technology and The Knowledge-based Economy. 1998.

[2] Emmanuel Muller, Andrea Zenker. Business Services as Actors of Knowledge Transformation and Diffusion: Some Empirical Findings on the Role of KIBS in Regional and National Innovation Systems. Institute Systems and Innovation Research, 2001.

[3] Hauknes J.. Innovation in the Service Economy. STEP rapport/report 7, SI4S project., 1996.

[4] 安妮·布鲁金. 智力产业：专业服务公司的成功之道. 赵洁平，译. 北京：机械工业出版社，2000.

[5] 林欣吾. 知识经济时代传递知识的桥：知识密集型服务业.（台湾）经济研究月刊，2001（2）.

[6] 罗斯·道森，等. 开发基于知识的客户关系. 董小英，译. 北京：电子工业出版社，2002.

A Comparative Study of Knowledge Transfer Strategy in Knowledge-Intensive Business Services

Tao Jun

(School of Business Administration of Capital Economics and Business University, Beijing 100070)

Abstract: Providing knowledge is the service way of Knowledge-Intensive business services (KIBS), which are the important branch in the service industries. KIBS share and shift knowledge with customers through deeply developing and using knowledge. The product characteristics of KIBS lead that the development and management of knowledge is an important source of competitive advantage. Based on the analysis of the specific process characteristics of KIBS and two KIBS cases, this paper focus on two different knowledge transfer strategies.

Key Words: Knowledge-Intensive Business Services; Knowledge Transfer; Customized

【战略管理】

生产要素投入新分类与内生增长模型拓展

——基于管理要素的视角

周卫民[1] 沈坤荣[2]

(1. 淮阴工学院经济管理学院，淮安 223001；
2. 南京大学经济学院，南京 210093)

[摘 要] 本文引入管理要素并根据管理的激励功能和配置功能，把要素投入分为激励型投入和配置型投入，结合企业家激励能力和劳动者付出的劳动努力程度，构建了内生增长模型。在构建的内生增长模型中，由于激励过程的存在，配置于每个劳动的物质资本不一定报酬递减，由此保证了长期且连续的配置型投入边际产出不会接近0（不符合稻田条件），即AK条件成立，从而保证了增长模型的内生性。基于企业家激励函数存在性对模型的拓展分析则表明，提高企业家激励能力和劳动者努力程度等是实现利润增长的一个有效途径。

[关键词] 管理要素；激励型投入和配置型投入；内生增长模型

一、引 言

现代主流经济增长理论的一个主要不足是没有分析管理投入在经济增长中的作用，内生增长理论也没有把管理要素当做一个内生因素进行分析。在新古典增长理论之后，新增长理论尝试着在宏观生产中加入其他要素，其长期且连续的投入但边际产出不会接近0（不符合稻田条件）的诸类要素，来获得经济长期增长的内生实现机制。围绕着内生的技术进步是经济实现持续增长的决定因素这个主题，内生增长理论从知识积累、人力资本积累、分工、专业化、产品质量升级、产品品种增加、政府行为、人口增长、边干边学、创新等多个因素来论述内生增长的可能。

实质上，管理要素是效率提高的一个主要来源。管理要素在经济增长中的重要作用已经获得实践上的证实和认可，管理要素对经济增长有极其重要的作用。在经济增长因素中，由于劳动具有可激励的特征，存在可以发掘的潜能，因此对增长潜在贡献最大的是劳动者。然而如何把其他要素与劳动者有效结合，如何调动劳动者的积极性和创造性，如何挖掘劳动者的潜能，依靠的是

[基金项目] 国家自然科学基金（批准号：71073076）、教育部人文社科青年基金项目（批准号：10YJC790410）、江苏省教育厅人文社会科学研究项目（批准号：2011SJB790004）。

[作者简介] 周卫民（1974—），淮阴工学院副教授，南京大学经济学博士，研究方向：经济增长理论、生产要素经济学、宏观经济管理；沈坤荣（1963—），南京大学经济学院院长、教授、博士生导师，研究方向：国民经济、宏观经济、经济增长、资本市场。

管理要素。也就是说，可以通过管理最终实现生产效率的改进、资源配置的改善和规模的节约。然而，内生增长理论并没有在其框架下分析管理要素的作用。

新增长理论也是以解释 TFP 为一个主要目的而产生的，全要素生产率（TFP）是近来各国经济增长研究中的热点理论之一，特别是对于一直被低生产率问题困扰且正处于工业化阶段的发展中国家，如中国，尤其重视对 TFP 的研究。但国内外多数文献在利用索洛新古典增长模型计算 TFP 的过程中，无论对投入要素怎样改进，也不能充分地解释被认为在经济增长中贡献了很大部分的"索洛余值"，实际上这是由于索洛假定技术进步外生给定，而这种外生的技术进步是由什么因素实现的索洛并没有考虑。随后的研究将 TFP 的增长分解为效率的变化和技术进步两个成分（如 Fare 等，1994），而实证研究的结果证明效率提高比技术进步对中国经济增长的影响更重要（陈勇和唐朱昌，2006）。既然管理要素是效率变化的主要原因，因此研究管理要素促进效率的实质方式，以及管理要素对于提高 TFP 的作用和作为生产要素即管理要素对于经济长期增长所起的推动作用非常重要。内生性管理要素投入是经济增长的又一持久动力，在研究经济长期增长的内生增长框架下研究管理要素的作用和贡献显得意义重大。

二、文献回顾

舒尔茨（W. Schultz，1961）将资本分为物质资本与人力资本，为内生增长理论分析人力资本在长期经济增长中的作用奠定了基础。阿罗（1962）提出了"干中学"模型，主要强调经验的学习效应，这种思想被罗默进一步发展。罗默（1986）在阿罗模型的基础上提出知识溢出模型，他采用了知识的外溢与收益递增相结合的分析框架来说明长期经济增长。卢卡斯（1988）则提出人力资本内生增长模型，用人力资本揭示了经济的持续增长，使人力资本内生化，并找出经济的平衡增长路径。其中人力资本为凝结在劳动者身上能够使价值迅速增值的知识、体力和价值的总和，它是促进经济增长的重要因素，且具有收益递增的特性，同时它能提高物质资本使用效率从而也产生递增收益。罗默（1990）则试图将技术通过人力资本进行内生化，进一步认为技术进步和人力资本投资二者共同决定了经济增长。Aghion 和 Howitt（1992）在熊彼特创新思想的基础上发展了创造性毁灭的产品垂直创新内生增长模型。这些在增长理论方面的重大发展很大程度上都得益于舒尔茨所提出的人力资本概念，但是人力资本到目前为止还是一个不够清晰的概念，人力资本和物质资本之间的区分在实际操作中有一定困难。

本文基于人力资本和物质资本分类的这个欠缺，首次尝试提出激励型投入和配置型投入的新分类，由于现有文献很少论述这两类投入，为了在内生增长框架下引入这两类投入以进一步发展新增长理论，本文主要关注内生增长理论的研究文献。基于 Ramsey（1928）关于储蓄的经典文章，内生增长理论除了上述文献，还产生了很多具有代表性的文献，主要有 Barro（1990）、Rebelo（1991）提出的政府支出模型；Uzawa（1965），Grossman 和 Helpman（1991）的产品质量阶梯模型；Becker、Murphy 和 Tamura（1990）的人力资本和内生增长的相互作用模型；Yang 和 Borland（1991）最终产品生产劳动分工的内生模型；Aghion 和 Howitt（1998）探讨产品水平创新模型与垂直创新模型的融合等。

然而，上述这些内生增长理论并没有一个为多数经济学家共同接受的基本理论模型，新增长理论只是一些持有相同或类似观点的经济学家所提出的诸种增长模型组成的一个松散集合体。朱勇（1999）认为这些模型在思想观点和分析方法上的共同要素主要有：①经济可以实现持续均衡增长，经济增长是经济系统中内生因素作用的结果而不是外部力量推动的结果。②内生的技术进步是经济增长的决定因素，技术进步是追求利润最大化的厂商进行意愿投资的结果。③技术（或知识）、人力资本具有溢出效应，这种溢出效应的存在是经济实现持续增长所不可缺少的条件。

④经济政策如税收政策、贸易政策、产业政策很可能影响经济的长期增长率；一般情况下，政府向研究开发活动提供补贴促进经济增长。新增长理论目前仍在继续发展，一些学者利用新增长模型的分析框架对各国经济增长进行了经验分析。

实质上，受动态最优化数学方法等分析手段的限制，新经济增长理论的视野受到了严重局限。理论学家们已经认识到了管理等因素对经济增长的影响，自新古典经济学理论把管理要素当做第四种生产要素提出以来，很多学者都认同管理要素在生产中的地位，然而，由于管理要素的不确定性等原因，经济学中各种模型却把管理要素置于分析框架之外，致力于解释索洛“无知的增长剩余”的内生增长理论因为没有把带来生产效率的主要因素即管理要素加以考虑，结果即使加进了很多因素构建了很多内生增长模型，对索洛剩余也即 TFP 的解释仍显过于细枝末节，这就造成了内生增长理论模型云起，结果各种模型大量存在却又无法统一。

Nadiri（1970）认为从$\frac{dA}{A}=\frac{dY}{Y}-\alpha\frac{dL}{L}-\beta\frac{dK}{K}$式可知，索洛剩余值的大小及其稳定性取决于：生产函数的形式对劳动和资本边际产出的决定作用；劳动和资本投入量合适的估测方法及对其质量变化的调整；劳动和资本以外的被生产函数遗漏的其他变量如企业家能力、存货等的重要性。如果对被生产函数遗漏的第三个因素加以考虑，则生产函数为 $Y=AL^{\alpha}K^{\beta}E^{\gamma}$，其中 E 是遗漏的变量。那么相应的生产率关系式将会是$\frac{dA}{A}=\frac{dY}{Y}-\alpha\frac{dL}{L}-\beta\frac{dK}{K}-\gamma\frac{dE}{E}$。如果三种投入的每一种投入都支付其边际产品并且产出被分配净尽，那么 E 对总生产率的贡献就是$\frac{dA}{A}$部分。[①] 可见，寻找一个恰当的第三变量如企业家才能或管理要素补齐被生产函数遗漏的变量，对于分析 TFP 意义重大。

以下部分基于管理要素在生产效率中的重要作用，把管理要素当做被生产函数遗漏的第三个因素加以考虑，根据管理要素的激励功能和配置功能把生产要素区分为激励型投入和配置型投入，并利用内生增长理论的分析工具，构建内生增长模型，分析管理要素对经济长期增长的作用，从而为把管理要素引入内生增长模型提供了一个可能的创新性思路。

三、管理要素与拓展的内生增长模型

（一）基本假设

管理要素实质上可以归结为企业家积累的一种知识性资源。企业家积累的知识会有溢出效应，企业家从知识溢出中获得全部剩余。企业家知识的溢出包括企业内部溢出和企业外部溢出两个方面，企业内部知识的溢出表现为在组织内企业家才能的发挥，知识在企业外部的溢出表现为市场和政府给予的额外回报，如政府对经营良好及对社会存在贡献的企业给予奖励。管理要素作为一种知识性资源具有报酬递增性，而且主要行使激励功能和配置功能。

我们认为根据管理要素主要发挥的激励功能和配置功能，可以把企业生产性投入分为激励型投入和配置型投入。激励型投入是指因为人的能动因素可以挖掘效率潜能的投入，如劳动和管理。对激励型投入应该充分挖掘其潜能，提高生产积极性和劳动努力程度。配置型投入是指没有人的能动因素，仅仅通过重新配置来提高效率的投入，如资本和土地，当然这里的资本不包括人力资

① Nadiri M. I.. Some Approaches to the Theory and Measurement of Total Factor Productivity: A Survey, Journal of Economic Literature, 1970 (Dec) Vol. 8 Issue 4.

本因素。对配置型投入应该充分提高其利用效率，能够物尽其用。激励型投入的产出具有较大的不确定性，而配置型投入的产出最大值应该是确定的，因此提高企业利润的关键手段在于激励型投入的使用。

一个短期的即时生产过程或许仅仅需要资本和劳动投入就可以完成，但在一个较长的生产过程中必须要求管理要素对投入进行配置组织和监督激励，充分发挥管理要素的导向功能，生产才可以持续。因此，长期生产过程是在管理要素存在的前提下对各种投入的组合过程，对资本和劳动的配置和激励是长期生产过程的重要组成部分。内生增长理论致力于长期经济增长内生动力的研究，因此有必要把管理要素纳入分析中来。以下部分参照经典AK模型技术与家庭及企业的最优化行为的结合来构建基于管理投入的内生增长框架，与经典AK模型不同之处在于本文的AK条件得自于管理要素的激励过程。

（二）模型基本框架

本文基于管理要素对其他要素的激励和配置功能，主要分析这一激励和配置过程对于企业行为的影响，家庭行为完全参照经典的AK理论，详见附录。

1. 存在配置型投入和激励型投入作用的企业行为

企业生产产品并对各种投入支付相应的租金价格。假定企业生产函数中使用配置型投入（Deployed Input）为D和激励型投入（Motivational Input）为M：

$$Y=F(D, M) \tag{1}$$

其中，F呈现出标准的新古典性质，包括D和M上的不变规模报酬。可以利用规模报酬不变的条件把生产函数写成集约形式：

$$Y=Df(M/D) \tag{2}$$

如果定义 $A=f(M/D)$ 为一个常数，则式（2）具有 $Y=AD$ 形式（类同于内生增长理论的AK模型），只不过此处配置型投入是包括资本在内的更广义投入，如果在配置型投入中不考虑土地要素，则配置型投入恰好为物质资本K。而激励型投入包括管理和劳动，从两者的数目（人数）看，管理仅仅是指企业家，其人数相对劳动力人数比例很小，几乎可以忽略不计（把企业家以外的管理者当做劳动计）。

产出可以在一对一的基础上被用于消费、在配置型投入上的投资或激励型投入上的投资。令 R_D 和 R_M 是竞争性企业为使用两种投入所支付的租金价格。在不存在进入壁垒的情况下，企业相互之间的竞争将驱使利润降为0。则利润最大化以及零利润条件就意味着每种投入的边际产品等于其租金价格：

$$\partial Y/\partial D=f(M/D)-(M/D)f'(M/D)=R_D \tag{3}$$

$$\partial Y/\partial M=f'(M/D)=R_M \tag{4}$$

在不考虑土地要素和忽略不计企业家数量的前提下，$Y=AD$ 可以写成 $Y=AK$ 形式，因此可得企业的线性生产函数

$$y=f(k)=Ak \tag{5}$$

式（5）中 $y=Y/L$，$k=K/L$，L是包括除企业家外的一般管理者在内的劳动投入，K仅仅指物质资本，因此k即是在企业家激励下的每一个劳动者所拥有的物质资本，变量k既包含了被配置的过程，也包含了被激励的过程，是一个存在于管理要素作用之下的物质资本均值。激励过程不断地挖掘劳动者的潜能，由于激励过程的存在，配置于每个劳动的物质资本不一定报酬递减。因此，管理投入保证了资本报酬非递减的性质。于是有在式（5）中 $A>0$，同时k的边际产品不是递减的（$f''=0$），稻田条件被违反，即当k趋于零或无穷大时 $f'(k)=A$。

利润最大化的条件要求作为配置型投入的物质资本的边际产品等于租金价格 $R_D=r+\delta$，其中，

δ 表示物质资本存量不变的折旧速度；R_D 是物质资本服务的租金价格。那么拥有一单位资本的一个家庭的净收益率为 $R_D-\delta$。一个家庭也可以把这一单位资本贷给其他家庭，从而获得利率 r。既然资本和贷款作为价值储存手段可完全替代，因此就有 $R_D=r+\delta$。由于作为激励型投入的劳动的边际产品为 $R_M=f'(M/D)$，工资率为 w，利润最大化的条件也要求作为激励型投入的劳动的边际产品等于租金价格，即 $R_M=w$。于是有：

$$r=R_D-\delta \tag{6}$$

$$w=R_M \tag{7}$$

2. 均衡分析

假定上述生产行为和消费行为存在于一个封闭经济中，于是有人均资产 a=k 成立。我们把 a=k，$r=R_D-\delta$ 和 $w=R_M$ 代入附录中的式（2′）、（4′）和（5′），得到：

$$\dot{k}=(R_D-\delta-n)k+R_M-c \tag{8}$$

$$\frac{\dot{c}}{c}=(1/\theta)(R_D-\delta-\rho) \tag{9}$$

$$\lim_{t\to\infty}\{k(t)e^{-(R_D-\delta-n)t}\}=0 \tag{10}$$

由式（9）可知，如果 0 时的人均消费水平为 c（0），则 t 时的人均消费为：

$$c(t)=c(0)e^{(1/\theta)(R_D-\delta-\rho)t} \tag{11}$$

其中初始消费水平 c（0）有待确定。以上式（8）和（9）与横截性条件式（10）决定了每个时点上的 c 和 k 配置比例变动的时间路径。

假设生产函数的生产性可以确保 c 的增长，同时其生产性又不可能产生无界效用，即存在：

$$R_D>\rho+\delta>[(1-\theta)/\theta](R_D-\delta-\rho)+n+\delta \tag{12}$$

其中，$R_D>\rho+\delta$ 意味着消费增长率大于 0，而 $\rho-n>[(1-\theta)/\theta](R_D-\delta-\rho)$ 意味着所能达到的效用是有界的，且横截性条件成立。

3. 转移动态

把 c（t）由式（11）代入式（8），得：

$$\dot{k}=(R_D-\delta-n)k-c(0)e^{(1/\theta)(R_D-\delta-\rho)t} \tag{13}$$

解这个关于 k 的一阶线性微分方程，得通解为：

$$k(t)=(\text{常数})e^{(R_D-\delta-n)t}+[c(0)/\varphi]e^{(1/\theta)(R_D-\delta-\rho)t} \tag{14}$$

其中，

$$\varphi=(R_D-\delta)(\theta-1)/\theta+\rho/\theta-n \tag{15}$$

条件（12）意味着 $\varphi>0$。把式（14）的 k（t）代入式（10）的横截条件之中，则有

$$\lim_{t\to\infty}\{\text{常数}+[c(0)/\varphi]e^{-\varphi t}\}=0 \tag{16}$$

由于 $\varphi>0$，式（16）中括号内第二项收敛到 0。因此横截性条件要求这个常数为 0。当常数为 0 时，由式（11）和（14）可知产出 y、人均物质资本 k 和消费 c 都以速度 $(1/\theta)(R_D-\delta-\rho)$ 增长。可以看出，决定增长率的因素主要是 R_D、ρ、δ 和 θ，同时这些因素也影响了 c 和 k 的水平。而人口增长率 n 的变化却不会影响人均增长率，但会使人均消费水平减少。

由分析可知，在上述两部门经济的增长模型中，配置型投入的租金价格 R_D 是决定增长率、消费和人均物质资本水平的关键能动因素。由式（3）和（4）可知，R_D 的大小受激励型投入的租金价格 R_M 和 A 值及两种投入组合比例（M/D）大小影响。相同条件下，如果反映技术水平的 A 值越大，支付给激励型投入的租金价格 R_M 或两种投入组合比例（M/D）越小，则 R_D 会越大。但是，

从企业的生产函数可知，租金价格 R_M 值的大小由生产技术决定，可以变化的是两种投入组合比例（M/D）值的大小。

在前述不考虑土地要素和忽略不计企业家数量的条件下，两种投入组合比例（M/D）实际上就是劳动和资本的组合比例（L/K），也就是说，减小 L/K 的比值可以提高租金价格 R_D，从而促进经济增长率。由于考虑了生产模型中管理投入的激励作用和配置作用，L/K 的比值的变化可以通过管理投入的作用来实现。如果管理投入加强了对激励型投入即劳动的激励作用，充分利用和挖掘劳动力的人的潜能以使单位劳动的生产率提高，那么在物质资本配置不变的前提下也可以实现 L/K 的比值的变小，从而提高产出增长率。

上述分析是对企业和家庭两个部门经济进行的分析，一些限制条件较为严格。但是分析过程和结果显示，在生产模型中加入管理要素，把投入要素区分为激励型投入和配置型投入，对于分析生产效率的来源是一个有用的思路，同时也扩展了经济增长的内生化因素，为经济长期增长从管理投入方面寻求动力，因此理论上的这种尝试是很有意义的。下一步我们将在此基础上加入政府部分拓展分析，以便尽可能接近生产实际。

（三）模型的进一步拓展

假定政府对产出水平及产出增长率的主要影响机制是政府的支出影响了企业私人生产率。政府制定好的产权制度对知识的保护、政府对经营成功的企业家的奖励、我国转型制度背景下政府对企业家社会地位的高度认可等因素都会提高企业家的努力程度，从而提高企业产出率，最终影响长期经济增长率。正如在 AK 模型中，能改变基本技术水平 A 的任何因素都能影响到长期增长率，政府对企业家的影响也会最终改变 A 所代表的技术水平。

1. 家庭部门

为了便于简化分析，这里不考虑人口因素的变化，家庭行为同样满足上述两部门经济中的条件，假定无限寿命的家庭最大化效用由下式给出：

$$U=\int_0^{\infty} e^{-\rho t}\left[\frac{c^{(1-\theta)}-1}{(1-\theta)}\right]dt \tag{17}$$

$$s.t.\dot{w}=(1-\tau)\left[Y(t)+rB(t)\right]-C(t) \tag{18}$$

考虑政府对家庭私人资产的影响，假定政府发行的公债由家庭购买，政府支付给家庭公债利息，同时向家庭收入按一定比例（τ）征收税收。于是家庭资产收入由产出 Y 和公债利息 rB 组成，即 $W=Y(t)+rB(t)$。r 为利率，B 为公债，$\tau\in(0, 1)$ 表示收入税率，不考虑家庭私人资产的折旧。所以家庭净资产在某时刻的变化用对时间的导数 $\dot{w}$ 表示，即式（18）。

2. 政府部门

假设政府的收入包括两部分：一是政府发行的债券或公债构成的资产，用 B（t）表示；二是国家的税收，假设国家按照税率 τ 征收税收，T（t）表示时间 t 的税收收入。政府支出包括三个部分：一是用于支付政府债券或公债的利息，用 rB（t）表示，r 为利率；二是用于支持企业经营发展的激励投入资金 E（t）；三是用于社会发展提供的公共品，用 G（t）表示。我们假设折旧率为 0，则政府的预算约束为：

$$B(t)+T(t)=rB(t)+G(t)+E(t) \tag{19}$$

其中，$G(t)=\varphi T(t)$，φ 是预算支出率，$T(t)=\tau\ [rB(t)+Y(t)]$。

政府政策的可持续性要求政府行为满足非蓬齐对策（Ponzi Game）约束，即：

$$\lim_{t\to\infty} e^{-\int_0^t r(\tau)d\tau} B(t)=0 \tag{20}$$

3. 生产部门

生产函数参照 Greiner（2008）的 C-D 形式，并加入政府部门，具体如下：

$$Y(t)=K(t)^{\alpha}\left[\nu hL(t)\right]^{\beta}G(t)^{1-\alpha-\beta} \tag{21}$$

K（t）和 L（t）分别表示配置型投入和激励型投入，α 与 β 分别表示生产要素投入中配置型投入与激励型投入的份额，h（0≤h≤1）表示单位劳动力所付出的劳动努力程度，ν（0≤ν≤1）表示企业家对劳动力的激励参数。在此生产函数中配置型投入会遵循边际报酬递减规律，然而，激励型投入由于其潜能可以通过激励得以发挥，其边际产出可能会呈现报酬递增的特征。因此，生产函数总可以出现规模报酬不变的情况，为便于简化分析，假定生产函数规模报酬不变。

4. 企业家对劳动力的激励函数

在考虑企业家对劳动进行激励的经济体中，初始劳动力的有效劳动量受自身努力程度和企业家激励能力的影响。一方面，家庭部门在个人利益最大化的驱动下，会最优地选择劳动的时间和精力即努力程度，劳动者根据企业生产中企业家给予的激励投入比例，调整自身的付出。另一方面，政府也会对企业家经营和生产效率进行扶持，如提供物质奖励、对企业家和管理者培训进行补贴等。我国有部分地方政府给经营成功的企业家高额奖励，安徽省霍邱县曾出资 6 亿元人民币奖励一家民营企业。[①] 可见，企业家对劳动者的激励既有内在动力，又有外在动力，内在动力是企业家对企业利润最大化的追求，外在动力是政府愿意为企业家激励提供支持和投入，因此，企业家对劳动力的激励函数是长期存在的。

考虑到生产部门 C-D 生产函数的形式，我们把劳动投入正规化为 1，即 $L(t)\equiv1$。因此企业家对劳动力的激励函数，即任一时点上劳动努力程度的供给可以写为：

$$\dot{h}=\varepsilon(\nu h)^{\gamma}E^{1-\gamma} \tag{22}$$

其中，ε>0 为技术参数，γ∈（0，1）表示企业家对劳动激励实现的努力程度系数，E 表示额外的企业家激励因为政府激励投入而产生的部分。

根据上述家庭行为和政府行为的假定，总效用应该是家庭私人消费品和公共品的函数，因为家庭在私人消费之外，还消费了政府提供的公共品，因此借用巴罗（Barro，1990）的效用函数为：

$$U(C,G)=\frac{C^{(1-\theta)}-1}{(1-\theta)}+\frac{G^{(1-\theta)}-1}{(1-\theta)} \tag{23}$$

U（C，G）满足上述 U（C）函数的所有特征。综合家庭私人预算约束（18）和政府预算约束（19），可得：

$$\dot{K}(t)=(1-\tau\varphi)Y(t)-\tau\varphi rB(t)-E(t)-C(t) \tag{24}$$

5. 均衡分析

在此三部门经济体中，决策主体的最优路径可通过构造最优控制问题，求解现值汉密尔顿函数得到。

最优控制问题表示如下：

$$\max\int_0^{\infty}\left(\frac{C^{(1-\theta)}-1}{(1-\theta)}+\frac{G^{(1-\theta)}-1}{(1-\theta)}\right)e^{-\rho t}dt \tag{25}$$

$$\text{s.t.}\quad \dot{K}(t)=(1-\tau\varphi)Y(t)-\tau\varphi rB(t)-E(t)-C(t) \tag{26}$$

① 2009 年 7 月 10 日，安徽省霍邱县第十五届人民代表大会常务委员会第 21 次会议听取并审议了《霍邱县人民政府关于提请批准给予安徽大昌矿业集团有限公司奖励及有关事宜的报告》，会议通过决议，同意奖励安徽大昌矿业集团有限公司 6 亿元人民币。而霍邱县 2008 年财政收入仅为 7.05 亿元。资料来源：http://www.china.com.cn/news/local/2009-07/17/content_18158044.htm。

$$\dot{h}=\varepsilon(\nu h)^{\gamma}E^{1-\gamma} \tag{27}$$

现值汉密尔顿函数为：

$$H(\cdot)=\frac{c^{(1-\theta)}-1}{(1-\theta)}+\frac{G^{(1-\theta)}-1}{(1-\theta)}+\sigma_1[(1-\tau\varphi)Y-\tau\varphi rB-E-C]+\sigma_2[\varepsilon(\nu h)^{\gamma}E^{1-\gamma}] \tag{28}$$

求解 H（·）函数的三个一阶条件，即：

（1）每期消费都必须使 H 最大化，即$\frac{\partial H}{\partial C}=0$和$\frac{\partial H}{\partial G}=0$，有：

$$\frac{\partial H}{\partial C}=C^{-\theta}-\sigma_1=0 \tag{29}$$

$$\frac{\partial H}{\partial G}=G^{-\theta}+\sigma_1(1-\alpha-\beta)(1-\tau\varphi)K^{\alpha}(\nu h)^{\beta}G^{-\alpha-\beta}=0 \tag{30}$$

（2）描述配置型投入也是家庭资产的影子价格 σ_1 和激励型投入的影子价格 σ_2 行为的转移动态，即欧拉方程，为$\dot{\sigma}_1=-\frac{\partial H}{\partial K}$和$\dot{\sigma}_2=-\frac{\partial H}{\partial h}$，有：

$$\dot{\sigma}_1=-\frac{\partial H}{\partial K}=-\sigma_1\alpha(1-\tau\varphi)K^{\alpha-1}(\nu h)^{\beta}G^{1-\alpha-\beta} \tag{31}$$

$$\dot{\sigma}_2=-\frac{\partial H}{\partial h}=-\sigma_2\varepsilon\gamma\nu^{\gamma}h^{\gamma-1}E^{1-\gamma} \tag{32}$$

（3）横截性条件（转移条件）为：

$$\lim_{t\to\infty}e^{-\rho t}\sigma_1(t)W(t)=0 \tag{33}$$

这里仅仅考虑家庭效用最大化的限制条件，对于政府提供的公共品，不考虑政府期末价值为 0 的情况，因此，横截性条件表现为家庭在期末资产价值为 0。

由一阶条件的式（25）和（27）可得家庭消费增长率：

$$\frac{\dot{C}}{C}=\frac{1}{\theta}[\alpha(1-\tau\varphi)K^{\alpha-1}(\nu h)^{\beta}G^{1-\alpha-\beta}-\rho] \tag{34}$$

从式（34）可以看出，均衡消费增长率为正的条件为时间偏好率，又称消费贴现率 ρ 小于配置型投入的边际产出。因此在时间偏好率 ρ 不变的条件下，提高配置型投入的边际产出可以拉动社会消费增长。

显然，在平衡增长路径上，人均消费、人均物质资本、人均激励型投入、人均产出的增长率是相同的，即：

$$\eta=\frac{\dot{C}}{C}=\frac{\dot{K}}{K}=\frac{\dot{h}}{h}=\frac{\dot{Y}}{Y}=\frac{1}{\theta}[\alpha(1-\tau\varphi)K^{\alpha-1}(\nu h)^{\beta}G^{1-\alpha-\beta}-\rho] \tag{35}$$

由生产函数可以知道，配置型投入的边际产出为：

$$\frac{\partial Y}{\partial K}=\alpha K^{\alpha-1}(\nu h)^{\beta}G^{1-\alpha-\beta} \tag{36}$$

配置型投入边际产出的大小受激励型因素即企业家激励能力和劳动努力程度、政府公共投入等因素影响，提高激励投入和政府公共支出可以带动消费增长。

（四）模型基本结论

从平衡增长率 η 的决定式（35）中可以看出，影响经济平衡增长路径的因素主要有家庭效用偏好、政府公共投入、企业家激励能力和劳动努力程度、配置型投入量及其产出弹性等。

首先，平衡经济增长率 η 是 θ 和 ρ 的减函数，意味着在其他条件不变的情况下，家庭对当前的消费偏好程度越大、对消费波动或者风险厌恶程度越高，则越会倾向于增加当期消费，从而增长率会降低，因此，在家庭消费趋于增长的情况下，提高经济增长率和消费增长率需要提高物质资本即配置型投入的边际产出能力。其次，平衡经济增长率 η 是 ν 和 h 的增函数，即企业家的激励能力、政府的激励投入和劳动者的努力程度越高，则经济增长会越快。再次，值得注意的是政府公共支出的增长也会提高经济增长率。政府在改善企业经营环境、维持良好竞争秩序方面的支出，可以减少企业家在此方面所需的投入和精力，因此企业家可以集中投入提高企业资源配置和激励的效率，进而提高经济增长率。最后，配置型投入在产出中的贡献受投入量和资本产出份额的影响，劳动量一定时，物质资本不宜过多投入，受产出份额的影响（$\alpha-1<0$），物质资本过多会降低经济增长率，所以需要恰当配置物质资本和劳动力。作为激励型投入存在的劳动力，其潜力的发挥和激励效率的提高必须以一定量的物质资本为基础。

在生产函数中，νh 所产生的作用是管理要素实现的，这种函数形式更加重视管理要素的激励功能和配置功能在生产中的作用。理论界对生产要素进行资本和劳动的分类，因为人力资本的存在，无法很明确地区分人力资本是从属资本范畴，还是从属劳动范畴。作为资本，人力资本是劳动力所拥有的，把人力资本作为劳动，它又是以资本的形式发挥作用的。因此，从有能动性的管理要素出发，根据管理要素的激励性和配置性，把投入区分为激励型投入和配置型投入，可以更好地认识两类要素的作用。特别是在知识日益增长的现代经济社会，劳动潜能对增长的潜在影响不可忽视。一定意义上，投入不变的前提下，在遵循收益递减规律的物质资本对利润增长的贡献有限的条件下，劳动投入这种可以激励、可以挖掘潜能的投入是实现利润增长的主要源泉，当然这必须以企业家的激励为前提。

四、结　论

内生增长理论自产生以来一直致力于解释经济增长中 TFP 的来源，然而，由于内生增长理论学家所发展的各类内生要素，并没有为生产效率的主要部分提供解释，以致对增长核算中无知的索洛剩余解释乏力。针对内生增长模型的上述缺陷，本文根据管理要素的激励功能和配置功能，把要素投入区分为激励型投入和配置型投入，结合企业家激励能力和劳动者付出的劳动努力，构建了简单的两部门经济内生增长模型，并在两部门模型基础上加入政府部门对其拓展。

本文的研究认为，作为激励型投入的劳动和作为配置型投入的资本组合比例（L/K）的变化会带来经济增长率的变化。由分析可知，减小 L/K 的比值可以提高配置型投入的租金价格 R_D，从而促进经济增长率。也即是说，K/L 的比值增加会带来经济增长率的提高，但由于我们考虑了生产模型中管理投入的激励作用和配置作用，K/L 比值的变化可以通过管理投入的作用来实现。如果管理投入加强了对激励型投入即劳动的激励作用，充分利用和挖掘劳动力的潜能以使单位劳动的生产率提高，那么在物质资本配置不变的前提下也可以实现 K/L 比值的变大，从而提高产出增长率。也即是说，劳均资本（K/L）变大不是通过资本投入的无限扩大实现的，而是通过管理激励提高劳动效率，从而实现单位产出所需劳动量的减少实现的。而且，在考虑政府部门作用的前提下，作为配置型投入的物质资本，其边际产出的大小受激励型因素即企业家激励能力和劳动努力程度、政府激励型投入等因素影响，提高激励投入和政府公共支出可以推动经济增长，而且由于企业家对劳动力激励函数的存在性，模型分析也表明提高企业家激励能力和劳动者努力程度等是实现利润增长的一个有效途径。

本文通过把管理要素引进内生增长模型，并把生产要素投入区分为激励型投入和配置型投入，突出生产效率源自管理要素对劳动激励这一特征事实，从而可以避免由于人力资本概念的不清晰而造成的理论缺陷，最终为把管理要素引入内生增长模型提供了一个可能的创新性思路，同时通过使用管理要素这一实现效率的关键变量为有效分解 TFP 做了理论准备。

附录：AK模型中的家庭行为[①]

假定无限寿命的家庭最大化效用由下式给出：

$$U=\int_0^{\infty} e^{-(\rho-n)t}\left[\frac{c^{(1-\theta)}-1}{(1-\theta)}\right]dt \tag{1'}$$

$$\text{s.t.}\quad \dot{\alpha}=(r-n)\alpha+w-c \tag{2'}$$

其中，α是人均资产，r为利率，w是工资率，n是人口增长率。假定没有连环信的可能即假设信贷市场对债务融资施加了约束，即为防止家庭无限制地借入使家庭财富为负，给出非蓬齐对策约束，为：

$$\lim_{t\to\infty}\left\{a(t)\exp\left[-\int_0^t [r(\nu)-n]d\nu\right]\right\}\geqslant 0 \tag{3'}$$

由最优化条件即欧拉方程，得消费增长率为：

$$\frac{\dot{c}}{c}=(1/\theta)(r-\rho) \tag{4'}$$

横截性条件为：

$$\lim_{t\to\infty}\left\{a(t)\exp\left[-\int_0^t [r(\nu)-n]d\nu\right]\right\}=0 \tag{5'}$$

在式（1′）中，假定0时的成人数目标准化为1单位，则t时的家庭规模即成人数目为e^{nt}，假定效用函数为u（c）=$\frac{c^{(1-\theta)}-1}{(1-\theta)}$，u(c)是对c递增且凹的，即满足u′(c)>0，u″(c)<0，这个凹性假设是消费随时间平滑化的表现，即家庭偏好于一个相对平均的消费模式。同时假定u(c)满足稻田条件，即当c→0时u′(c)→∞，当c→∞ u′(c)→0。$e^{-\rho t}$中ρ>0是时间偏好率。ρ的正值意味着效用获得越晚其价值就越低。同时假定ρ>n，这意味着如果c持续不变则式（1）中的u（c）=$\frac{c^{(1-\theta)}-1}{(1-\theta)}$是有界的。α作为家庭的人均资产是以可消费品的单位来衡量的。假定家庭是竞争性的，每一个家庭都认为利率r（t）和付给每单位劳动的工资率w（t）是给定的，因此对家庭而言的流量预算约束满足式（2′）。式（3′）所代表的约束意味着在长期中一个家庭的人均债务（α（t）的负值）不可能以r(t)－n那么快的速度增长，所以债务水平不可能增长地像r（t）那样快，即表示资产的现值渐进于非负，这一约束排除了连环信融资的可能性。u(c)=$\frac{c^{(1-\theta)}-1}{(1-\theta)}$是不变跨期替代弹性效用函数，其中θ是跨期替代弹性。式（5′）的横截条件表明为了实现效用最大化，家庭在期末资产的价值应该等于0，其中的变量ν是收入的现值影子价格。

〔参考文献〕

[1] Aghion P., Peter H.. A Model of Growth through Creative Destruction, Econometrica, 1992 (60).

[2] Aghion P., Peter H.. Endogenous Growth Theory, MIT Press, 1998.

[3] Arrow K. J.. The Economic Implications of Learning by Doing, Review of Economic Studies, 1962 (29).

[4] Barro R. J.. Government Spending in a Simple Model of Endogenous Growth, Journal of Political Economy, 1990 (98).

---

① 罗伯特·巴罗，等. 经济增长. 北京：中国社会科学出版社，2000.

[5] Becker G. S., Murphy K. M., Tamura R.. Human Capital, Fertility, and Economic Growth, Journal of Political Economy, 1990 (98).

[6] Fare R. S., Gross K. M., Zhong Y. Z.. Productivity Growth, Technical Progress, and Efficiency Change in Industrialized Countries, American Economic Review, 1994.

[7] Greiner A.. Human Capital Formation, Public Debt and Economic Growth, Journal of Macroeconomics, 2008 (30).

[8] Lucas R. E. Jr. On the Mechanics of Economic Development, Journal of Monetary Economics , 1988 (22).

[9] Nadiri M. I.. Some Approaches to the Theory and Measurement of Total Factor Productivity: A Survey, Journal of Economic Literature, 1970 (Dec) Vol. 8 Issue 4.

[10] Ramesy F.. A Mathematical Theory of Saving, Economic Journal, 1928 (38).

[11] Rebelo S., Stokey N. L.. Growth Effects of Flat-Rate Taxes, Journal of Political Economy, 1995 (103).

[12] Romer P. M.. Increasing Returns and Long-Run Growth, Journal of Political Economy, 1986, 94 (5).

[13] Romer P. M.. Endogenous Technological Change, Journal of Political Economy, 1990 (98).

[14] Schultz T. W.. Investment in Human Capital, American Economic Review, 1961 (51).

[15] Uzawa H.. Optimal Technical Change in an Aggregative Model of Economic Growth, European Economic Review, 1965 (38).

[16] Yang X. K., Borland J.. A Microeconomic Mechanism of Economic Growth, Journal of Political Economic, 1991, 99 (3).

[17] 陈勇，唐朱昌. 中国工业的技术选择与技术进步：1985~2003. 经济研究，2006 (9).

[18] 刘伟. 中国市场经济发展研究：市场化进程与经济增长和结构演进. 北京：经济科学出版社，2009.

[19] 罗伯特·巴罗，等. 经济增长. 北京：中国社会科学出版社，2000.

[20] 朱勇. 新增长理论. 北京：商务印书馆，1999.

The New Sorts of Production Input and Expand Endogenous Growth Model

Zhou Weimin[1]　　Shen Kunrong[2]

(1. Huaiyin Institution Technology, Huaian　223001; 2. School of Economics Nanjing University, Nanjing　210093)

Abstract: This Paper builds the endogenous growth model of two-sector economy which is household and firm, based on the entrepreneur ability to urge the labor and to deploy the capital according to incentive function and deploy function of management. As for as the simple AK model, owing to the motivational process of management, physical capital per labor would not be diminishing return, and then ensure that the condition of AK exit, that is, the marginal product of long-term and continuous deployed input would not be equal to 0 (without Inada condition). It discusses the contribution of Deployed Input and Motivational Input to economic growth in the model of two-sector economy, and analyzes the effect of some elements on growth such as the entrepreneur's ability to urge the labor, the labor's striving level to do, and the input for entrepreneur motivational exercises by government, etc. in the expanded model with government sector.

Key Words: The Management Factor; Deployed Input and Motivational Input; Endogenous Growth Model

【战略管理】

纵向一体与纵向分离下核心部件最优信息公开度比较研究

范合君

(首都经济贸易大学工商管理学院，北京 100070)

[摘 要] 应用软件必须接入操作系统才能正常运行。微软公司在操作系统市场上处于垄断地位，而在应用软件市场上处于竞争地位。纵向一体化的微软公司公开操作系统的部分接口信息产生两方面的效应：一方面会在竞争性应用软件市场引入竞争对手降低本公司应用软件的利润；另一方面随着应用软件种类的增多，消费者对操作系统的评价也会提高，微软可以提高操作系统的价格。因此微软必须对二者进行权衡。本文通过分析得出了纵向一体化情况下微软也会公开所有操作系统信息的结论。

[关键词] 操作系统；信息公开度；博弈

一、引 言

任何应用软件必须依靠系统软件的支持才能够实现其功能，应用软件必须接入操作系统才能正常运行。在软件市场上微软公司采用一种纵向一体化的市场结构。微软公司既生产操作系统（Windows）又生产应用软件（如 Words 等）。其中，微软的 Windows 操作系统基本垄断了整个操作系统市场。据报道基于 Intel 的个人操作系统市场有 Windows、Linux、BeOS 等几种产品组成，其中 Windows 占有 90%以上的市场份额，有强大的市场力量。尽管 Linux 是免费产品，但它对 Windows 的替代能力微乎其微。因此 Windows 在计算机软件市场处于不可动摇的地位。在应用软件市场上，微软的许多产品也同样占有绝对的市场份额，处于垄断地位，如 Office 系列。许多人认为由于微软在操作系统处于垄断地位，在应用软件领域处于竞争地位，因此微软可能采取策略性行为即通过只公开部分操作系统信息，以使在应用软件市场上其他竞争公司处于信息劣势，从而达到在应用软件市场上垄断的目的。于是有人建议对微软公司进行纵向拆分，把微软分为专门生产操作系统的公司以及生产应用软件的公司。

事实上，在这种垂直的存在接入的市场结构中，存在处于垄断地位的下游企业利用策略性行为阻止处于上游竞争性市场的企业顺利接入自己的网络的可能。这样便可以提升自己处于上游竞

[基金项目] 北京市属高等学校人才强教计划“高层次人才资助计划”项目（批准号：PRH20100513）。
[作者简介] 范合君（1979—），男，山东省泰安市人，首都经济贸易大学工商管理学院副教授、经济学博士。

争性市场产品的竞争优势。[①②] 微软真的会采取这种策略行为吗？即在这种纵向一体化的存在接入的市场结构中，其操作系统会对其他应用软件开发商隐藏部分接口信息吗？应用软件必须接入操作系统才能运行。但是由于操作系统的垄断，因此微软存在不公开全部操作系统接口信息的可能。公开操作系统部分信息一方面会在竞争性应用软件市场引入竞争对手降低应用软件的利润；另一方面随着应用软件种类的增多消费者对操作系统的评价也会提高，操作系统提供商可以提高操作系统的价格。因此微软公司要对二者进行权衡。[③] 那么最优公开度是多少？在此最优公开度情况下操作系统的最优定价方式是什么？应用软件的最优价格是多少？本文通过严格的数学模型分析了操作系统的最优信息公开度问题并分析了软件的最优定价问题。得出微软会公开 Windows 操作系统的所有接口信息的结论。这为我们重新认识信息产品的信息公开与定价问题以及信息产业的发展与规制问题提供了不同的视角。

本文是这样安排的：首先作为比较的基准，在第二部分讨论了如果把微软公司进行纵向分离后，微软操作系统的最优信息公开度；接着分析了纵向一体化情况下，微软操作系统的最优信息公开度问题。在文章的最后进行了简单的总结。

二、纵向分离情况下微软操作系统最优信息公开度

作为比较的基准，我们首先分析如果把微软进行纵向分离后其操作系统的最优信息公开度问题。假设把微软分为两个独立公司：操作系统公司以及应用软件公司。在这种情况下，微软操作系统会公开多少信息呢？

（一）模型的博弈顺序

博弈分为两个阶段：

第一阶段，微软操作系统公司公开操作系统接口信息。

第二阶段，竞争性应用软件厂商根据微软提供的接口信息开发应用软件，并在应用软件市场上进行竞争。

（二）模型的基本假设

为了简化分析，做如下假设：

(1) 微软操作系统公司公开部分操作系统接口信息记为 θ，且 $\theta \in [0, 1]$。

(2) 存在两个竞争性应用软件厂商 1 和 2，他们根据微软公开的操作系统接口信息开发应用软件，软件质量分别为 r_1、r_2。由于信息产品的网络外部性（Economides，1996），随着微软操作系统信息公开度的不断加大，竞争厂商开发的应用软件质量不断提高，并且提高速度是加速的。即

$$\frac{\partial r_1}{\partial \theta}>0,\ \frac{\partial^2 r_1}{\partial \theta^2}>0,\ \frac{\partial r_2}{\partial \theta}>0,\ \frac{\partial^2 r_2}{\partial \theta^2}>0$$

假设 $r_1=k_1\theta^2$、$r_2=k_2\theta^2$，其中，k_1、k_2 为创新系数，并且假设 $2k_2>k_1>k_2>1$。

(3) 设市场上有 N 个异质消费者，消费者的效用函数为：[④]

---

① 事实上操作系统接口信息不完全公开的问题类似于垂直市场结构中的市场关闭问题。关于市场关闭的详细讨论可以参阅 Rey 和 Tirole（2005）的研究。

② 由于应用软件必须接入操作系统，因此操作系统接口信息的公开问题也是一种接入问题。关于接入问题已经有了大量的文献，可以参阅 Armstrong（2002）的研究。

③ 关于不存在接入问题的信息公开度的分析见王文举和范合君（2005）的研究。

④ 这是消费者效用函数的一种简单设法，这种设法在产业组织理论分析中经常使用。见 Tirole（1988）、王文举和范合君（2005）的研究。

$$u_1=\begin{cases}\beta r_1-p_1，如果购买企业 1 的应用软件。\\ \beta r_2-p_2，如果购买企业 2 的应用软件，其中 \beta 为消费者偏好参数且 \beta 为［0，1］的均匀\\ \qquad 分布；p_1、p_2 分别为两个应用软件厂商的价格。\\ 0\quad，如果不购买。\end{cases}$$

由于 $r=k\theta^2$，所以

$$u_1=\begin{cases}\beta k_1\theta^2-p_1，如果购买企业 1 的应用软件。\\ \beta k_2\theta^2-p_2，如果购买企业 2 的应用软件。\\ 0\quad，如果不购买。\end{cases}$$

（4）微软操作系统以及竞争性应用软件厂商的边际生产成本与固定成本都为 0。事实上软件产品的边际成本很低，而固定成本比较高。而固定成本对于边际决策没有影响，因此可以忽略不计（瓦里安和夏皮罗，2000）。

（三）厂商的需求函数及利润函数

当 $\beta k_1\theta^2-p_1>\beta k_2\theta^2-p_2$ 时，消费者会购买应用软件厂商 1 的产品。此时：

$$\beta\geqslant\frac{p_1-p_2}{(k_1-k_2)\theta^2}=\beta_1$$

因此应用软件厂商 1 的需求函数为：

$$D_1(p_1,\ p_2,\ \theta)=1-\frac{p_1-p_2}{(k_1-k_2)\theta^2}$$

利润函数为：

$$\pi_1=p_1D_1(p_1,\ p_2,\ \theta)=p_1\left(1-\frac{p_1-p_2}{(k_1-k_2)\theta^2}\right)$$

当 $\beta k_1\theta^2-p_1\leqslant\beta k_2\theta^2-p_2$，并且 $\beta k_2\theta^2-p_2>0$ 时，消费者会购买竞争厂商 2 的应用软件。此时：

$$\beta_2=\frac{p_2}{k_2\theta^2}<\beta<\frac{p_1-p_2}{(k_1-k_2)\theta^2}=\beta_1$$

因此应用软件厂商 2 的需求函数为：

$$D_2(p_1,\ p_2,\ \theta)=\frac{p_1-p_2}{(k_1-k_2)\theta^2}-\frac{p_2}{k_2\theta^2}$$

竞争厂商的利润函数为：

$$\pi_2=p_2D_2(p_1,\ p_2,\ \theta)=p_2\left(\frac{p_1-p_2}{(k_1-k_2)\theta^2}-\frac{p_2}{k_2\theta^2}\right)$$

（四）模型的求解

可以利用逆向解法求解此博弈模型。

1. 竞争性应用软件的定价

先求解第二阶段的博弈。在第二阶段竞争性应用软件厂商根据微软提供的接口信息开发应用软件，并在应用软件市场上进行竞争。模型如下：

$$\begin{cases}\max\limits_{p_1}\pi_1=p_1D_1(p_1,\ p_2,\ \theta)=p_1\left(1-\dfrac{p_1-p_2}{(k_1-k_2)\theta^2}\right)\\ \max\limits_{p_2}\pi_2=p_2D_2(p_1,\ p_2,\ \theta)=p_2\left(\dfrac{p_1-p_2}{(k_1-k_2)\theta^2}-\dfrac{p_2}{k_2\theta^2}\right)\end{cases}$$

一阶条件为：$$\begin{cases}\dfrac{\partial\pi_1}{\partial p_1}=\left(1-\dfrac{p_1-p_2}{(k_1-k_2)\theta^2}\right)-\dfrac{p_1}{(k_1-k_2)\theta^2}=0\\ \dfrac{\partial\pi_2}{\partial p_2}=\left(\dfrac{p_1-p_2}{(k_1-k_2)\theta^2}-\dfrac{p_2}{k_2\theta^2}\right)-p_2\left(\dfrac{1}{(k_1-k_2)\theta^2}-\dfrac{1}{k_2\theta^2}\right)=0\end{cases}$$

求解得到：$\begin{cases} p_1 = \dfrac{2\ (k_1 - k_2)\ \theta^2}{3} \\ p_2 = \dfrac{(k_1 - k_2)\ \theta^2}{3} \end{cases}$

2. 微软操作系统的最优公开度

操作系统与普通的应用软件不同。消费者购买操作系统并不是因为对消费者有直接效用，而是因为对消费者有直接效用的应用软件必须依赖于操作系统。正如我们买书籍一样，买书籍并不是因为构成书籍的纸张对我们有用，而是因为纸张上文字的内容对我们有用。那么对操作系统如何进行定价呢？传统的定价方式主要是边际成本定价。而现实中应用更多的则是第一价格歧视、第二价格歧视、第三价格歧视、两部收费制等（Tirole，1988；Varian，1989；Varian，1995；Varian 和 Kahin，2000）。这些方法的基本思想都是厂商要尽可能多地榨取消费者的剩余。

由于操作系统的不可或缺性，并且微软在操作系统领域处于垄断地位，因此微软可以凭借其操作系统的垄断地位，榨取消费者从应用软件的消费中得到的全部消费者剩余。这样就可以得到微软操作系统的最优定价模式。

假设消费者从购买操作系统与应用软件中得到的联合效用为：

$$u = \begin{cases} u_1 - p，如果购买操作系统与应用软件。 \\ 0 \quad ，如果不购买。 \end{cases}$$

其中，p 为操作系统价格。因此微软操作系统的最高价格为 $p = u_1$，而 u_1 恰恰就是消费者从购买应用软件的消费中得到的消费者剩余。因此，微软操作系统的最优价格为消费者从购买应用软件的消费中得到的消费者剩余。

消费者从购买应用软件的消费中得到的消费者剩余为：

$$CS = \int_{\beta_1}^{1} (\beta k_1\theta^2 - p_1)\ d\beta + \int_{\beta_2}^{\beta_1} (\beta k_2\theta^2 - p_2)\ d\beta$$

即

$$CS = \int_{\frac{p_1 - p_2}{(k_1 - k_2)\theta^2}}^{1} (\beta k_1\theta^2 - p_1)\ d\beta + \int_{\frac{p_2}{k_2\theta^2}}^{\frac{p_1 - p_2}{(k_1 - k_2)\theta^2}} (\beta k_2\theta^2 - p_2)\ d\beta$$

把 $p_1 = \dfrac{2\ (k_1 - k_2)\ \theta^2}{3}$，$p_2 = \dfrac{(k_1 - k_2)\ \theta^2}{3}$代入，得到：

$$CS = \frac{1}{18}\ (k_1^2 - 3k_1k_2 + 11k_2^2)\ \theta^2$$

那么微软从操作系统的销售中得到的最高利润为：

$$\pi_3 = CS = \frac{1}{18}\ (k_1^2 - 3k_1k_2 + 11k_2^2)\ \theta^2$$

$$\max_{\theta \in [0,\ 1]} \pi_3 = \frac{1}{18}\ (k_1^2 - 3k_1k_2 + 11k_2^2)\ \theta^2$$

发现 $\dfrac{\partial \pi_3}{\partial \theta} = \dfrac{1}{9}\ (k_1^2 - 3k_1k_2 + 11k_2^2)\ \theta > 0$。

得到命题 1。

命题 1： 纵向分离情况下微软操作系统的最优定价模式为实施价格歧视，即榨取消费者从购买应用软件的消费中得到的所有消费者剩余。微软操作系统公司将公开所有接口信息。

这可以解释为操作系统的信息公开得越多，竞争性应用软件厂商提供的软件质量也越高，消费者得到的消费者剩余越大，对操作系统的评价也越高。因此微软可以提高操作系统价格，从销售操作系统得到更高的利润。

三、纵向一体化情况下微软操作系统最优信息公开度

下面分析纵向一体化情况下微软操作系统最优信息公开度的问题。

（一）模型的博弈顺序

博弈分为两个阶段：

第一阶段，微软公开操作系统接口信息。把信息公开度记为 θ，且 $\theta \in [0,1]$。

第二阶段，微软开发应用软件；竞争厂商根据微软提供的接口信息也开发应用软件，两者在应用软件市场上进行竞争。

（二）模型的基本假设

为了简化分析，做如下假设：

（1）微软开发的应用软件的质量为 r_1；竞争厂商根据微软公开的操作系统接口信息开发的应用软件的质量为 r_2。由于信息产品的网络外部性，随着微软操作系统信息公开度的不断加大，竞争厂商开发的应用软件质量不断提高，并且提高速度是加速的。即 $\frac{\partial r_2}{\partial \theta}>0$，$\frac{\partial^2 r_2}{\partial \theta^2}>0$。假设 $r_2=k\theta^2$。

（2）设市场上有 N 个异质消费者，消费者的效用函数为：

$$u_1=\begin{cases}\beta r_1-p_1,\text{如果购买微软的应用软件。}\\ \beta r_2-p_2,\text{如果购买竞争厂商的应用软件。}\\ 0\qquad\ ,\text{如果不购买。}\end{cases}$$

其中，β 为消费者偏好参数且 β 为 [0，1] 的均匀分布；p_1、p_2 分别为微软与竞争厂商应用软件的价格。

由于 $r_2=k\theta^2$，所以：

$$u_1=\begin{cases}\beta r_1-p_1,\text{如果购买微软的应用软件。}\\ \beta k\theta^2-p_2,\text{如果购买竞争厂商的应用软件。}\\ 0\qquad\quad\ ,\text{如果不购买。}\end{cases}$$

（3）微软以及竞争厂商的生产成本为 0。事实上软件产品的边际成本很低，而固定成本比较高。而固定成本对于边际决策没有影响，因此可以忽略不计（瓦里安和夏皮罗，2000）。

（4）微软的利润有两种来源：其一是应用软件的利润；其二是销售操作系统的利润。记 π 为微软的总利润；π_1 为微软销售应用软件的利润；π_2 为竞争厂商销售应用软件的利润；CS 为消费者购买应用软件的剩余；π_3 为微软销售应用软件的利润。其中，$\pi=\pi_1+\pi_3$。

（三）厂商的需求函数及利润函数

当 $\beta r_1-p_1>\beta k\theta^2-p_2$ 时，消费者会购买微软的应用软件。此时：

$$\beta \geqslant \frac{p_1-p_2}{r_1-k\theta^2}=\beta_1$$

因此微软的应用软件的需求函数为：

$$D_1(p_1,p_2,\theta)=1-\frac{p_1-p_2}{r_1-k\theta^2}$$

利润函数为：

$$\pi_1=p_1D(p_1,p_2,\theta)=p_1\left(1-\frac{p_1-p_2}{r_1-k\theta^2}\right)$$

当 $\beta r_1-p_1<\beta k\theta^2-p_2$，并且 $\beta k\theta^2-p_2>0$ 时，消费者会购买竞争厂商的应用软件。此时：

$$\beta_2=\frac{p_2}{k\theta^2}<\beta<\frac{p_1-p_2}{r_1-k\theta^2}=\beta_1$$

因此竞争厂商的需求函数为：

$$D_2(p_1,\ p_2,\ \theta)=\frac{p_1-p_2}{r_1-k\theta^2}-\frac{p_2}{k\theta^2}$$

竞争厂商的利润函数为：

$$\pi_2=p_2D_2(p_1,\ p_2,\ \theta)=p_2\left(\frac{p_1-p_2}{r_1-k\theta^2}-\frac{p_2}{k\theta^2}\right)$$

（四）微软应用软件的最优定价

先求解第二阶段的博弈。在第二阶段微软开发应用软件；竞争厂商根据微软提供的接口信息也开发应用软件，两者在市场上进行价格竞争。模型如下：

$$\begin{cases}\max\limits_{p_1}\ \pi_1=p_1D_1(p_1,\ p_2,\ \theta)=p_1\left(1-\dfrac{p_1-p_2}{r_1-k\theta^2}\right)\\ \max\limits_{p_2}\ \pi_2=p_2D_2(p_1,\ p_2,\ \theta)=p_2\left(\dfrac{p_1-p_2}{r_1-k\theta^2}-\dfrac{p_2}{k\theta^2}\right)\end{cases}$$

一阶条件为：

$$\begin{cases}\dfrac{\partial\pi_1}{\partial p_1}=\left(1-\dfrac{p_1-p_2}{r_1-k\theta^2}\right)-\dfrac{p_1}{r_1-k\theta^2}=0\\ \dfrac{\partial\pi_2}{\partial p_2}=\left(\dfrac{p_1-p_2}{r_1-k\theta^2}-\dfrac{p_2}{k\theta^2}\right)-p_2\left(\dfrac{1}{r_1-k\theta^2}+\dfrac{1}{k\theta^2}\right)=0\end{cases}$$

求解得到：

$$\begin{cases}p_1=2r_1\left(\dfrac{r_1-k\theta^2}{4r_1-k\theta^2}\right)\\ p_2=k\theta^2\left(\dfrac{r_1-k\theta^2}{4r_1-k\theta^2}\right)\end{cases}$$

通过比较静态分析得到：

$$\frac{\partial p_1}{\partial\theta}=\frac{-12kr_1\theta^2}{(4r_1-k\theta^2)^2}<0$$

$$\frac{\partial\pi_1}{\partial\theta}=\frac{-2kr\theta\,(4r_1-k\theta^2)\,(2r_1+k\theta^2)}{(4r_1-k\theta^2)^2}<0$$

得到命题 2。

命题 2： 纵向一体化情况下微软提供的应用软件的价格随着操作系统公开度的提高而降低，并且从操作系统得到的利润随着操作系统信息公开度的提高而降低。

这可以解释为操作系统的信息公开得越多，竞争厂商提供的软件质量也越高，因此加剧了微软的应用软件市场的竞争。所以微软提供的应用软件的价格随着操作系统公开度的提高而降低。

（五）微软操作系统的最优定价

同前面分析一样，微软对操作系统定价应当采取价格歧视的方法。此时，消费者从应用软件的消费中得到的消费者剩余为：

$$CS=\int_{\beta_1}^{1}(\beta r_1-p_1)\,d\beta+\int_{\beta_2}^{\beta_1}(\beta k\theta^2-p_2)\,d\beta$$

即

$$CS=\int_{\frac{p_1-p_2}{r_1-k\theta^2}}^{1}(\beta r_1-p_1)\,d\beta+\int_{\frac{p_2}{k\theta^2}}^{\frac{p_1-p_2}{k_1-k\theta^2}}(\beta k\theta^2-p_2)\,d\beta=1/2\left(r_1+\frac{p_2^2}{k\theta^2}+\frac{(p_1-p_1)}{r_1-k\theta^2}\right)-p_1$$

把 $p_1=2r_1\left(\frac{r_1-k\theta^2}{4r_1-k\theta^2}\right)$，$p_2=k\theta^2\left(\frac{r_1-k\theta^2}{4r_1-k\theta^2}\right)$代入，得到：

$$CS=\frac{r_1}{2}\left(\frac{4r_1^2+5rk\theta^2}{(r_1-k\theta^2)^2}\right)$$

那么微软从操作系统的销售中得到的最高利润为：

$$\pi_3=CS=\frac{r_1}{2}\left(\frac{4r_1^2+5rk\theta^2}{(r_1-k\theta^2)^2}\right)$$

通过比较静态分析得到：

$$\frac{\partial\pi_3}{\partial\theta}=\frac{r_1^2}{2}k\theta\left(\frac{56r_1+10k\theta^2}{(4r_1-k\theta^2)^3}\right)>0$$

得到命题 3。

命题 3：纵向一体化情况下微软操作系统的最优定价模式为实施价格歧视，即榨取消费者从购买应用软件的消费中得到的所有消费者剩余。并且微软从提供操作系统得到的利润随着操作系统信息公开度的提高而增长。

这可以解释为操作系统的信息公开得越多，竞争厂商提供的软件质量也越高，消费者得到的消费者剩余越大，对操作系统的评价也越高。因此微软可以提高操作系统价格，从销售操作系统得到更高的利润。

（六）微软操作系统最优信息公开度

下面开始求解第一阶段博弈。在第一阶段微软决定操作系统信息的公开度为 θ。

微软的总利润为：

$$\pi=\pi_1+\pi_3$$

那么微软的决策模型为：

$$\max_{\theta}\ \pi=\pi_1+\pi_3$$

$$s.t.\begin{cases}\max\limits_{p_1}\ \pi_1=p_1D_1(p_1,\ p_2,\ \theta)=p_1\left(1-\frac{p_1-p_2}{r_1-k\theta^2}\right)\\ \max\limits_{p_2}\ \pi_2=p_2D_2(p_1,\ p_2,\ \theta)=p_2\left(\frac{p_1-p_2}{r_1-k\theta^2}-\frac{p_2}{k\theta^2}\right)\end{cases}$$

把 π_1、π_3 代入，上述模型简化为：

$$\max_{\theta}\ \pi=\pi_1+\pi_3=1/2\ r_1\left(1-\frac{(r_1-k\theta^2)}{(4r_1-k\theta^2)}\right)$$

由于 $\frac{\partial\pi}{d\theta}=\frac{3k\theta r_1^2}{(4r_1-k\theta^2)^2}>0$，并且 $\theta\in[0,\ 1]$，因此最优公开度 $\theta=1$，即微软公开操作系统的全部接口信息。

得到命题 4。

命题 4：纵向一体化情况下微软虽然在操作系统领域处于垄断地位，并且在应用软件领域与其他公司进行竞争，但是微软仍然会公开所有的操作系统接口信息，不应存在对竞争对手的信息歧视行为。

这可以解释为操作系统的信息公开得越多，竞争厂商提供的软件质量也越高，消费者得到的消费者剩余越大，对操作系统的评价也越高，微软就可以提高操作系统价格，从销售操作系统得到更高的利润。只要从销售操作系统得到的利润大于因为竞争而失去的应用软件的利润，微软就会公开所有的操作系统接口信息。即纵向一体化情况下，微软也会公开操作系统的全部接口信息，不存在对其他应用软件公司的信息歧视。

四、结　论

我们分析了在纵向分离与纵向一体化情况下微软操作系统的最优信息公开度问题。公开操作系统部分信息一方面会在竞争性应用软件市场引入竞争对手降低自己应用软件的利润；另一方面随着应用软件种类的增多消费者对操作系统的评价也会提高，操作系统提供商可以提高操作系统的价格，得到更高的操作系统的利润。因此微软要对二者进行权衡。我们发现微软虽然在操作系统领域处于垄断地位，并且在应用软件领域与其他公司进行竞争，但是微软仍然会公开所有的操作系统接口信息，不存在对竞争对手的信息歧视行为。所以对微软公司进行纵向拆分不一定能够取得预期的效果。

同时还分析了纵向分离情况下操作系统与竞争性应用软件的最优定价问题。我们发现，微软提供的应用软件的价格随着操作系统公开度的提高而降低。微软操作系统的最优价格为消费者从购买应用软件的消费中得到的消费者剩余。并且微软从提供操作系统得到的利润随着操作系统信息公开度的提高而增加。

〔参考文献〕

［1］Armstrong M.. The Theory of Access Pricing and Interconnection，in Handbook of Telecommunications Economics（Volume Ⅰ）. Elsevier Science B.V.，2002.

［2］Economides N.. The Economics of Networks. International Journal of Industrial Organization，1996，16（4）.

［3］Tirole Jean. The Theory of Industry Organization. MIT Press，1998.

［4］Varian Hal R.. Price Discrimination，in Handbook of Industrial Organization（Volume Ⅰ）. Elsevier Science B.V.，1989.

［5］Varian Hal R.. Pricing Information Goods. UCLA Working Paper Series，1995.

［6］Vairan Hal R. and Kahin. B.. Internet Publishing and beyond. MIT Press，2000.

［7］Rey. Patrick and Tirole，Jean. Forclosure，in Handbook of Industrial Organization（Volume Ⅲ）. Elsevier Science B.V.，2005.

［8］哈尔·瓦里安，卡尔·夏皮罗. 信息规则. 北京：中国人民大学出版社，2000.

［9］王文举，范合君. 信息产品最优公开度博弈分析. 吉林大学学报，2005，45（1）.

Game Analysis of Optimal Information Openness of Microsoft's Windows Operation System

Fan Hejun

(School of Business Administration of Capital Economics and Business University，Beijing　100070)

Abstract：This paper analyzes the optimal information openness of Microsoft's Windows operation system. Openness interface information will result in two kinds of effect. On the one hand it will introduce competition. On the other hand it can raise the consumer appreciation. So there is a trade-off for Microsoft. We build a game model and conclude that Microsoft will open all the interface information of Windows completely.

Key Words：Operation System；Information Openness；Game Theory

【战略管理】

基于信息系统的供应链管理在医疗卫生服务机构中的应用

——闵行区区级医疗卫生机构的案例研究

王 峥
（清华大学经济管理学院医疗管理研究中心，北京 100084）

［摘 要］介绍了上海市闵行区自2005年起实施的药品供应管理模式改革，分析和评价了具体实施方式及效果，并对其是否可在全国范围内进行成功推广进行了论证。表明这种基于信息系统的供应链管理模式在压缩医疗机构管理成本、降低药品采购价格、促进医疗机构合理用药和改变医疗机构补偿方式等方面收到一定的成效。但由于这种方式的运营环境不仅需要资金上的支持，更需要观念上的更新及社会的整体经济发展实力，因此建议仅在经济较发达地区进行推广。

［关键词］供应链管理；信息系统；药品；闵行区

一、引 言

2009年8月18日，卫生部《关于建立国家基本药物制度的实施意见》、《国家基本药物目录管理办法（暂行）》和《国家基本药物目录（基层医疗卫生机构配备使用部分）》（2009年版）发布，这标志着我国建立国家基本药物制度工作正式实施。然而这项政策的实施也引出了很多值得关注的问题，如多数基本药品的价格低、利润薄，导致厂商不愿继续生产；在缺乏相应的财政补偿机制及手段的情况下，基层医疗机构的既得经济利益不断受到冲击等。因此，在许多基层医疗机构中，基本药品供应不继与断货的现象时有发生。

实现基层医疗机构全部配备使用基本药物，是建立国家基本药物制度的关键环节。为了保证基本药品的供应，落实国家基本药物制度的系列政策，各地政府与基层医疗机构纷纷对原有药品的采购供应模式进行了（或多或少的）变革，在保障药品供应商合理利益的前提下，一方面最大限度地缓解居民"看病贵"的问题——降低药品采购价格与基本药品"零差价"政策在基层医疗机构的强制性推广实施；另一方面改革现有的补偿模式以维护（公立）医疗机构的公益性及医务人员的工作积极性，实现多方利益群体的共赢局面。其中，上海市闵行区以药品供应模式改革为突破口，利用现代物流方式和国内外通行的做法，在对信息系统进行广泛互联的基础上实行了供

［基金项目］《面向网络化的医疗知识共享机制与应用研究》（批准号：71072014）；中国博士后科学基金第五十批资助项目：《基于供应链管理的医疗卫生机构药品供应模式研究》（批准号：2011M500343）。

［作者简介］王峥（1977—），湖北武汉人，清华大学经济管理学院博士后、助理研究员，研究方向：医疗管理。

应链管理和对非主营服务的外包，从而整合了其下属医疗机构药品采购供应的商流、物流、资金流和信息流，重构了其药品采购的供应模式与供应流程，从整体上实现了医疗机构降低成本、提升效率的目的。

二、文献研究与回顾

（一）供应链管理模式引入医药卫生领域

供应链管理是以客户为中心，对流动于整个供应链上——供应商、制造商、仓库和零售商的库存、包装、配送运输等活动的提供数量以及提供水平进行了综合权衡取舍（Trade-off），以系统总成本最低、效率最高为目标，融物流、信息流和资金流于一体进行集成化管理，因此被日本学者西泽修誉为"第三利润源"。

受到人口数量的不断上升以及全球迈向老年型社会等因素的影响，当今世界各国的医疗费用大多处于急剧增长的态势，一些国家的增长幅度甚至超过本国国内生产总值和卫生总费。为了改善医疗服务质量并降低成本（特别是成本控制），自 1996 年起，多国相继开展实施了以"高效的患者响应"（Efficient Healthcare Consumer Response，EHCR）组织系统等为代表的供应链管理，设计和管理跨越公司界限的无缝、增值流程以满足终端客户的真实需求。

实践证明，各国通过对药品采购、流通配送、库存水平与结构等不同环节的不同程度改造，有效降低了药品的供应（特别是物流）成本，同时提升了卫生服务的效益，如美国的集中药品采购组织（GPOs）每年能为加盟的医疗卫生机构降低 10%~15%的采购费用；危地马拉则分别为 65%（卫生部门）和 23%（社会保障部门），使这些国家的医疗卫生机构在成本降低和改善服务质量上取得双重利益；墨西哥、津巴布韦等国家在结合药品使用量的基础上，对药品需求进行预测及制订药品（获取）计划，并应用现代库存技术不断加强和改善库存管理流程；欧洲一些国家（如瑞典、德国、法国）的医疗卫生机构尝试从药物供应商处甚至药厂处直接进货，药品流通环节的压缩，使客户（包括卫生服务机构）的库存水平有效降低，加快了资金的流动，令配送行业的市场集中度得到进一步加强（目前有逐渐形成垄断的趋势）并形成的高效配送系统，从而有利于政府能以较低的行政成本对药品市场实行高度且集中的监管，为客户需求提供可靠的快速响应（Quick Response）。

（二）构建基于信息技术的支持系统

供应链管理模式应用于医药卫生领域的实践表明，现代物流的核心主要是要求供应链上的各单位（环节）以较高的信息化水平与物流技术（POS、RFID 等）形成共享的信息系统平台，实现药房库存、配送中心、供应商等方之间的链接以及将各种物流活动与某个过程整合而形成连接通道，达到有效整合上、下游的资源、提高服务水平的目的。据 EHCR 的报告，药物供应链体系包括生产、分销和消费三个要素并将所有参与者整合到一起，而各个组织都有其特定的信息要求，这些组织的特性以及该组织与其他组织间的关系决定了优化这条供应链的方式。

信息技术的使用在管理药品的供应中不仅有利于管理者对不同的供应模式进行评估，以便在成本与服务水平间的矛盾中寻求最佳的"交点"，同时也有利于对供应环节的数量、供应频次以及日常的药品管理（活动）进行优化；此外一些信息技术还能够对药物库存进行监测（如设置安全库存和预警）、评价供应商、分析采购以及在不同组织、供应商和药物间进行价格比对。

然而信息技术的应用也并不是无懈可击。在实际的应用中，供应链上各方所使用的信息技术（手段）不尽相同，特别是用于信息传输过程中的数据标志代码——使用未经统一的标志符往往导致不必要的错误和费用——在美国一年中仅因此而产生的费用被估计增至29亿美元；而对于使用了统一标志的国家和地区，不仅实现了对药方与药品的电子化识别，同时也利于对产品的全程跟踪和追溯——有助于服务质量的改善、提高，并因一体化、低成本运作而消除一些因供应链的低效所产生的费用与成本。

（三）中国对实施药品供应链管理的探索

通过对中国药品供应现状的研究发现，其药品供应链上的主要参与方之间往往缺乏沟通和信任，且不会顾及合作方的利益，加之各方的业务操作和管理方式多以人工和纸质化为主，因此整个供应链上的高库存、多环节和低效率等现象随处可见。

高额的成本和自来各界的社会压力使现行的医药流通体系难以为继；行业间的差距，促使中国药品流通行业将其眼光放在供应链管理与医药的结合上。物流与供应链管理在中国尚属一门新兴的学科（特别是在医药卫生领域中），目前关于对中国医药物流和配送的研究还停留在初级阶段，即论证供应链管理的模式引入药品管理与物流的可行性及其效果等方面，如将作业管理和供应链管理的观念与模式引入药品物流过程并以JIT模式有效减少药品物流成本、指出传统的药品物流模式存在着低效高耗的严重缺陷、如何借助计算机信息管理系统对医疗机构药品的物流配送进行科学有效的管理等，并强调其能否推广主要取决于医疗机构所在地区的物流业、信息化和社会经济发展水平。有的甚至将研究方向对准了对药品招标（采购）方式、方法的相关政策、法规的完善上。

2009年3月，《中共中央国务院关于深化医药卫生体制改革的意见》——“新医改”方案的公布及稍后基本（药物）制度的出台，药品的流通供应成为一大热点问题而吸引了多方的关注。各界人士纷纷就各类医疗机构的药品供应模式进行反复的讨论，意见至今尚未形成统一。但无论采取何种模式，其基本原则必须是高效低耗，而对于利用供应链管理（模式）则受到普遍的认同。

三、研究设计

（一）研究方法

案例研究是构建和验证理论的有效方法。本文采用有助于提炼规律及捕捉和追踪管理实践中涌现出来的新现象和新问题的单案例深度分析的研究方法，通过对案例的深入剖析能够更好地检视研究框架中提出的问题。

因此，本文所需研究的主要问题——中国的医疗机构是如何应用供应链管理模式的、供应链管理模式对医疗机构产生了什么影响、供应链管理模式的应用是否能与其他国家一样产生效果等，都可以通过案例研究得到回答。

（二）案例机构选择

2005年，闵行区个别医务人员因收受药品回扣被司法机关起诉、判刑，该事件引起了区政府及有关部门的高度关注，成为该区药品管理改革的导火索。从2005年5月起，闵行区卫生局在区政府支持下，联合财政、医保、药监等相关部门，以“规范药品集中采购管理，切断医疗机构与药品购销之间的直接利益联系”为目标，在对区属医疗机构信息系统进行广泛互联的基础上，利用现代物流方式和参照国外通行的做法，开展了涵盖药品采购、使用、收支与补偿等方面的药品管理改革，正式拉开了供应链管理模式应用于其区属医疗机构的序幕。

改革进程中，闵行区政府及相关部门因在整合医疗机构药品采购供应的商流、物流、资金流和信息流方面得到了具体实施单位——药品供应商与医疗机构的合作与支持而取得了较大的进展，重构并再造了药品采购供应制度与供应流程，在行业内属于规模较大、范围较广、对供应链管理的应用最全面的一次。但伴随赞誉而来的是一系列的争议，甚至是多省、市行业内部的联名抵制。

毁誉参半的改革也引起了学界的关注：在中国医疗卫生机构中是否能像国外一样成功实施供应链管理并取得增效减耗的效果？供应链管理（模式）是以链上各方能实现"共赢"为利益基础，而中国医药行业特殊的背景环境下是否可行？带着这些问题，选择闵行区作为研究对象是具有一定的典型性，而其成功或失败的经验教训在业内也极富借鉴与参考的价值，因此研究也具有普遍意义。同时笔者自2008年起开始关注并积累了其改革以来的相关资料，对改革的进程和重要事件有着较为全面而深入的了解；且曾进行过实地考察，对改革的具体实施有切身的体会、感受，从而增强研究的信度与结论的说服力。

（三）资料收集与分析

案例研究中主要通过现场考察、实地深度访谈、参加政府课题研讨等方式获取第一手资料，其中结合了正式访谈和非正式访谈两种方式，前者主要是通过与上海市及闵行区各自的卫生、发改、财政、药监、人保等部门，以及闵行区药品供应商的多次座谈，每次约2~3小时；后者主要是利用在当地（医疗机构）实地考察的机会，与其中的医护人员进行交流，了解他们对改革的看法（满意度）以及供应链管理模式的具体实施单位中的具体操作方式；与患者进行接触，了解他们对改革后效果（特别是医疗费用支出情况）的直观感觉与认识。每次交流时间不作限定。整个一手资料自2008年开始收集和整理，每年保持不间断关注。同时，还通过卫生部门、网站、新闻报道、专业杂志等途径收集整理二手资料，并通过反复验证比较获得尽可能翔实的信息。行业、政府部门和新闻媒体等披露信息、研究者观察、相关人员的陈述和相关简报（内部）披露信息三个角度得到的资料也符合三角测量法的要求，提高了案例研究本身的信度。

四、主要做法

（一）具体实施方案

1. 药品集中招标采购

闵行区的改革工作最初是以"医疗卫生机构的药品收支两条线管理"为切入点而深化进行的。按照"新医改"的各项方针政策，药品管理的工作重点由治理医药购销中的商业贿赂转向改革公立医疗机构采购供应管理制度与体系：

由区卫生局、财政局、监察委、药监局、检察院、物价局、工商局等部门主要负责人组成药品采购领导小组，在上海市公布的中标品种目录范围内集中联合遴选，根据需要从由区内医院推选符合条件的临床医学、药学以及医院管理人员组成的专家库中临时抽取若干名专家组成专家小组，对药品供应商配置的入围药品进行评审和比较，通过集体讨论，确认了全区医疗机构中标药品目录，并从原有的43家药品供应企业中确定其中的10家，作为区药品集中采购定点供应商兼配送商。这些供应商则在区药品采购目录公布后，在一定时间内组织货源对该目录药品进行竞争性报价（以上海市中标价为基准提供批量折扣），出价最低者将成为某种药品的唯一供应商并进行定点供应，医疗机构则按照全市统一的药品购销合同样本，与中标药品生产经营企业签订中标药品购销合同；在全区内实行"一药、一品、一规、一配送"，中标药品在合同有效期内获得该品种全部市场份额（单一货源承诺）。供应商因在一定时期内相对稳定的需求及政府的督促监管——对于"带金销售"嫌疑的品种实行"连坐"，一旦某种药品被发现有"促销"行为，立即在该区所有公立医疗机构停止对该药品所属供应商、配送商甚至是生产商的使用，并永久剥夺该商家在闵行区公立医疗机构中的竞标资格。因此供应商的“二次促销”与“带金销售”成为多余，并对此也做出了相应的承诺。

此外，采购目录虽然涵盖了绝大多数临床用药的种类、型号与规格，但仍不能完全满足临床的用药需求。对于目录外但确有实际需求发生的少数药品，可在获有关部门审批后，临时采购目录以外品牌的药品，但种类不超过总量的5%。

2. 实施基于信息化的药品供应链管理模式

此次闵行区改革中最大的特点，莫过于其在信息平台的建设基础上实施药品供应链的管理。吸取以往的实施供应链管理不成功案例的经验教训——影响供应链管理实施效果的决定性因素正是链上各方信息系统的建设水平与系统之间的匹配度与兼容性，闵行全区公立医疗机构在区卫生局的领导下，集5年之力，在第四方物流的帮助下改造建成了目前的（供应链管理）信息平台，将各个医疗机构的HIS系统与药品供应商、配送商的ERP进行整合、兼容，形成一个成员间相关信息实时传递且共享的闭合系统——医疗机构改变长期沿用的自主补货方式，向上游企业开放库存信息，实施高效的药品供应链管理。

为了信息能够实现高效、快速且准确的流动，闵行区对药品实行统一编码：对已经具备商品条形码的药品加以保留，对尚未拥有的药品重新进行统一编排，对拆零的无码药品采取条形码流动伴随全程等方式。条形码和自动识别技术使每种药品从供应商到最终消费者的每一个环节都实行PDA扫描收货、扫描拣药、自动发药和信息储存。该方式不仅可以提高药品配送、发放过程中的效率与准确度，互联的信息系统也可以使医疗机构与药品供应商都可以实时掌握药品的库存变化情况并随时实现（自动）补货，同时更能对药品的流向进行准确、有效的回溯，便于日后逆向物流的开展。在闵行区中心医院的调研现场我们看到，配送商对医院库存补给几乎都是以拼箱的形式发送，并在包装箱的外壳贴上一个条形码标签；收货时，当院方用PDA对条形码进行扫描后，该箱内所有的药品信息均在PDA上显示，同时自动进入了医院存货信息系统。随即药箱被运至仓库，由那里的工作人员利用分拣机对成箱的零散药品进行自动的分拣、摆位，大大降低了工作的繁难度并同时节省了时间与人力。

在信息化的基础上，医疗机构将其库存交由供应商全权负责，自身仅提供药品库房场地，实现了供应链管理中的供应商管理库存模式（Vendor Management Inventory，VMI），并按年、月向各药品供应商提供近三年所有中标药品的采购（进货）数据，协助上游掌握其药品需求特点。在库存控制权向上游企业让渡的新模式环境下，医疗机构因为不再需要库存而大大减轻了资金的积压，也不会再在库存上浪费人力与物力（如库存盘点、保管、损耗等），只需按时对账并向结算机构提交发票即可；而药品供应商所付出的只是将自己的一部分库存进行转移——将对医疗机构的铺底库存视为在途库存，在“票货同行”的基础上自主、高效地制定药品库存的上下限（常用药品进货频率为3~5天/次，非常规药品为14天/次）并实现了高效响应—— 一旦低于库存下限水平即按上限水平开展配货、补货，以最短的前置期（Lead-time）将药品送抵至库房；对于急救药品更采取24小时热线及2小时到货承诺，从而有限地降低了库存积压；同时借助信息的实时传递，使其不断地在库存成本与配送成本这两个效益悖反元素间进行平衡，进而制定出最佳的库存水平与配送频率，从根本上加大了供应商的主动权。

对医疗机构非主营——物流业务外包给专业化的服务机构，不仅可以为其提供专业的物流或其他服务的咨询与方案设计，加速实现更专业的物流理念与技术在医药卫生领域的应用，同时集中的业务需求为承包商带来的相对庞大的市场也能更容易地为其实现规模效益，从而有助于服务提供成本的降低，使服务的供需双方共同受益，形成对在药品传输、使用等环节的流程再造的保障。

3. 引入第三方结算体系

由于医疗机构药品库存向上移至供应商处势必导致供应商的成本增加。本着供应链管理“合作双赢”的共识，医疗机构在实行收支两条线管理的基础上设立药品财政专户，经与医疗机构对账后，向由区财政局和卫生局共同授权的统一结算机构（第三方）提交发票，再由该机构统一向药品供应商进行支付。对药品供应商的快速回款（目前为 10 天以内）是作为其库存水平增加和转移的补偿，供应商也因为资金能够尽快回笼和因此加大了资金利用率而乐意接受这一新的供应——支付模式。第三方结算体系的引入，将医疗机构的库存水平与供应商的利益进行了直接链接，有利供应商积极性的调动与长期合作的持续。政府也有意在未来将此结算业务外包给更专业的商业银行，以实现供应链融资，进一步提高资本的流通速度和缩短流通时间。

4. 创新基于信息系统的药品监管

基于信息的药品供应链管理模式及电子病历和电子处方，使全区所有医务人员的处方用药可以追溯，有效地查处不合理用药行为。由区卫生监督所成立专门机构对所有处方进行回顾检查与督导，定期进行问题处方筛查，对使用量异常的药品进行监控和处理，使各医疗机构及医护人员的效益一改以往的与药品使用数量、金额直接相关，转而由其服务提供的质量和效率决定（绩效考核），同时也为区卫生局和医疗机构促进合理用药、控制医药费用创造了有利条件（在调研过程中发现，一旦有医护人员用药不合规范被查出，该名职工的绩效卡上的绩效工资立即会被相应扣除，而医护人员也会为此自省）。在此基础上，相关部门还开发了药品综合监管平台，主要用于对所有医疗机构和医务人员的药品采购、使用进行实时监管——每一张处方、每一粒药都通过信息系统进入药品流通的全过程，药品供应商、配送商及医疗机构管理人员、政府及其监管人员都能够随时地进行实时查询、监督并形成可追溯。物流信息与药品传输管理系统、患者电子病历与慢性病档案数据库，甚至受到了发达国家管理专家的褒奖。基于信息化的监管模式实施后的一年内，共发现并查处不合理用药 26 例，更换药品 300 多个品种。

（二）取得成效

闵行区的药品供应管理改革中有不少亮点，在实施过程中也取得了不少成效，主要体现在以下几个方面：

1. 改变了医疗机构与医药企业利益趋同的利益格局

闵行区在新模式下组建的药品集中采购机构（类似美国的 GPO），其实质是将原来分散在单个医疗机构的药品采购、使用、收入、支付、补偿、支出等多项功能进行分离，将其中采购功能集中到全区的药品集中采购机构，将药品收入、支付、补偿集中到政府财政专户，对医疗机构实行财政专户全收全支。这种管理职能的重新调整与设置，旨在加强与药品采购相关机构间的制衡与监督，使各个机构不再具有单独的采购目录以及对药品品牌的选择权，从而切断了医疗机构在药品购销中的直接利益联系，规范了采购行为，从一定程度上降低了医疗机构单纯追逐药品利益的动机及药品供应商的营销成本。

与医疗机构药品收入无关的绩效考核制度结合收支两条线的管理模式，使药品成本分摊收入与药品品种、价格和加成脱钩，有助于医疗机构和医务人员集中精力做好临床业务工作，也有利于相关医疗机构专注于提高各环节效率与核心价值，减少医疗机构和医务人员对患者、供应商的寻租机会（见图 1）。

2. 医疗服务提供与获取效益发生变化

根据闵行区卫生局颁布的有关“对药品收入的分配补偿办法”的相关规定，在收支两条线管理基础上区政府对下属各医疗机构的补偿金额主要取决于各机构上一年的服务提供数量与质量，而过高的药品库存水平或收入比例甚至会导致补偿资金的扣减。这一措施不仅有效保障了医疗机

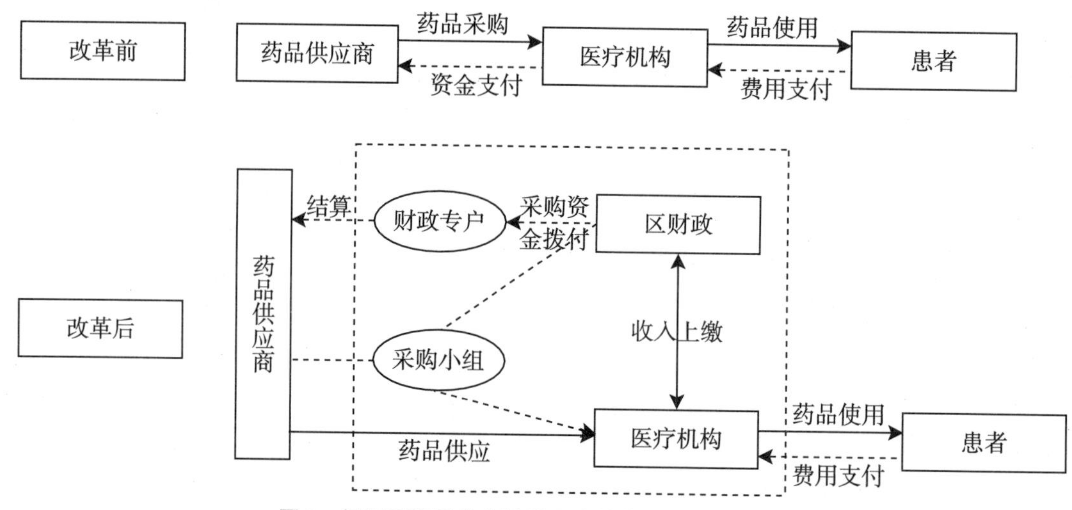

图 1　闵行区药品供应链管理改革前后利益格局对比

构的合理补偿与后续发展的经费，同时也导致了医疗服务的供需双方效率与效益的改变。

改革后，闵行区区属各医疗机构的门急诊总人次、日门急诊均次及期内出院人次均呈持续增长的态势；而平均住院床日数则有所降低，床位利用率也不断调整而日趋合理（见表 1）。由此说明，新的管理模式实现了医疗机构总体利用率与卫生服务效率的提升，促进了医疗资源效用的最大化，保持了医疗机构总收入的（稳定）增长——其中医疗服务收入增长相对较快而药品收入持续放缓。

表 1　闵行区改革前后医疗服务利用与服务效率情况

年　　份	门急诊总人次（人）	日门急诊均次（次）	期内出院人次（人）	平均住院床日（天）	床位利用率（%）
2004	4620668	12598	50984	22.00	95.30
2005	5189925	14170	59665	21.00	98.70
2006	5996051	16384	67091	20.00	101.72
2007	7061844	19285	74933	19.00	106.04
2008	8481968	22731	81999	20.93	106.78
2009	9927733	27296	85224	18.34	100.85
2010	10948257	29440	87424	17.63	101.43
年均增长（%）	15.51	15.27	9.52	–3.40	1.10

资料来源：2011 年闵行统计年鉴. http://tj.shmh.gov.cn/mhtj/tjnj/2010nj/2010nj.htm.

另据对医生的抽样调查显示，其处方行为由原来受药品价格因素的影响转而受处方额度以及药品是否属于医保范畴的约束，且多数受访者（九成）表示其收入水平并没有受到影响；相反其声誉度和社会认同感因管理规范化和临床用药合理性的增强而得到了相应的提升，其综合收益可保持稳中有升。

供应链管理模式同时也兼顾了需方的利益。一方面，由于新管理模式下的集中采购以及品规数量减少导致用药选择变化——原来多种价格水平的药品被缩减至相对价格较低的品规上，从一定程度上降低了药品的价格，使患者用于药品方面的支出从总体上实现了下降（特别是门诊药品费用）；另一方面，药品费用的下降及用药逐渐趋于合理化（处方平均品种数下降了 13.85%，抗菌药使用比例则显著低于中等收入国家水平的 43.3%），提升了患者对医疗服务的满意度与利用率，医疗服务供需双方呈现出良性循环的发展态势（见表 2）。

表 2　闵行区改革前后药品使用与费用情况

年　份	通用药品数（个）	品规药品数（个）	药费占医疗费用比例（%）	次均门诊药费（元）	次均住院药费（元）	处方平均品种数（个）	抗菌药使用比例（%）
2004	2301	3451	49.57	77.12	2237.07	2.96	22.67
2005	1605	1916	49.76	77.88	2367.51	—	—
2006	1679	2052	47.85	70.98	2131.09	—	—
2007	1692	2094	46.92	68.71	2115.81	2.55	24.33
2008	—	1687	49.34	66.08	2464.36	—	—
年均降幅（%）	8.29	13.69	0.06	3.73	−2.9	13.85	−7.32

3. 实现成本降低

利用现代物流中的商流、物流、信息流等流程再造，将医疗机构药品流通中药品的所有权和管理权让渡给药品供应商和物流服务商——基于供应链上各方信息实时共享的集中采购和卖方管理库存模式，使药品的采购供应成本由 2004 年占总成本的 9.74%下降至 2009 年的 7.08%（降幅达 27.3%，同期全国平均水平为 11.64%），并加快了药品周转速度（28.03 次/年）和回款期限（少于 10 天）。[①]

利息节约仅是供应链管理所能实现的成本效益的一角，其附加效益则是资金利用率的提高。据统计测算，药品库存周转率每提高 1 次，药品库存大约减少 16.08 亿元，流通成本大约可降低 0.44%；回款时间每缩短 1 天，对企业的资金占用减少 5.41 亿元，流通成本约降低 0.1487%。利用现代的物流理念对资金流程实现了再造，缩短了对药品供应企业的汇款时间；现代的物流理念与技术，适宜地挤压出了长期存在于药品流通环节中的不合理利润，将其作为对医疗机构政策性亏损的补偿。此举也在经济上彻底实现了“医药分开”，并为医疗机构的补偿另辟蹊径。因此，如果医疗行业能够普遍达到因供应链合作而确定的库存和资金周转水平，每年全国药品库存将减少约 271.91 亿元，药品款将减少约 757.40 亿元，药品流通总成本约可降低约 24.27%，相当于节约流通费用约 104.94 亿元。

因提前还款带给医疗机构的资金压力与使用成本，则在“款价挂钩”的约定中由各医药企业进行分摊以降低供应链的总成本；摊返的资金由财政专户向药商结算直接进入财政专户（据主管部门对医疗机构的绩效考核结果），并在各医疗机构间进行二次分配，用于其后续发展，而不是像以前进入医疗机构的“小金库”。

这种“回扣”的由暗转明，是供应商因确定了单一货源承诺所带来的固定的供应品规与数量而大大减少其促销费用所致。政府也因药品采购与供应模式的流程再造而使药品供应成本降低近一半，医疗机构的药品零售价也随之降低。供应链上各方实现共同获利，正符合供应链管理“利益共享、风险分担”的核心理念。

4. 药品流通环节将重新洗牌

一方面，联合遴选、物流外包可使医疗机构建立起分工制衡的采购供应机制；供应链管理使药品采购供应全过程公开透明；第三方结算使药品供应企业获得银行信用保障；收支分离消除了医疗机构扩大药品销售的利益驱动……这些措施，改变了医疗机构药品采购供应的利益机制，切

① 另据国务院研究室综合司司长陈文玲在闵行区改革调查后测算：闵行区公立医疗机构经改革后的药品采购成本从改革前的 8.2%降低到 4%，仅相当于同期全国平均水平的 35%。

断了医疗机构运行与药品销售的经济利益联系，对于从源头上治理医药购销与流通中的商业贿赂发挥了重要作用。

另一方面，由于对高效的消费者（医疗机构）反应速度与精准的补货水平，不是所有的医药公司都能予以实现。消费者的需求将最终决定市场份额分配，规模小、技术实力薄弱的医药公司将被逐渐淘汰出局或为大型医药公司所整合，因此，它们是此次改革中受损失最大、最直接的一方。按照我国医药流通领域改革的方向与目标："重点提高流通企业的集中度以解决流通企业的'小、散、多、乱'、药品质量无法保障、政府难以监管等问题"，被逐步替代或转型将是未来的发展趋势。行业集中度将不断加强，有利于有实力的供应商做大做强和规模效益的实现，从而更进一步降低服务提供价格和提升服务水平，新的管理模式从客观上符合了国家对医药流通企业规范整顿的需求。

5. 基于信息化的供应链管理真正实现了从"第三方"处获取利润

实施基于信息化的药品供应链管理，依靠对物流流程的再造而产生的费用节约，即所谓的"第三利润源"。闵行区的改革，从药品的采购及物流（物），到对医务人员的绩效考核、患者健康档案和包括处方的管理（人）以及与供应商的结算（财），无一不是依靠扎实的信息化网络得以实现的。集成的信息系统与数据库，打造并实现了信息流引领药品流通全程的一体化运行状态，促成了药品供应商、配送商、医疗机构、医务人员、患者及政府各方数据生成源对接，生成了对医务人员医生合理用药数据库和信息即时查询系统，能够对药品使用与处方进行实时、动态检查，能够对发现的异常及时进行示警或查处。信息系统建立起来后，闵行区先后停止采购了近 20 种药品，部分违规使用药品、收受医药代表促销费用的医务人员受到了严厉查处，不合理用药情况日减，患者的次均门诊支付费用从总体上呈逐年递减状，医务人员渐而转变为患者使用药品的代理人。

信息系统的建立与信息流程的再造，还建立了药品流通中药品的可追溯体系，实现药品在流通全程的可溯，有利于逆向物流的开展；同时改善了医疗服务水平与医疗机构的信息化管理水平，基本可避免因人（工）为差错而带来的损失。

集成的信息系统是确保此次改革成功的关键所在，是降低医疗机构药品采购、管理成本的有效路径；信息化流程再造对医疗机构的药品（现代）流通是重要的技术支撑和先导力量，对公立医疗机构改革也是重要的技术支撑。在此基础上实现的药品供应商、医疗机构、医务人员、政府各方共赢的局面，形成了一条优化增值供应链和"利益共享、风险共担"的可持续的合作机制。

五、启示与讨论

每一种模式都有其产生和发展的土壤。闵行区的药品管理改革能在医药卫生体制改革的大潮下脱颖而出并发展壮大，的确有其独特的理念和值得推崇的地方。

闵行区的改革是一次理念上与管理模式上的更新，其实质是（药品）各利益相关者的利益格局再调整。因此新的供应链管理模式是否能成功取代原有模式并得以推广、持续，将取决于改革是否能实现多方共赢、受益，是否形成一个能较旧有模式下取得综合收益更高的新博弈均衡状态（见表 3）。因此，一些学者认为"闵行模式"突破了"进行公立医疗机构改革必须增加国家财政投入"的固有思路，真正实现了医疗机构和医务人员收入的持续增长。

但是，通过实地调研与考察，发现其中也存在一些令人深省的问题。

（一）对闵行模式的一种误读

在现场调查以及过往的文章、报告中发现，对于"闵行模式"，更多地被指为是一次聚焦于药

表 3　供应链管理模式下利益相关者分析

利益相关者	获　益	持　平	受　损
患者	用药趋于合理、费用下降 满意度提升、医患矛盾减少	治疗效果未受影响	可选择药品品规数量减少
医务人员	注重疗效与实际需要 促进合理用药	总收入未受影响	灰色收入消失 处方经济利益导向被削弱
医疗机构	服务质量与水平提高 药品质量、费用达标	总收入未受影响 以药养医改由政府补偿	药品收入补偿被切断 药品采购受限
医药供应商（包括生产商）	运营效率提高、成本降低 市场稳定量大、取消促销 回款周期缩短 大型供应商易成规模经济	价格降低、供货量上升 暗扣变明、总利润率无差	小型供应商彻底失去市场 完全承担库存及其风险
政府	规范管理与改良机制 理顺政策目标推动医改	财政投入持平	监管力度与难度需加强 潜在财政（补偿）负担

品的集中招标与采购上的医疗机构改革而受到了业界（特别是各省、直辖市医药行业协会）强烈的抨击甚至是联名抵制，认为“闵行模式”是强势政府过度干预与管控的结果，不是由市场自主选择而产生的强盛与兴旺，只是昙花一现，不可能长久地持续下去。

实际上，该区进行的改革多集中在药房或“医药分开”上的尝试，闵行模式的亮点与精髓不是在于它的药品采购模式或供应商的多寡，而是在于其采购与管理运作的支撑——基于兼顾各方利益、合作共赢的供应链管理的理念以及互联且供应链上各方可视的药品信息网络的强大技术手段。正是这些强有力的社会化、专业化和信息化的理念手段，才能带动包括集中采购、自动补货、及时结算等物流活动的快速而顺畅开展，政府于其中仅是利用其权威将药品的采购职能从医疗机构中剥离出来，切断医疗机构与药品营销之间的直接经济利益联系，而并非像一些文章、报告中所说的是在不断强化政府与相关部门话语权的过程中“逼迫”药品供应商加大让利的空间以适应新模式下形成的多环节的“新利益”格局。

如果该模式能长期在一个公开、透明且公正的运作环境下运转，最直接的后果将使参与其中的商业或企业的角色发生变化——不仅局限于配送，并将承担更多功能，也意味着商业属性的回归及参与门槛的提高，从而不断地将零散的市场进行整合形成高度集中的行业；而在市场的整合中生存下来的医药公司将会得到越来越大和越来越稳定的市场份额，有利于它们与其上游（药品生产商）实现量价挂钩而得到更优惠的价格，并在大规模的服务提供过程中享受因规模化而产生的经济效益。这是真正的“第三利润源”，而不是改变了流向、路径的另一种形式的回扣。作为供应链管理实施的基础，闵行区这种以信息支撑的模式与其所具备经济实力、技术含量不是在各地都能得以轻易、成功复制的。

（二）“二次”之争

闵行区的改革，是从收缩其药品供应商的数量与药品品种、规格（对上海市集中采购的中标药品与厂商进行第二次筛选，并自行制订了不完全等同于中标价格的采购价格）而深入开展的。正是这种“二次议价”或“二次遴选”招来了社会和行业内部的反对声音：该做法与现行相关文件精神不符，且“二次”易导致更多的费用产生（如二次公关等），原由医院收取的“好处”被招标小组“接收”。

该模式所谓的“二次议价”或“二次遴选”，（从理论上分析）是政府利用其强势来压缩流通环节和挤占企业的灰色利益，以集中、庞大的市场份额与规模引导和鼓励药品供应商进行守法经营而不是利用诸如促销、回扣等手段来占领市场，以保证药品（包括价低利薄的基本药物）供应的持续性。基于高度可互视信息流下对供应商与配送商的“二次遴选”，如果监管到位，流通环节的被压缩只会给真正有能力参与其中的供应商带来更丰厚的利润。因雄厚的生产与物流技术实力而在这次遴选大战中胜出的药品供应商，是乐于看到这种对流通环节的压缩与治理，其主动提出愿意对医疗机构的集中采购价让利4%~6%就是一个明证。通过与供应商沟通，了解到他们的整体利润率并未因向其下游让利而受到影响，这主要得益于获得了比以往更多的药品供应量及更短的资金周转期；同时他们也未觉得政府在组织药品的采购过程中存在盈利的动机或其合法利润被侵占。

但是在闵行区中心医院调研时，随机抽取了其库房的42种药品以对其进货价和零售价进行比较，经测算得出平均加价率为16.72%。与近期也采取了药品采购改革的松江区进行价格比较发现，这42种药品中在松江区被采用的为36种，而该区这些药品的平均加成率为14.23%（其中有15种属于该区2008年版的基本药物目录，已全部实现零差率销售；其余21种非基本药物的平均加成率为16.53%）。42种药品中，闵行区的购进单价和零售单价几乎全部与上海市的中标价和最高零售价相同，而松江区的购进单价普遍低于上海市中标价，且松江区本着“低进低出”的原则，基本以与购进单价相同的价格向患者出售基本药品目录内的药品。从闵行和松江两区抽样数据的对比结果看（见表4），松江区较为真实地反映了药品招标采购的真实过程，而闵行区可能存在“二次议价”的空间，且其加价率与国家关于药品销售价格“顺加不超过实际购进价15%”的原则相悖。而这种“二次议价”是否会导致药品供应商成本的增加或将增加的成本（利润损耗）最终转嫁于患者身上，需要有进一步的数据予以支持。

表4 上海市闵行与松江两区42种抽样药品进货价与零售价的比较

区 名	抽样药品数（个）	进货价总额（元）	零售价总额（元）	平均加成率（%）
闵行	42	804.85	939.50	16.72
松江	36	635.71	726.21	14.23
基本药物	15	88.31	88.31	0.00
非基本药物	21	547.40	637.90	16.53

根据卫生部、发改委等六部委联合下发的《关于进一步规范医疗机构药品集中采购工作的意见》及《有关问题说明的通知》，明确和重申了医疗机构药品集中采购须“以省（区、市）为单位”；另据2002年《上海市医疗机构药品集中招标采购实施办法》和2005年上海市《关于进一步规范本市医疗机构药品集中招标采购意见》的文件精神，对已经中标的药品企业和品种，明令“任何部门和单位不得利用各种手段组织再评审、再筛选”，医疗机构也“不得降低中标价格”以及“不得再同中标企业进行价格谈判要求各种形式的折扣让利”。因此，闵行区目前的做法显然有悖于国家与地方政策的要求，在降低了省一级招标的遴选权威性的同时，也可能导致政府监管成本的增加甚至产生新的“权力”寻租空间。

（三）“第三利润”的去向

政府的介入与干预促成了“第三利润”，然而利润的最终去向是一个值得思考的问题。闵行区的一些医疗机构的负责人指出，改革虽然降低了药品的采购价格，但药品仍然维持着其原有的零售价格（低进高出），患者人均门诊费用及用药费用的下降是依靠医务人员的合理用药实现的，患者原本可以享受到的药品折扣却进行了区财政的腰包，这种做法实有与民争利之嫌。

闵行区某医疗机构的一位负责人反映，现因改革而每年获取的2000多万元“第三利润”更多的是用于本区卫生信息系统的建设和维护上，但“信息系统成本高，人员成本也没有减少”。这些建设、维护费用的投入究竟是应该由政府埋单还是应该由各使用单位自筹?

另据有关反映，闵行区因药品集中采购的批量折扣收入并未真正做到“明折明扣”，存在不给供应商开具有效凭证等不规范操作的情况；且这种批量折扣收入上缴时并未列入专门账户，而是一并纳入闵行区上述财政专户，因此究竟有多少利润是用于医疗机构补偿的也不得而知。

（四）（基本）药物的相关问题

根据世界卫生组织1999年发布的《良好药品采购的操作原则》，药品进行集中招标采购的前提是需要具备科学的采购遴选机构设置、采购遴选程序和评价方法。而闵行区在新模式下的药品集中采购，虽然其全程是由相关的专家组对药品的品规、种类等进行评定、遴选，但是却始终缺乏一个公开、透明的方案或机制为支撑并向外界说明其遴选标准或方式，因此对于他们的选择是否科学、是否具有公信力、是否是暗箱操作的结果也引发了不少的争议。

另外，世界卫生组织对基本药品的相关规定，维持对自身健康所必需的药品的可及性是国家基本药物制度的设定基本原则，因此各国在基本药物目录的设定上都要充分考虑患者对药品的选择权（如价格、疗效等）。自1997年以来，世界卫生组织编撰的药物目录数量基本保持在300种、剂型规格总数600种左右，并声称一个国家其理想的基本药物目录应包括300~400种药物。我国于2009年8月公布的《国家基本药物目录》中含药物307种，而闵行区自改革后（通用名）药品数量减少了26.5%，很多品规、通用名的药品医疗机构不再供应。尽管目前能够确保临床需求，但是将来是否依然能够满足尚未得知，而在采购过程中对药品供应商（数量）采取的“只减不增”原则，是否会对药品供应数量或品规造成影响、限制，也不得而知。在现场的调研中，对一些患者进行了随机访问，对目前现有的药品供应（种类、品规）他们未表现出不满，而一旦出现对现有药品的耐药性或者新病种，相关部门能否进行积极、有效的应对？这是一个问题。

同时，闵行区医疗机构并没有全面地对（基本）药品实施“零差率”销售甚至是维持改革前的原有价格，集中采购所带来的价格折扣并未回馈于民。如果药品供应商提供的折扣越大，其在药品销售过程中所能获取的利润也就越高。在这种价格机制下，会不会导致该模式在实施中对利润率高的药品及其供应商有利，而对价格低廉、利润率较低的药品会产生不利影响，尤其是那些适应基本需求、剂型适宜、价廉利薄的基本药物，或将面临被挤出闵行区市场的风险；而医疗机构及医务人员是否会出于各种因素的考虑，更加倾向于使用价差较大的药品，最终导致患者的利益受损。

（五）新问题的提出

闵行区的改革采取了在全市的标准范围之内建立自身的小市场。人为地树立壁垒，进一步分割细化市场而不是建立自由统一的市场，是上述模式中不容忽视的问题。由于改革中所标榜的是“不需要政府额外增加财政投入就能带来较之前更多的利润”，因此在整个上海市有7个区县（共19个区县）进行效仿。因此政府和一些学者担心“跟风”的做法会在不久的将来导致上海市药品招标秩序的混乱。在政府干预的环境下，如何使政府作用与市场作用的边界不被混淆——“优胜劣汰”应该是市场选择的结果，而不应该是政府过度介入的产物。公立医院改革的重点是实行“管办分离”，而闵行模式中政府的高度介入不知是否能为广大的社会所接受?“一品”如何确定，是否会存在地方保护主义的倾向?

同时，闵行区的药品供应商由原来的43家减少到目前的10家，但是按照这10家企业的产权关系（合并）计，其实只有5家。对于那些入选市一级招标目录却为区一级所摒弃的药品及其厂商该如何应对？在缺乏行业竞争的独家选择模式下，如何控制上下游之间的议价权及可能造成渠道价格的虚高？而政府的介入会不会人为造成商业流通企业之间不公平的竞争？过于集中的市场及在市场（调控）机制、手段并不健全的市场环境下，是否会形成垄断？而垄断一旦形成后且在政府对其不再具有权威性或约束性的情况下，其药品价格是否会出现报复性反弹？

此外，有人士指出该模式实质是“政府先把利润拿走，然后再拨给医疗机构”，并未从根本上改变“以药养医”的机制或卫生部门、医疗机构的利益驱动。因此，在旧有效益与收入挂钩的惯性模式下，如何确保收入与支出不相牵连——各个医疗机构会不会转而加大使用价格差较大药品的力度？如何制定下一年度财政拨款方式与额度而不会导致因为要结余而造成治疗不足或因突击花钱（怕结余过多而导致下一年度上级拨付额度减少）而造成在部分时间段内过度治疗的现象发生？

六、结论与建议

上海市闵行区是目前基于信息系统的供应链管理（技术）在医疗机构中应用得较成功的地区。在兼顾供应链上各方利益的前提下，对原有的药品供应模式及相关机制进行了一系列的改革与突破，如“一药、一品、一规、一配送”、药品信息的实时（统一）各方传送与监管、收支两条线管理结合财政专户与第三方结算体系、对药品差价收入进行二次分配以改变医疗机构的药品收支运行机制等。从实施的效果看，该模式取得了一定的社会效益。因此在全国范围内（如省、地市中）进行推广，从理论上是具有一定可行性的。然而，我们也应清醒地注意到，我国地域辽阔，地区间的经济发展水平、地理环境与观念上也存在着较大的差异，一种放之全国而皆准的模式几乎是不存在的。

首先，以目前国内的物流配送能力与技术还不能完全满足药品配送的全部需要，因此每个药品配送商会据自身条件和市场需求在配送种类、规格等方面各有侧重，不可能涉及所有的药品和规格——在调研过程中顺势走访几家医疗机构的药房，几乎所有的药房都对部分药品进行了拆零销售，其中多数为针剂，片剂拆零中多以基本药物中的专科用药为主。对于药品的规格与包装，国外的一些临床专家或专业网站指出：适宜的药品拆零是降低患者费用的有效方式之一。因此如何在拆零剂量及（包装）成本的效益悖反中寻求最佳“交点”，是医疗机构与药品供应商（包括生产商）之间须达成的一项共识；而到底需要几家药品配送商、几种规格才能满足区域内的需求、保证用药安全，须在实践中进行探索。

因此建议：统一配送应充分发挥市场机制作用，不同地区、不同所有制企业应当平等参与、公平竞争。建议由地方政府、医院、医药配送企业等有关方面的代表组成专家团，对本区域内医药市场进行评估，制订“药品配送企业选择办法”，政府不要干预，让所有药品配送企业公开竞争，通过市场来选择出数量适中的药品配送商，形成有序竞争的局面（可借鉴“宁夏模式”）。药品配送行业集中整合，必须要循序渐进，比如明确规定第一年所有企业可以参与配送，第二年销售额前300位的企业可以参与配送……直至获取市场所需的最佳企业数量，给予所有企业一个明确的预期和公平的游戏规则，利用市场机制，实现优胜劣汰；而这个时间段也可以成为那些在竞争中被淘汰的中小企业寻求新出路的“过渡期”，在确保社会稳定的前提下，推动医药卫生体制的稳步前进与社会的和谐发展。

其次，“闵行模式”的实施是处在一个分级办医的体制环境中，且（主办）政府愿意在资金与人力给予相应的支持、配合并承担可能发生的风险。如果该模式在各地进行推广，必须要协调与明确当地各级政府的责、权、利的问题。因此建议该模式的推广、实施最好在地市级范围内，一方面涉及政府层面较少，便于协调工作在各级政府间的开展，另一方面也有利于药品配送工作的进行与成本降低。但须指出的是，闵行区实施药品供应链管理改革的医疗机构多属于基层医疗机构，而在其他地区的此类型医疗机构，往往是由社会或医院举办，很少是由基层政府直接举办或主导的。这些（基层）医疗机构是否能如闵行区一样顺利联合进行采购、议价，并享受因此而实现的规模效益，尚待论证与实践。

再次，闵行区属各医疗机构之所以能够实现机构管理成本和（药品）采购成本的压缩与降低，在很大程度上得力于信息化与现代物流（企业）的支持。这是一个客观存在的事实，而不是由政府医疗机构等利益相关者主观决定或实现的。因此，"闵行模式"的推广还要更多地依赖推广地所在的社会经济发展水平、信息化程度、物流行业技术匹配等因素。物流（产业）与供应链管理在企业管理等领域中已经是相对成熟的技术，但在我国医药领域中的应用则刚刚起步，两方如何结合、匹配，才能起到降耗增效的目的，还需要不断的实践与探索。以目前国内物流业的发展与供应链管理的实施应用情况看，在经济不发达地区"闵行模式"的推广可能会存在一些如观念、物流能力、信息技术能力甚至地理环境方面的障碍；而在东部地区和内地规模较大的城市，物流业与信息化的发展水平日臻成熟，多数已具备实行供应链管理的硬实力（技术手段）与软实力（管理模式）。

最后，基于信息系统的供应链管理模式是在一个实时、供应链上各方互联且可见的环境中运行的，这对基层医疗的信息系统有一定的要求。在目前基层医疗机构的信息系统多为"内联"甚至是摆设的环境中，且机构数量多、规模小、分布散，要达到上述目标并实现相应的功能，必须要对其进行改造或重建。这项工程不仅需要时间的投入，更需要大量资金的投入（包括系统建成后仍需要维护和升级），是否每个地区的政府都具备如闵行区政府般的经济实力与决心不得而知；而隶属于不同机构、主管部门的各基层医疗机构是否愿意与其他"外单位"分享自己的库存、人员、用药乃至财务信息，也还是一个未知之数。

建成的信息系统，其运行原理与实质是对信息的传递和数据的交换（数据交换还能够加大药品在传输中的准确性——如确保拆零药品，特别是由患者持有的拆零药品的准确性与服用的安全性）。而数据交换需要有一个通用的、统一的数据代码——条形码。目前，国内医药用品仍然未进行统一，代码混乱也将局限供应链管理模式的应用范围和普及性，甚至会影响到供应链上各方的合作联盟。

综上分析，本文基本结论为："闵行模式"在一些经济硬实力与软实力兼备的发达地区推广，具有理论上的可行性和实践上的推广价值。在推行过程中，切忌墨守成规——模式的简单复制，应根据当地的具体环境对该模式加以改造应用而不是一味照搬；推广地区的政府也需要有一定的决策意志并投入相应的精力，能够面对因各地区间差异及最终在推广方式上的不同所导致的总体效益的差异。推广中，需要注意存在于"闵行模式"中的隐患，如药物遴选机制的透明性与科学性、药品定价机制及支付方式的合理性及影响医生和患者对（基本）药品的可及性等问题。若能妥善解决上述问题，是促进该模式健康发展与推广的关键。但是对于经济不发达或边远地区，该模式目前尚不适用，不具推广的可行性与价值。

〔参考文献〕

[1] Simone Sandier, Valérie Pari, Dominique Polton. Health System in Transition: France. European Observatory on Health System and Policies, 2004.

[2] Bowman Robert. EHCR at a Glance. Distribution, 1997 (2).

[3] Jonathan Byrnes. Fixing the Healthcare Supply Chain. Harvard Business School Working Knowledge e Archive, Apr. 2004, available from http: //hbswk.hbs.edu/.

[4] Pierre Féniès, Michel Gourgand, and Sophie Rodier. Interoperable and Multi-flow Software Environment: Applic-ation to Health Care Supply Chain. BPM 2006 Workshops, LNCS 4103.

[5] Lydon Neumann. Streamlining the Supply Chain. Healthcare Financial Management, Jul. 2003.

[6] The Institute for Supply Management TM. Glossary of Key Purchasing and Supply Terms. Reprinted with Permission of the Publisher, 2000.

[7] Kerry D. Swinehart, Allen E. Smith. Internal Supply Chain Performance Measurement: A Healthcare Continuous Improvement Implementation. International Journal of Health Care Quality Assurance 18, 2005 (18).

[8] The Health Industry Group Purchasing Association. The Clinical Review Process Conducted Group Purchasing Organizations and Health System. The Lewin Group, 2002.

[9] Charles Brennan. Integrating Healthcare Supply Chain. Healthcare Financial Management, Jan, 1998.

[10] Hugo Rivard–Royer, etc. Hybrid Stockless: A Case Study: Lessons for Health–care Supply Chain Integration. Intern–national Journal of Operation & Production Management, 2002, 22 (4).

[11] Elizabeth Johns.Health Care Cost Rx: Connecting the Supply Chain.Association for Financial Professionals May 5, 2005 (http: //www.afponline.org/pub/res/news/).

[12] Wilson J., Cunninghum W. and Westbrook K.. Stockless Inventory Systems for the Healthcare Provider: Three Successful Application. Journal of Health Care Marketing 12, No.2, 1992.

[13] Dongsoo Kim. An Integrated Supply Chain Management System: A case Study in Health care Sector. K. Bauknecht et al. (Eds.): EC–Web 2005, LNCS 3590.

[14] Timo Pirttilä and Petri Hautaniemi. Activity–based Costing and Distribution Logistics Management. International Journal of Production Economics 41, No.1/3, 1995.

[15] Mahender Singh. Transforming the Global Health Care Supply Chain. MIT Center for Transportation and Logistic, July 2006.

[16] Schipper R.. Centralized vs. Distributed Warehousing in Europe: From Make–Hold–Sure to Sell–Source–Deliver. World Trade 13, No.1, 2000.

[17] Tim Minahan. Can Supply Management Technology Be the Antidote to the Health Care Crisis. Health Management Technology 9, No.28, 2007.

[18] Emily J. Wolf. Healthcare's Supply Chain Reaction. Healthcare Executive, Sep/Oct 2000.

[19] Kenneth J. Trimmer, etc. ERP Implementation in Rural Health Care. Journal of Management in Medicine 16, No. 2/3, 2002.

[20] Ting S. L., etc. Critical Elements and Lessons Learnt from the Implementation of an RFID–enabled Healthcare Management System in a Medical Organization. Journal of Medical Systems, 2009 (12).

[21] Joseph M. Woodside. EDI and ERP: A Real–Time Framework for Health Care Data Exchange.Journal of Medical Systems 31, No.3, 2007.

[22] Food and Drug Administration. Draft Guidance: Standards for Securing the Drug Supply Chain. Standardized Numerical Identification for Prescription Drug Packages, January 2009.

[23] Larry Levine. In sync: Getting The Supply Chain Act Together: Federal, Industry Players Collaborate to Improve Healthcare Delivery, Reduce Costs. Healthcare Purchasing News, Apr 2007, http: //findarticles.com/p/articles/.

[24] Myron Hatcher and Irene Heetebry.Information Technology in the Future of Health Care. Journal of Medical System, 2004, 12 (28).

[25] WHO. Using Indicators to Measure Country Pharmaceutical Situations. Geneva: WHO, 2006.

[26] WHO. The Selection of Essential Medicines. Policy Perspectives on Medicines, Geneva, 2002.

[27] Consumer Union 2006. Shopper's Guide to Prescription Drugs–No.1: Pill Splitting. http: //www.CRBestBuy Drugs.org.

[28] Asithi. Reduce the Cost of Medicine with Pill Splitting. Healthcare & Health Insurance, http: //smallstepsto–health.com/2011/01.

[29] 刘力，李铁成. 重构我国医药行业的供应链. 信息与电脑，2004 (3).

[30] 汪云峰. 医药物流配送中心建设. 物流技术与应用，2007 (2).

[31] 牛正坤，牛正乾. 我国医药物流市场发展趋势及调整路径. 中国物流与采购，2004 (11).

[32] 宋远方. 中国医药行业物流运营模式研究. 中国工业经济，2005 (12).

[33] 李俊. 浅析我国医药物流发展现状及对策. 城市建设与商业网点，2009（28）.
[34] 王雅璨，汝宜红，范文姬等. 我国第三方医药物流的发展环境和运作模式研究. 物流技术，2007（6）.
[35] 宋华. 中国医药分销物流变革存在的问题与前景展望. 当代经济管理，2005（4）.
[36] 荣德义. 浅议药品物流成本控制的途径. 商业时代，2006（33）.
[37] 曹玉. 医院药品物流配送的探讨. 齐鲁药事，2006，25（10）.
[38] 韩立清. 外包、供应链集成与第四方物流. 数量经济技术经济研究，2003（7）.
[39] 傅鸿鹏. 闵行模式——特例还是范本. 中国卫生，2010（7）.
[40] 李荣凌，周延安. 医院药品物流的影响因素及对策. 中国药房，2006（17）.
[41] 李磊. 传统供应链转变为增值供应链：医药流通企业提升核心竞争力之正道. http：//articles.e-worksnet.cn/，2008-12.
[42] 贡森. 医院药品集中采购政策的评价与分析. 中国卫生政策研究，2009（4）.
[43] 张俭. 药品配送之难. 中国物流与采购，2008（10）.
[44] 邬爱其. 超集群学习与集群企业转型成长：基于浙江卡森的案例研究. 管理世界，2009（8）.
[45] 闵行区卫生局. 闵行区医疗机构药品集中采购、全收全支管理办法. 2005.
[46] 许速，陈文，程佳，等. 上海市闵行区药品管理改革的评价研究. 中国卫生政策研究，2009，4（2）.
[47] 上海市卫生发展研究中心. 闵行区药品供应管理改革评估报告. 2009.

The Application of Supply Chain Management Based on the Information System in Health Service Agencies：A Case Study of the Health Institution in Minxing District

Wang Zheng

(School of Business Administration，Capital University of Economics and Business，Beijing　100084)

Abstract：The article presented the drugs supply management mode reform in place since 2009 in MinHang district，Shanghai. Authors analyzed and commented the implementation and outcomes，and studied the potentials of successful promotion nationwide. The hold that such a mode works to some extent in terms of reducing management costs of medical institutions，lowering drug purchase price，encouraging rational drug use of such institutions，and reforming the reimbursement manner for medical institutions. This mode，however，calls for an operating environment in need of not only funding support，but also new concepts and economic development strength of the society as a whole. This means that such a mode is only recommended in developed areas in China.

Key Words：Supply Chain Management（SCM）；Information System；Drug；MinHang District

【研究范式与方法】

比较管理学的学科基础问题

高 闯

（首都经济贸易大学工商管理学院，北京 100070）

［摘 要］ 本文通过对近年来比较管理研究的发展动态进行系统地介绍、阐释和总结，较为全面地回答了比较管理学的研究对象、学科属性、演化分析范式和学科体系这些基本问题。比较管理研究对象和边界的模糊由盛而衰的根本原因。因此，本文在深刻比较“管理理论说”、“管理现象说”、“管理方式说”和“管理理论与实践说”的基础上，强调比较管理学并不简单研究处于现象层面的管理实践活动，而是要揭示具体情境下管理现象背后的运作机制和机理，比较不同情境下管理现象背后的运作机制和机理的差异性和相似性。比较管理研究的任务就是要对其研究对象做出诠释性理解和因果性说明，它是一门典型的解释性科学，其学科体系应建立在演化主义基础上。

［关键词］ 比较管理；学科属性；研究范式

引 言

在管理学的理论丛林中，比较管理学是一朵奇葩。它起源于20世纪50年代末期，在80年代形成高潮，到了20世纪末逐渐趋于平静甚至有些沉寂。这期间可以划分成三个阶段。在跨国界、跨文化的研究中，人们发现，国家间在经济发展上的差距并非只是由于技术的原因，而更可能是管理或其他因素出了问题。为此，“二战”结束后，在欧洲大陆还曾展开过一场激烈的论战：欧洲的科学技术并不比美国落后，可经济发展为什么落在美国后面？比较管理研究的序幕也由此拉开。哈宾森和梅耶斯（Harbison和Meyers，1959）试图从比较研究的视角去“揭示工业增长过程与管理间的密切联系”，其代表作就是《工业世界的管理：国际分析》。法默和里奇曼（Farmer和Richman，1964）开创性地提出了第一个比较管理理论框架，即所谓的“法默—里奇曼模式”。汉默（Hammer，1969）在《比较管理理论丛林》一文中通过回顾已有比较管理研究的理论取向，归纳出比较管理的四大学派，并在此基础上提出一个综合的比较管理理论分析框架。这一阶段比较管理研究的特点是注重建立概念体系、分析框架，探讨各国管理是否具有可选择性、可移植性和互补性。这是比较管理基础理论探究阶段，50~70年代历时约20年之久。

“二战”结束后，日本人在不太长的时期内，创造出震惊世界的“经济奇迹”，许多产品处于世界领先地位。到1980年，日本的GDP已跃居世界第三位，仅次于美国和原苏联。1974~1980

［基金项目］ 国家自然科学基金项目“社会资本视角下上市公司终极股东控制与剥夺问题研究”（批准号：71072072）。

［作者简介］ 高闯（1953—），男，辽宁沈阳人，首都经济贸易大学校长助理、工商管理学院院长、教授、博士生导师，研究方向为比较管理与公司治理。

年，日本经济增长率是美国同期的3倍。是什么原因使日本经济出现奇迹？不少美国学者对日本企业的成功之路进行探索，于是出现了比较管理研究历史上的“日本热”。其经典性文献《Z理论》（William Ouchi，1981）、《日本的管理艺术》（Richard Pascale，1981）、《公司文化》（Terrence Deal和Allan Kennedy，1982）以及《成功之路》（彼得斯和沃特曼，1982）被誉为“管理新潮流的四重奏”。这些著作的一个共识是，日本企业的成功得益于日本特有的文化。这一时期经验分析盛行，突出特点是采用案例方法比较日美企业的异同，具有实证性特点。

20世纪90年代以后，“硅谷模式”举世瞩目，比较研究的论著层出不穷，从文化比较到比较制度分析，研究不断深入，越来越深刻、精细。如，福山（Francis Fukuyama，1995）的专著《信任——社会美德与创造经济繁荣》研究了信任结构与企业模式的关系，令人耳目一新，堪称比较文化管理研究的典范。90年代以后，比较制度分析在美国出现并在比较管理研究中得到应用（Masahiko Aoki，1990、1999）。阿恩特（Arndt，1981）和艾耶（Iye，1997）利用比较制度分析的方法，研究了跨国公司的营销管理战略在不同国家的适应性问题。卡洛里（Calori，1997）等遵循权变的逻辑思路和历史制度主义的分析方法，构造了一个英法管理方式差异的影响因素模型。我们可以把这一时期称为制度主义与多样化阶段。进入21世纪以后，比较管理研究逐渐趋于平静甚至沉寂下来。

曾经风行多年的比较管理学，为什么会渐趋平静甚至有些沉闷？近年来，为什么许多管理学者对这门学科近而远之？本文试图对此做出回答。本文认为，比较管理学面临着非常艰巨的学科基础建设任务。更重要的是，建设比较管理学科有助于深刻理解中国的管理实践问题，为寻找具有本土特色的中国管理模式提供依据。管理学界发现，许多根植于欧美的西方管理理论很难解读中国管理实践问题，“因为我们的隐性知识依赖于本土环境，我们不应该简单地假设它（我们的意识，假设）具有普遍性”（波兰尼，1967）。于是，一股管理情境化（Context）研究浪潮在近年悄然兴起。在我国，许多学者讨论“中国模式”，但管理学家在这场讨论中却少有话语权。为什么？因为管理学家没有发掘出“中国模式”成功的管理元素。然而，“就解释现实世界的经济现象而言，如果将现代管理实践排除在外，如同人体解剖模型只承认骨骼系统而忽视血液循环和神经系统一样，是有问题的”（Amar Bhide 2000）。不满于这一现实，一些优秀的学者发起创办“管理学在中国”学术论坛，旨在从活生生的中国管理实践中提炼具有本土特点的管理理论。国家自然基金管理学部编制的下一个五年计划也把基于中国管理实践的理论创新作为主要研究目标，设专项基金资助重点学科群开展研究。所有这些举措都非常重要，问题是，离开了不同国家管理活动的比较分析，我们怎么能够提炼出具有本国特征的管理理论呢？我们认为，只有在系统地揭示出不同国家管理活动的相同、相似和相异性的基础上，才有可能提炼出中国管理实践的某些特征。因此，3年前，我们便和国内一些学者发起创办了《比较管理》杂志，举办专门的比较管理研讨会，取得了一些成果。在此基础上，又于2012年成立了全国首家国际比较管理研究院。这里，我们将就比较管理学的学科基础建设问题，依次探讨比较管理学的研究对象、学科性质、研究方法以及由此引发的有关管理学科体系的构建问题，求教于诸位同仁，以期引起更广泛的讨论。

一、比较管理缘何成了一门“沉闷的科学”？

比较管理（Comparative Management）研究已历50余年，曾经有过辉煌的历史和学术贡献。然而，近年来，作为一门重要的管理分支学科，比较管理学相对地边缘化了。在国际上，研究机构寥寥无几，相关的问题和方法论话题也很少在著名大学中讲授，比较管理学成了一门“沉闷的科学”。尽管如此，在欧美的大学校园和研究机构中，仍然会捕捉到这朵奇葩散发出的芳香。虽然研究高潮早已成为过去，但仍有一些教学与研究机构在从事比较管理研究活动。在美国管理学会国际管理分会的主要研究议题中，两个或两个以上国家间的比较管理研究（Comparative Management Studies Involving Two or More Countries）仍然是一个重要的领域。美国管理学会是全美最权威的管理学研究机构之一。毕业于英国剑桥大学的博士 Alan Gutterman 成立了专门的比较管理研究中心（Center for Comparative Management Studies），以从事比较研究工作。在高校，加州大学洛杉矶分校设有专门的比较管理博士项目或专业（International Business and Comparative Management），宾夕法尼亚大学沃顿商学院也开设了相关博士课程。

在我国国内，伴随着 80 年代比较管理研究"四重奏"的鸣响，学界曾出现了比较管理教学与研究热潮，教材和专著不断涌现，90 年代末则逐渐归于沉寂。特别是，由于跨文化管理学（Cross-Cultural Management）日益活跃，许多学者改弦易辙搞起了跨文化管理，还有些学者把比较管理和跨文化管理混为一谈。迄今为止的管理学研究，仍然是关于管理一般原理和方法的研究，而对不同情境下管理特征及其影响因素的研究，仅有一些碎片式的成果；偶尔也有一些"流星"在空中划过，但缺乏系统的研究成果，更没有形成独立的学科体系、分析范式和框架。从此意义上说，比较管理的研究还是一个刚刚打开、尚未深入观察的"黑箱"。

比较管理的教学与研究为什么如此沉闷？稍加查考就会发现，这门学科的发展存在"瓶颈"式的障碍。我们知道，考察一门学科能否成立，要看其是否具备如下要素：明确的研究对象与边界；完整的学科体系和独立的科学范畴（或概念系统）；较为成熟的分析范式和科学的研究方法。而比较管理研究的现状如何呢？比较管理的学科基础存在很大问题：①一些成果过于简单化和经验化。许多研究只是简单地指出比较对象的异同点，缺乏对原因及过程分析；经验主义的东西比较多，缺乏必要的理论诠释。②研究对象不清晰，研究边界模糊。缺乏高度的抽象、归纳和综合，缺乏独立的科学范畴，因而难以形成完整的学科体系。③研究范式没能确立，方法论开发比较薄弱。这是最具制约性的问题，在很大程度上禁锢了学科发展的规范化和科学化。同时，由于该学科所具有的复合型、多科性及复杂性的特点，也导致研究与教学人员望而生畏、近而远之。因此，迄今为止，比较管理领域的许多问题，如一国的管理特别是企业管理的方式和特点是什么？不同情境下企业管理的异同是什么？是哪些文化和制度因素决定了这种异同？各国企业管理方式根植于何种不同的背景和环境、经历了怎样的演化过程？管理方式与经济发展究竟是什么关系？各国的企业管理方式之间是否具有可选择性、可移植性和互补性？是否存在特定的比较管理分析框架、范式和方法？无论从哪个角度观察和评价，这些问题都还没有得到合理的解释。更何况，实践仍在发展着。

二、比较管理学的研究对象是什么？

现有文献对比较管理学的研究对象界定不清。一种观点认为是管理现象。这种说法认为，比较管理学是建立在比较分析基础上的对管理现象进行研究的一门管理学分支。比较管理学研究不同国家（和地区）之间"管理现象"的异同点、模式及其效果，并且研究这些管理现象与文化地域环境因素的关系，进而探讨管理经验和管理模式的可移植性，以达到"博采众长，为我所用"的目的（杨海涛，1988；罗鸿，2000）。我们认为，现象是事物所具有的表征化的、零散的、碎片性的特征或元素，不具有统计学意义，不说明事物内部要素之间的联系特别是因果关系，更不能表示事物的本质。因此，现象不能作为一门科学的研究对象，但它可以是科学研究入手的基础。

另一种观点认为是管理方式。这里的管理方式是指在某种特定的环境和组织内部条件下，组织管理部门和人员履行管理职能的方式，也可以理解为管理系统的运行方式，包括执行管理职能的观念、价值标准、方法、分析技术等内容（黄群慧，2009）。管理方式在管理活动中具有重要地位，但它不是管理活动的全部，而且仍然具有某些表征化特征，作为研究对象仍然具有明显的局限性，但对我们理解研究对象富有启发性。

还有一种观点认为是管理思想与实践。这种观点认为，比较管理是用比较的方法对本域的管理与异域管理的比较研究，是将两个或两个以上的处于不同情境中的主体加以对比考察。就中国的比较管理研究而言，一定是将中国情境中的管理思想和实践与中国情境以外的异域管理思想和实践加以对比考察的研究活动（曹德骏，2010）。显然，把两种层面且不同质的范畴放在一起作为研究对象也不合适。

比较管理学的研究对象究竟是什么？从学科分工上看，管理学研究管理的理论层面，比较管理学研究管理的实践层面，但并不是简单研究处于现象层面的管理实践活动，而是要揭示管理现象背后的运作机制，回答是什么因素导致了不同情境下管理活动的差异，进而提炼出不同管理活动的相同、相似和相异性。因此可以说，比较管理的研究对象就是管理机制。这是因为，在科学研究中，具有统计学意义的质量特征值或“典型化事实”是具有规律性的元素，才具有研究意义。而支配管理行为、方式的管理机制更接近“具有统计学意义的质量特征值”范畴。人们不禁要问，为什么不去研究或提炼公理？当然也应该从定理（Theorem）、公理（Axiom）的角度去研究问题。问题是，在许多情况下我们不知道定理、公理是什么。那怎么办呢？如果找不到公理性规律，就进行简单描述，用现象替代理论？显然不行。艾尔斯特（Elster，1998）指出，即使找不到公理性规律，我们也可以对研究对象做出解释和说明。也就是说，在公理和现象之间还可以有一个解释层次，这个层次就是“机制”（Mechanism）。

“机制”一词源于机械学，意指机器的构造和运作原理，特别是机器在运动中各个部件之间的咬合关系，如动力装置、传动装置以及制动装置之间的内在联系。生物学和医学通过类比借用该词指生物机体结构组成部分的相互关系，以及其间发生的各种变化过程的物理、化学性质和相互关系。现在，机制一词已被广泛应用于社会科学研究，泛指系统内部组织结构及运行变化的规律。在任何一个系统中，机制都起着基础性的、根本的作用。在理想状态下，有了良好的机制，甚至可以使一个社会系统接近于一个自适应系统（自组织系统），即在外部条件发生不确定变化时，能自动地迅速做出反应，调整原定的策略和措施，实现优化目标。如果把公理、机制与现象理解为三个层面，机制位于中间层面。我们的研究或我们所要寻找的东西恐怕主要是在这个层面，也就是说，比较管理研究所形成的“理论”应该主要是这种机制理论。默顿（Robert Merton，2008）在社会学界曾提出一种中层理论（Theories of Middle Range）：“中层理论介于社会系统的一般理论和对细节的详尽描述之间，社会系统的一般理论由于远离特定类型的社会行为、社会组织和社会变迁，难以解释所观察到的事物，而对细节的详尽描述则完全缺乏一般性的概括。当然中层理论也涉及抽象，但是这些抽象是与观察到的资料密切相关的，是结合在允许进行经验检验的命题之中的。中层理论涉及的是范围有限的社会现象，正像它的名称所表现的一样。”这段话多次提及的“社会”一词，显然是指社会学的研究对象，但如果我们把它置换成“管理”或其他领域的观察对象似乎也同样适用。借用默顿的语言，机制理论实际是一种既可以够得着、接得上公理又能够避开那些过于琐碎且互不联系的现象的“中层理论”。机制理论更多的是一种非普适性但局部适用的理论。我们可以用“机制”这个“中层理论”来比较、分析、解释各国的管理实践，寻求理论创新。图 1 是罗家德（2010）对《Z 理论》一些思想的归纳，可以成为机制理论适用性的一个很好的说明。大内（1981）所提炼出的日本企业的控制机制不正是我们所要寻找的一种非普适性的但局部（日本）适用的理论吗？

三、怎样理解比较管理学的学科性质？

科学研究不但要描述可观察的世界，而且更要描述隐藏在现象背后的世界。描述可观察的世

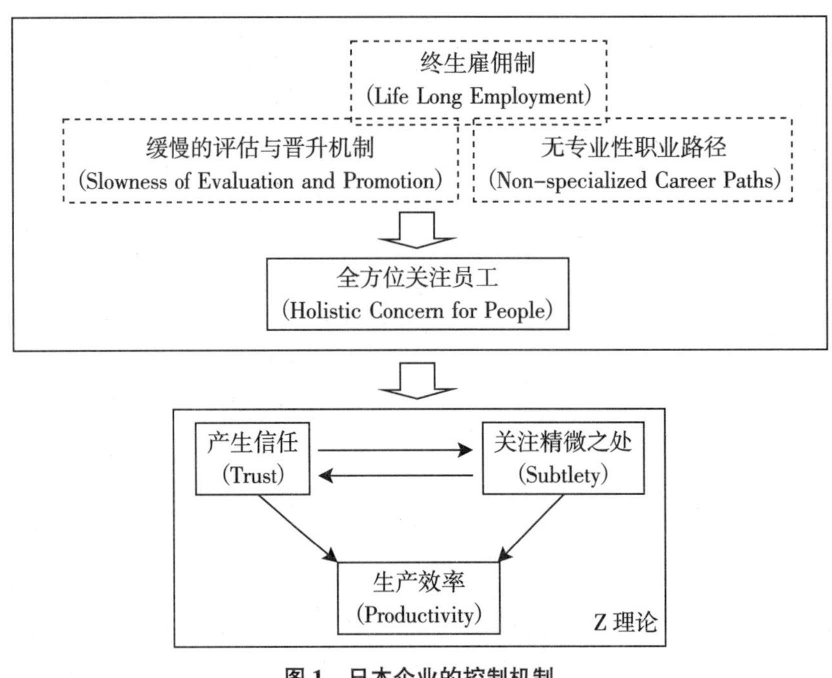

图 1　日本企业的控制机制

界可称之为描述性研究（Who），相应地，描述隐藏在现象背后的世界，可称之为“解释性研究”（Why）。翻阅国内 20 世纪 90 年代出版的一些《比较管理学》教材，都有意无意地把比较管理视为描述性研究，许多内容停留在浅层次的比较或表面的现象堆积上，致使比较管理研究偏离了其发展的轨道，失去了其应有的学术魅力。不难说明，这种简单描述方法根本无法完成比较管理的使命。当然，不是说不需要描述性研究，描述性研究是比较管理研究的重要组成部分，是解释性研究的重要基础和前提。如大内的《Z 理论》一书，有约一半篇幅在讲述从 A 到 Z 的应用问题。但大内本人很清楚也很谨慎，他提醒人们这些“步骤只是供人们讨论的焦点，而不是提高管理水平的食谱”。

波普尔（1945）指出，“科学的目的是：为所有那些给我们印象深刻而又需要解释的东西找到令人满意的一种解释。所谓的一种解释（或是一种因果性的解释），就是指一组用来描述有待解释的事态的陈述，而其他的解释性的陈述，则构成有关‘解释’这个词的更狭义的‘解释’”。“在社会科学各领域，比较研究似乎呈现出一种共性，即解释性研究。凡是比较，而且能够在学术上有所创见者，在已有的事例中基本上都没超出解释性这一范围。如亨廷顿的比较研究著作《变化社会的政治秩序》及其文明冲突论或汤因比的皇皇巨著《历史研究》。这种比较基本上都属于认知和解释，这种研究很值得管理学界借鉴”（刘文瑞，2009）。比较管理的研究对象是管理行为背后的管理运作机理，要比较不同情境下管理活动的异同，我们就必须回答“是什么因素决定了不同情境下管理活动的异同”。比较管理学虽然也要回答是什么（Who），但其根本任务是要回答为什么（Why）。换句话说，比较管理既要从事共时性研究，更要从事历时性研究，因此，比较管理学在本质上应该属于解释性科学（历史-诠释性科学）。唯有如此，比较管理研究才能对管理演化过程中复杂的多元因果关系做出深刻的理解和说明。这样，我们对管理模式进行解释性分析，就可能超越“存在”（共时性），进入“过程”（历时性），通过历史的时间长河分析其遗传机制、变异机制和选择机制等，从而对一国管理模式今天为何这样而不是那样做出有说服力的解释。这种解释既有利于人们发现一国管理模式中的特殊经验，也有利于提炼出管理模式中的普适规律。事实上，比较管理学从来没有离开解释和认知，大内的《Z 理论》、戴尔的《伟大的组织者》、钱德勒的《战略与结构》，这些经典的比较研究的成功之作，也都没超出解释性这一学科的性质。

现实生活中还有一类研究，这类研究属于“改造世界”性质的研究，姑且把这类研究称之为“对策性研究”（how）。我们不是不需要对策性研究，问题是，对策性研究的建议往往应该发生在理论解释之后。有许多学者常常不是先找准问题，寻找问题产生的原因，不去探究问题背后的社会环境与结构，不去运用恰当的理论工具和方法对问题进行深度剖析和解释，而是匆匆忙忙地提建议，做对策。这种所谓的“研究”不应该提倡。我们可以看到一些学者的有益提醒：“比较管理学的研究，不在于找出可以引进或者模仿的楷模，而在于通过比较，认识不同模式之间的差异形成机制，提供引进或者模仿的可能性论证。学术研究从来都是解释性的，而不是对策性的。由比较研究直接进入对策研究，很可能不是比较管理学的真正出路。但是，对策研究往往具有现实的吸引力，这值得学界警惕”。

四、比较管理研究可以引入演化分析范式吗？

解释性学科必须拥有解释性的分析范式与之匹配，才有可能对事物之间纷繁复杂的关系做出深刻的解释和说明。我们刚刚提及共时性（Synchronicity）与历时性（Diachronicity）这一对术语。共时性和历时性相对，是索绪尔（1980）提出的对系统的观察研究的两个不同的方向。共时性的一切牵涉事物的静态方面，历时性的一切牵涉事物的进化方面。共时性方法可以归结为对事物收集整理后在一个时点上进行截面式研究；历时性方法则随着时间从上往下探究或从下往上追溯。在比较管理研究领域，颇为流行的仍然是“文化分析范式”。如人们仍然习惯于采用霍夫斯泰德的文化五维度理论去解读管理问题，特别是跨文化管理问题。这是必要的，但又具有明显的局限性。五维度分析可以解释管理活动中的“文化”现象，可以进行一些管理活动的共时性分析，但在回答诸如一种管理模式的发生、发展和演化这类复杂的问题时，“文化分析范式”就显得有些苍白或空泛。在研究这类复杂问题时，进化生物学和演化经济学为我们提供了科学的分析方法，特别是一些历时性分析的方法。遗憾的是，迄今为止，这种科学方法没有进入比较管理学家的视野。

与功能生物学研究分子工程不同，进化生物学研究物种的演化。遗传、变异和选择是进化生物学的核心范畴。演化经济学同进化生物学一样，始终在提问上致力于历史起源和过程解释，主张比较的、历史的、回溯的方法。霍奇逊（Hodgson，2001）指出，生物学将一般性原则（如分类法和进化规律）与关于特定机制和现象的特殊研究相结合。这就是为什么社会科学必须更接近生物学而不是物理学的原因之一：生物学具有一个历史（或者演化）特性的问题。社会科学家发现：不仅在自然界，人类社会几乎一切组织和复杂系统的演化（Evolution）都必然牵涉遗传（Inheritance）机制、变异（Variation）机制和选择（Selection）机制；在这些机制共同作用下，当一个“复制体”（Replicating Entity）未能成功完全复制其自身时，达尔文演化（Darwinian Evolution,）发生了。因此，生物体的这种进化机制同样适用社会组织的发展与演进分析。当然，为了避免生物学隐喻和类比引起的学术争议，可以采取一种新的描述方式，它既遵循达尔文主义的基本原则，又充分体现社会经济演化系统的主要特征。如有学者提出可以用“扩散、创新和选择机制”替代“遗传、变异和选择机制”（黄凯南，2010）。

比较管理学之所以在相当长的一段时间里几乎成为一门“沉闷的科学”，一个方面的原因就是由于其缺乏有效地分析工具去解释是什么因素导致不同情境的管理特性的形成，这些因素是如何演化从而影响到管理特性的改变。现在，我们欣喜地发现，演化分析方法完全可能“激活”比较管理学，使其从“沉闷”转入“活跃”。在科学研究中，隐喻或类比是一种常见的方法。它是从其他学科引入新的认识论并与本学科杂交产生理论创新的重要途径。它既可以帮助当事人从本专业已“锁定”的思维模式中挣脱出来，又有助于新范式的内核的形成。演化理论中许多重要范畴和理论，对比较管理研究具有非常重要的价值。如演化经济学强调事物发生的初始条件与结构、注重分析主体能动性与制度结构的关系、致力于寻找事物发展的基因及发展过程中惯例的特殊作用，以及历史的偶然性和不确定性、累积因果效应、个体群思维方法、路径依赖、互补性等重要理论范畴具有深邃的学术内涵和极大的学术魅力。可以预见，引入演化分析方法会大幅度地改写比较管理学，甚至可能引发一场管理学方法上的革命。

五、是否可以考虑重构管理学科体系？

科学研究有不同的路径，一种是唯理的、演绎的或建构的，另一种是经验的、归纳的或演化的。循着不同的科学路径分析，我们会发现当下的管理学科体系存在很大的缺陷。在嵌入比较维度的基础上，以下尝试构建不同的学科体系：

第一类是演化的管理学科体系。徐淑英（2005）曾经对管理知识体系进行过分类。她把管理知识体系分为三个层次：一是针对具体情境的理论或知识；二是受情境制约的理论；三是超越具体情境的具有普遍意义的理论（见图2）。受徐淑英“管理知识体系”理论的启发，可否将管理学科做另一种分类：第一层次是国别（或情境）管理学，研究“具体或单一情境的管理活动”；第二层次是比较管理学，比较不同情境管理活动；第三层次是一般管理学（演化主义的），研究“超越具体情境的具有普遍意义的，从比较中提炼出来的理论”。

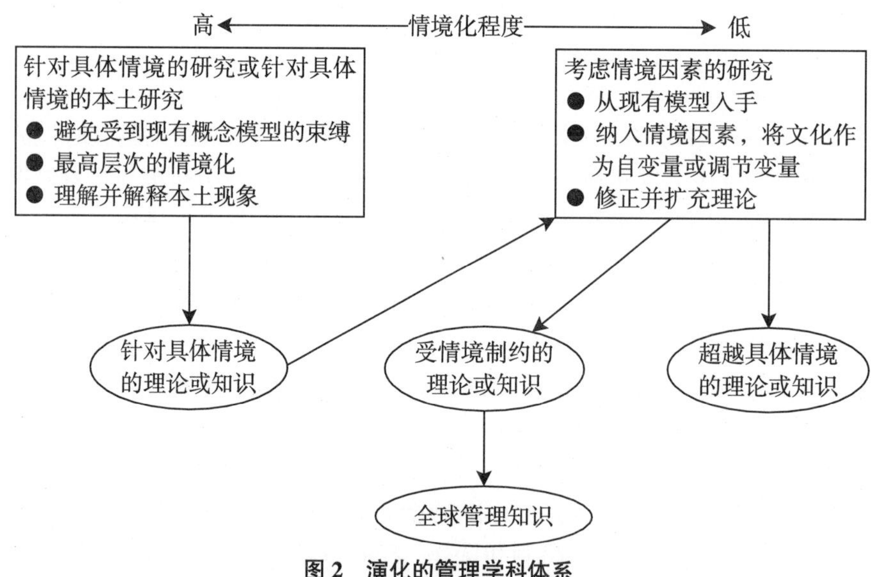

图2　演化的管理学科体系

按照这种分类，此前的比较管理学更可能是国别（或情境）管理学，主要以描述研究作为主要手段，完成分类研究的基本任务；真正的比较管理研究是在情境分类研究的基础上，对不同情境的管理进行历时性和共时性研究，以解释“是哪些因素影响了不同情境下管理的异同”；一般管理学则从演化主义导向出发在比较研究成果中提炼并抽象出管理的一般规律。

按此标准审视现在流行的西方管理学教科书，我们会发现，这些教科书所提供的管理学原理是在西方文化传统下发展起来的一套管理思想体系，它可能包含“超越具体情境的具有普遍意义的理论”，但是其发挥全部作用的前提是西方的情境。离开了西方情境，就会有相当一部分管理知识失去用武之地。因此，不能笼统地把这种理论定义为普适性理论。

第二类是建构的管理学科体系。也分为三个层次：管理哲学、管理学方法论和一般管理学（建构主义的）。这样，管理学研究就可以循着不同的路径展开并顺势去搭建两类不同的学科体系（见图3）。

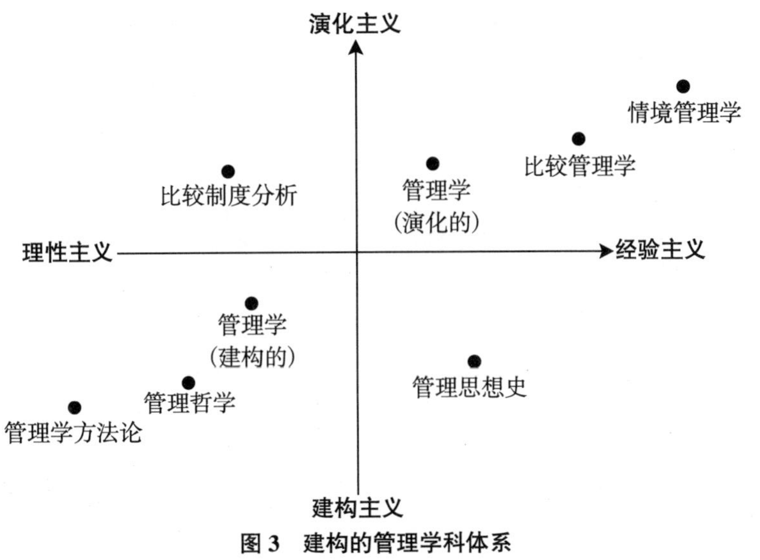

图 3　建构的管理学科体系

〔参考文献〕

[1] 默顿. 社会理论和社会结构. 南京：译林出版社，2006.

[2] 霍奇逊. 经济学是如何忘记历史的：社会科学中的历史特性问题. 北京：中国人民大学出版社，2008.

[3] 波普尔. 开放的思想和社会：波普尔思想精粹. 北京：江苏人民出版社，2000.

[4] 威廉·大内. Z 理论. 北京：机械工业出版社. 2007.

[5] 徐淑英. 科学过程与研究设计. 组织与管理研究的实证方法. 北京：北京大学出版社，2008.

[6] 杨虎涛. 演化经济学讲义：方法论与思想史. 北京：科学出版社，2011.

[7] 吕力. 比较管理：共时与历时、说明与理解. 比较管理，2011 (1).

[8] 黄群慧. 比较管理学的春天：比较管理学的研究方法、理论模式及对我国的现实意义. 比较管理，2009 (2).

[9] 刘文瑞. 探寻美日管理模式交融的经典著作——《Z 理论》评析. 比较管理，2009 (1).

[10] 罗家德，王竞. 圈子理论：以社会网的视角分析中国人的组织行为. 战略管理，2010 (1).

[11] 曹德骏等. 我国比较管理研究的学科发展问题. 比较管理，2010 (2).

[12] 黄凯南. 现代演化经济学基础理论研究. 杭州：浙江大学出版社，2010.

[13] 蔡立新. 比较管理的演化分析方法：范畴、意义及应用路径. 比较管理，2010 (1).

The Basic Disciplinary Issues of Comparative Management

Gao Chuang

(Business Administration School of Capital University of Economics and Business, Beijing 100070)

Abstract: In this paper, we focus on the deep and systematic talking about the new theoretical achievements of comparative management, and answer such basic issue as the subject of study, the disciplinary attribute, the evolutionary analysis paradigm and the disciplinary system of comparative management. The root cause of the changing from flourish to decadence of comparative management study is that the research object and its boundary are fuzzy. Based on the deep comparison among Management theory, management phenomenon, management mode and management theory and practice, we emphasize that comparative management does not simply study on management phenomenon and practice, but intend to reveal the management operation mechanism and the system behind the management phenomenon in the specific situation, and compare their differences and similarities. The task of comparative management study is make interpretive understanding and causal explanation of its research object, so it is a typical explanatory science, and its disciplinary system should be constructed on the basis of evolutionism.

Key words: Comparative Management; Disciplinary Attribute; Research Paradigm

【研究范式与方法】

2012 年比较管理研究专家座谈会综述

关 鑫

（首都经济贸易大学工商管理学院，北京 100070）

［摘 要］ 在比较管理研究专家座谈会期间，与会者就比较管理的学科基础、比较管理学研究现状和发展方向等问题进行了深入的探讨。本文简要介绍了座谈会的发起、会议主题和主要议题，并分别从比较管理研究的现状与发展方向、比较管理研究质量的提升与学术团队建设、比较管理研究的国际化三个方面综述学者们的主要观点和思想。

［关键词］ 比较管理；学科基础；研究方法；国际化

引 言

2012 年 12 月 11 日下午 3：00 点，由首都经济贸易大学工商管理学院、国际比较管理研究院主办的“比较管理研究专家座谈会”在北京亮马河大厦梅花厅隆重召开，本次座谈会的议题是“比较管理研究的方向、质量、团队与国际化”。来自中国社会科学院工业经济研究所的黄速建副所长和黄群慧书记、澳大利亚格里菲斯大学商学院丁培毅教授、清华大学经济管理学院仝允桓教授、中国人民大学商学院徐二明教授、南京大学商学院党委书记陈传明教授、山东大学管理学院院长徐向艺教授、北京交通大学经济管理学院院长刘延平教授、天津财经大学副校长于立教授、安徽财经大学副校长陈忠卫教授、首都经济贸易大学校长助理兼工商管理学院院长高闯教授、首都经济贸易大学校长助理戚聿东教授、东北财经大学工商管理学院院长高良谋教授、上海外国语大学工商管理学院院长范徵教授、南京理工大学创业教育学院院长周小虎教授、华北电力大学经济管理学院院长牛东晓教授、中央财经大学商学院副院长崔新健教授、武汉工程大学管理学院副院长吕力教授、经济管理出版社总编辑沈志渔研究员、杨世伟副社长、《改革》杂志主编王佳宁教授、山东宏观经济研究院院长刘冰教授和中国人民大学商学院赵晶副教授等 20 余位知名专家莅临本次座谈会，首都经济贸易大学工商管理学院部分教师和博士研究生代表也参加了本次会议。

本次座谈会由高闯教授主持。他首先代表主办方致辞，并对近年来国内外比较管理研究的进展做了简要介绍。他指出，在国外知名学府中仍能嗅到比较管理这朵奇葩的芳香，一些大学的商学院已经开设了比较管理学或国际比较管理课程。在国内，比较管理研究取得了较快发展，这主要得益于中国企业管理研究会和国际比较管理研究院的支持与支撑。高闯教授还介绍了他本人为推进比较管理研究所付出的努力。一是先后发起召开了五届全国比较管理研讨会，取得了丰硕的

［基金项目］ 国家自然科学基金项目“社会资本视角下上市公司终极股东控制与剥夺问题研究”（批准号：71072072）。

［作者简介］ 关鑫（1981—），男，辽宁沈阳人，首都经济贸易大学工商管理学院组织管理系讲师，管理学博士，清华大学经济管理学院博士后，研究方向：公司治理和比较管理。

理论成果；二是与经济管理出版社联合创办了国内第一本《比较管理》杂志，为比较管理研究的爱好者们开辟了一块学术交流阵地；三是他本人近三年来为博士生开设了“比较管理学”课程；四是成立了两个专业的研究机构，即中国企业管理研究会下设的比较管理专业委员会和首都经济贸易大学国际比较管理研究院。到目前为止，已经基本厘清了比较管理学的研究对象、学科属性、研究方法和学科体系等一系列学科建设的基本问题。高闯教授指出，比较管理的研究对象是“不同的管理情境下，企业间管理模式的显著差异及其影响因素与形成机理”。比较管理学并不只是简单研究处于现象层面的管理实践活动，而是要揭示具体情境下管理现象背后的运作机制和机理，比较不同情境下管理现象背后的运作机制和机理的差异性和相似性。比较管理学的本质是一门典型的解释性科学，是一种诠释性理解管理行为，并对其过程和结果做出因果性说明的科学。但是，目前还没有一本教科书达到这一要求。关于比较管理的研究方法，学者们大多偏好从文化维度来考量比较管理，这具有一定的局限性。因此，建议将演化经济学成果——演化分析方法引入比较管理研究中来，更好地推动比较管理研究的发展。比较管理学可以被更准确地定位成一门在一定程度上受情境因素约束的演化主义科学，由此在学科体系上更加鲜明地区别于一般管理学、国别管理学和情境管理学。最后，高闯教授提出当前比较管理研究中存在的四个主要问题：第一，如何确定两个比较管理专业研究机构的研究方向？第二，针对高水平的比较管理研究成果较少的现状，如何进一步提升比较管理研究的质量？第三，面对国内外专注于比较管理研究的学术团队极少的现实，如何建设和壮大学术团队？第四，比较管理研究如何更好地与国际接轨？他希望与会者能够围绕这四个问题给出针对性的意见和建议。

座谈期间，仝允桓教授、于立教授、陈传明教授、黄速建副所长、徐二明教授、黄群慧书记、高良谋教授、牛东晓教授、范徵教授、吕力教授、丁培毅教授、周小虎教授、王佳宁教授和赵晶副教授等分别做了精彩发言，并积极为比较管理研究的健康、快速发展献言献策。他们的观点或论题大致可以分为比较管理研究的现状与发展方向、比较管理研究质量的提升与学术团队建设、比较管理研究的国际化三类。

一、比较管理研究的现状与发展方向

清华大学经济管理学院仝允桓教授指出，近年来，首都经济贸易大学在学界活跃，有一定的号召力和影响力。于 2012 年底参加了许多管理领域的学术研讨，如 12 月 10 日参加了由华东师范大学主办的“面向中国管理实践的理论——现象、本质与对策”研讨会。该会议邀请了许多知名企业家和学者，并设有三个分论坛，他负责主持其中的一个，主题为“中国管理研究新进展”。仝允桓教授认为，总体感觉会议目标太大了，比较而言，本次比较管理座谈会主题鲜明、任务明确，效果更好。在介绍清华大学与国务院发展研究中心合作开展的“中国式管理研究”的经验基础之上，他给出比较管理研究发展的两点建议：①不要自己划定一个封闭的圈子，应该是广义的，而非狭义的。不应该将比较或国际比较方法排除在比较管理研究之外，主张将针对中国管理实践的研究纳入到比较管理研究范畴。②在比较学科建设的过程中，研究方法和学科体系按照描述性研究、解释性研究、建构主义和演化主义来划分，并不容易清晰地区分。在比较管理研究方法中，应该既有描述性研究，又有解释性研究，二者都非常重要。他认为，比较管理研究中最重要的是开始阶段的描述性研究，可能是案例或事件，这是解释性研究的基础和前提。因此，急于建立一个较为完善的比较管理学科，这关乎比较管理研究的方向和学术团队的打造。

中国社会科学院工业经济研究所黄群慧书记认为，比较管理脱胎于其母学科管理学，是管理学领域中的一朵奇葩。当前，伴随中国经济的快速腾飞，中国企业的国际竞争力不断提升，急需对中国的管理方式加以总结。而比较管理恰恰是一种很好的方法，如果能够很好地总结出来，那么，比较管理必将大放异彩。黄群慧书记还特别赞扬高闯教授三年来高举比较管理研究大旗，兢兢业业、矢志不渝，为推动中国比较管理的发展做出重大贡献，特别是比较管理研究院的成立显得尤其必要。黄群慧书记指出，比较方法具有很高的价值，而且有很强的生命力，是一种科学的方法。严格地做一项比较管理研究，就是一种自然科学领域的受控实验方法。因此，它具有较强的科学性。他还强调，研究对象的清晰界定是比较管理研究的前提，而具有较强实践指导意义的管理移植理论则是比较管理研究的终极归宿。最后，他给出两个比较管理研究的未来方向：一是国际管理模式的横向比较；二是不同类型之间的比较。特别是后者，即针对企业、政府和非营利组织间管理模式的比较，应当作为今后一个重要的研究方向。

《改革》杂志主编王佳宁教授认为，当前有两项最重要的工作：一是解决好首都经济贸易大学国际比较管理研究院的定位问题；二是正确对待比较管理研究的目标和选题问题。他强调，国际比较管理研究院应该作为国际比较管理研究的重要阵地，国内领先的专门从事比较管理研究的学术机构。他还指出，"企业、政府和非营利组织间的关联和差异"是比较管理研究的一个非常重要的选题，而这又恰恰是政策制定者与学者共同关注的问题，因此，这一选题与深入研究有着美好前景。

天津财经大学副校长于立教授对经济学、管理学、哲学、法学、社会学和文学等几个学科的研究主题和研究现状做了深刻解读和精辟剖析，他希望借此抛砖引玉，让大家积极参与到比较管理问题的讨论中来。他指出，经济问题的主题是竞争与垄断，但中国经济学处于混乱阶段；管理学研究的主题是激励与约束，问题是无根；哲学研究的主题是科学与宗教，问题是贫困；法学研究的主题是权利与义务，现状是幼稚；政治学研究的主题是效率与公平，问题是偏激；文学研究的主题是爱情与仇恨，现状是空虚。

武汉工程大学管理学院副院长吕力教授分别从以下五个方面对比较管理研究现状和发展方向做了概括：一是要把比较管理建设成一门体系完善的学科。针对比较管理是作为一种方法、还是作为一个学科，吕力教授认为应该将其作为一个学科，这是完全成立的。同时，这也给比较管理下一阶段的学科建设提出了更高的要求。二是比较管理的研究对象应该是不同管理情境下企业的管理模式及其运行机制。作为经济学的一个重要分支，比较经济学的研究对象是经济制度和体制，较之传统的经济学更贴近现实，也更具有学术生命力和活力。比较管理学要更好地发展，同样也需要界定好其研究对象。三是要完善比较管理的研究方法。他比较赞同高闯教授的观点，认为演化分析很可能是比较管理研究的一种重要方法。另外，诸如哈佛学派提出的SAP模型（结构—行为—绩效，三者间并非互为因果关系）等方法，也可有选择地引入到比较管理研究中来。诚如比较的方法被广泛地应用于许多学科，如生物学、物理学、经济学、社会学和历史学等，比较管理学的发展也要借鉴其他学科的一些研究方法和理论成果。四是要夯实学科基础，搭建学术研究平台。五是比较管理研究作为一门独特的学科，不仅有其特定的学科体系，也应该有其特定的学科属性。

二、比较管理研究质量的提升与学术团队建设

中国社会科学院工业经济研究所副所长黄速建副所长通过对过去4年里召开的五届全国比较管理研讨会和多次小型会议的总结，指出目前已经搭建起一个非常好的比较管理研究平台。但同时，还有一些细节，如比较管理的研究领域、比较管理的研究对象和学科体系等，需要进一步完善。比较管理首先是一个学习的过程，也是一个比较的过程，但并非引入学习和比较就表示已经形成了一个管理学科。管理被假定为企业管理，实际上涵盖的内容很多，如皇帝的管理之道、猴王的管理和蜂群的管理等，也都属于管理的范畴。另外，管理不应该与一般文化问题一样，面对

管理的中国化，任何方法和理论在一国的应用都是受到该国管理情境的影响，所以，管理一定有鲜明的国家烙印。但管理的基本理论是不应该有国别区分的，否则就不是科学理论。比较管理研究更应该注意到这一点，只有这样才能真正提高比较管理研究的质量。研究管理理论对管理实践发挥作用通常都是在一定的前提条件下的，如著名经济学家蒋一苇先生在市场经济条件下提出的“企业主体论”，这对比较管理研究质量的提升具有十分重要的启示作用。

中国人民大学商学院徐二明教授认为，要提升比较管理研究质量，就必须先解决好以下五个方面的问题：一是国别管理和普遍管理的问题。二是管理理论研究从哪个角度切入的问题。三是研究方法问题。他指出，由“企业本位论”到定量研究，中国管理学研究方法论已经与国际接轨，但是到底应该用什么方法来展示中国现实问题，依旧是摆在每一位管理研究者面前的头等大事。只有解决好这一问题，才能有效地提升本土理论水平。四是理论与实践相结合的问题。如何解决管理实践中的问题，如何促进理论与实践相结合，是这一问题的关键。他希望理论家能够懂实践，而实践家能够讲理论。管理教学者更应该很好地将研究与教学有机结合起来，避免出现迈克尔·波特的那种尴尬局面，即虽然十分擅长讲战略、讲竞争，但是管理实践中却不能成功地经营自己的企业，“一味地只知道纸上谈兵，最终却落得个全军覆没”。五是研究队伍的建设问题。他指出，一定要大力培养广大青年教师，想方设法激发他们浓厚的研究兴趣，这是比较管理研究可持续发展的重要保障。

华北电力大学经济管理学院院长牛东晓教授结合他在能源领域研究的情况，给出提升比较管理研究质量的相关建议。他指出，电力系统的学者高度关注转变经济增长方式，特别是在资源约束条件下，从中共十八大到2020年经济增长翻一番的目标如何才能实现。这只有通过建立和完善中国能源发展模式或中国电力模式才可以，因为中国人均年用电量为3500度，如果向美国、加拿大等发达国家看齐，能源消耗要增长1倍，这显然是不可行的，效仿日欧模式也行不通。因此，在很多领域中，比较管理可能会有更大的借鉴价值和现实意义，将来可能会在能源发展模式研究中助一臂之力。最后，他建议比较管理研究要更多地借鉴其他领域中较为成熟的理论和方法，以便提升比较管理研究质量，促进中国比较管理研究的健康快速发展。

南京理工大学创业教育学院院长周小虎教授从管理权变法则与权变理论的视角阐述了提升比较管理研究质量的思路。他指出，管理权变法则是对最优原则的批判。那么，权变是否是一种理论？又是否是一种哲学。管理学理论应该具有可验证性。情境原则作为一般原则被提出，在管理学以外的其他许多学科中是普遍存在的。同样，权变原则也普遍存在于其他学科。那在进行比较的时候，到底反映的是什么样的权变？什么才是管理学应该进行比较的？什么是中国的？从个别与一般相统一来看，到底是什么变量在支持或发挥关键作用？由此，他认为比较管理研究也需要设定一个基本的变量，这样才能更好地增强比较管理理论的解释性，提升研究质量。

南京大学商学院党委书记陈传明教授指出，管理学是在总结管理实践的基础上产生的，所有的管理研究都会有一点儿比较管理研究的味道，所以，比较管理学科的发展是非常重要的，并能够很好地指导管理实践。但是，当前困扰我们的有以下三个问题：一是“面向中国管理实践的中国管理理论研究”，研究的目的是为中国管理实践服务的；二是管理理论对实践是否有影响，影响的层面有哪些？三是管理研究需要定量分析，而企业家则大多是凭借非理性的直觉和判断力来制定战略决策。管理实践者喜欢德鲁克和波特的书，而根本不知道徐淑英，更不喜欢数理实证研究。这些管理畅销书对企业的影响又集中在哪些层面。咨询公司提出的东西又是一个套路，企业借助这些来造势、宣传，但并不一定真的会采用。因此，他建议分别从研究领域及研究成果的应用导向两方面来有效地提升比较管理研究的质量，并合理建设相应的学术团队。

中国人民大学商学院赵晶副教授通过列举“德胜洋楼”这一面向农民工群体典型化的中国式管理案例，提倡针对比较管理的研究对象和学科基础，一定要精耕细作，培养研究兴趣，借鉴和学习国内外先进的研究方法和理论成果，并加强国际学术交流与合作。另外，针对学术团队建设问题，她提出建立学术共同体的设想，考虑吸纳各个层面的人才进入研究队伍中来。最后，她希望能够尽快完成并出版比较管理学教材，并借此扩大比较管理的学术影响力，推动比较管理研究更快更好地发展。

三、比较管理研究的国际化

澳大利亚格里菲斯大学商学院丁培毅教授从加强国际学术合作的视角给出切实推进比较管理研究国际化进程的相关建议。他简要地回顾了前两年由中澳两国政府、高校联合举办的中澳旅游论坛，特别强调会议出刊论文集——《中澳旅游比较研究》在澳大利亚引起强烈反响，受到一大批学者的高度关注，好评如潮。近年来，随着中国经济的高速发展，中国的国际地位不断提高，国外学者对中国经济和中国企业愈加关注，他们非常希望与中国学者建立起良好的学术合作关系，一同开展面向中国的课题研究。他殷切期望首都经济贸易大学比较管理研究院能够抓住这一契机，与国际知名学府或专业研究机构建立起良好的合作关系，加强学术与人才交流，取长补短，共同开展相关科学研究。

上海外国语大学工商管理学院院长范徵教授指出，当前国别管理与区域管理越来越受到广大学者的高度重视，而且特别需要通过推动研究的国际化来更好地完善和发展相关理论体系。比较管理研究首先需要很好地解决以下三个方面的问题：第一，对于比较管理研究对象的认识意见还是不统一，对于什么是管理模式很难达成一致，而且对于管理模式是否等同于知识管理体系以及二者间差异的区分仍不够明确。第二，对于为什么会产生管理模式的差异，不同分析范式下的理论解释各成一家，不能很好地统一起来，形成一种新的更强大、有效的分析范式。他还列举了跨文化管理领域的一些研究成果，如霍夫斯泰德的国家文化模型。为此，他在汲取国外优秀理论研究成果的基础上，提出了一个基于制度与知识的冰河模型，对企业管理实践具有较强的解释力。第三，针对跨文化管理问题，他提出了一个无国界管理理论，并系统地介绍了无国界管理的概念及全球化方式、地方化方式和全球—地方化模式三种基本类型。最后，他建议分别从与国外知名高校或研究机构合作举办比较管理研讨会、切实推进比较管理研究专业网站建设、加强与国内外知名研究机构的学术合作三个方面来推动比较管理研究的国际化。

本次座谈会是继 2012 年 6 月首都经济贸易大学国际比较管理研究院正式成立、2012 年 10 月第五届全国比较管理研讨会成功举办以来首都经济贸易大学工商管理学院加强学术与科研国际化战略的又一举措，对于推动比较管理研究院的建设，提升比较管理研究质量，加快比较管理学科体系的建立与完善，促进比较管理学的发展，具有重要作用。

On the Experts Forum of Comparative Management Research in 2012

Guan Xin

(School of Business Administration of Capital Economics and Business University, Beijing 100070)

Abstract: The paper introduces the discipline basis of comparative management, the researching status and the developing direction of comparative management during the experts forum of comparative management research, and reviews the three main topics such as the researching status and the developing direction of comparative management, the path to enhance the quality of comparative management research and to build the academic teams, internationalization of compara tive management research.

Key Words: Comparative Management; Discipline Basis; Research Methods; Internationalization

《比较管理》征稿启事

比较分析历来是管理学研究的重要方法。然而，从泰罗创立科学管理至今，比较管理分析范式的学术著作和经典文章几如凤毛麟角。比较管理分析的理论范式亟待建立。特别是，在全球经济正在走向衰退的今天，从比较分析的视角高屋建瓴地研究不同国家的企业管理问题，为促进经济增长和企业家决策提供理论支持，显得更加必要和紧迫。《比较管理》作为一本专业特征鲜明的学术期刊，在这样的时代背景下应运而生。

《比较管理》以刊登原创性的理论构建文章、实证研究（包括数理分析和案例研究两类）文章、学术思想评论文章及理论综述文章为主，并特别强调文章内容的前瞻性、学术性和现实性。《比较管理》的办刊宗旨是为从事比较管理研究的理论工作者、广大高校师生以及企业管理精英搭建起一个良好的互动交流与学习平台，并积极致力于持续提升我国管理理论的研究实力，大力推动我国管理学理论与实践的进步。

《比较管理》现向广大读者征集稿件，具体要求如下：

一、论文的选题范围（论文选题可参照以下四方面，但不局限于此）

①经济衰退与企业管理方式；②比较管理理论、范式与方法；③比较管理实践；④各类专题比较。

二、论文的学术规范

所有作者必须严格遵守学术精神，保证提交论文的原创性，杜绝一切抄袭行为和一稿多投行为。《比较管理》极为强调论文的思想性，同时兼重研究的规范性。所提交的论文应从比较研究的视角，用比较分析的方法去解释企业管理问题。此外，行文应采用规范的经济学和管理学语言，务求简洁、准确，而且鼓励采用实证研究方法。

三、字数要求

本刊对文章的长度有一定要求，一般每篇论文字数至少应在一万字左右，理论综述性论文可酌情控制在两万字左右。

四、版权声明

稿件一经《比较管理》刊用，其出版权即归本刊所有，作者若需要转载或在出版物中使用，应书面征得《比较管理》编辑部的授权。作者享有著作权。

五、投稿方式

征文采取网上投稿方式，请将来稿发至 bijiaoguanlibjb@163.com，并注明“《比较管理》征文，关鑫收”即可。

我们真诚地欢迎比较管理领域内各类论文投稿！

《比较管理》编辑部

图书在版编目（CIP）数据

比较管理. 2012年. 第2期/高闯主编. —北京：经济管理出版社，2012.12
ISBN 978-7-5096-2395-4

Ⅰ. ①比… Ⅱ. ①高… Ⅲ. ①比较管理学 Ⅳ. ①C93-03

中国版本图书馆CIP数据核字（2013）第057188号

责任编辑：晓 白
责任印制：杨国强
责任校对：蒋 方

出版发行：经济管理出版社
（北京市海淀区北蜂窝8号中雅大厦A座11层 100038）
网 址：www. E-mp. com. cn
电 话：（010）51915602
印 刷：北京银祥印刷厂
经 销：新华书店
开 本：880mm×1230mm/16
印 张：9
字 数：254千字
版 次：2012年12月第1版 2012年12月第1次印刷
书 号：ISBN 978-7-5096-2395-4
定 价：20.00元